Playground Politics
Understanding the Emotional Life of Your School-Age Child

小学生的心思

5~12岁 关键心智养成

[美] 斯坦利·格林斯潘
杰奎琳·萨尔蒙 ◎著　于娟娟 ◎译

华夏出版社
HUAXIA PUBLISHING HOUSE

图书在版编目（CIP）数据

小学生的心思：5～12岁关键心智养成/（美）斯坦利·格林斯潘（Stanley Greenspan），（美）杰奎琳·萨尔蒙（Jacqueline Salmon）著；于娟娟译.—北京：华夏出版社，2019.5
书名原文：Playground Politics
ISBN 978-7-5080-9710-7

Ⅰ.①小… Ⅱ.①斯… ②杰… ③于… Ⅲ.①儿童心理学②儿童教育—家庭教育 Ⅳ.①B844.1 ②G782

中国版本图书馆CIP数据核字（2019）第033463号

PLAYGROUND POLITICS by Stanley I. Greenspan, M.D. and Jacqueline Salmon
Copyright ©1993 by Stanley I. Greenspan, M.D.
Simplified Chinese translation Copyright©2015 by Huaxia Publishing House.
This edition published by arrangement with Da Capo Perseus Books, LLC, a subsidiary of Hachette Book Grroup, Inc, New York, USA.
ALL RIGHES RESERVED

北京市版权局著作权合同登记号：图字 01-2012-8013 号

小学生的心思：5～12岁关键心智养成

作　　者	[美]斯坦利·格林斯潘　　[美]杰奎琳·萨尔蒙
译　　者	于娟娟
责任编辑	朱　悦
责任印制	刘　洋
特约编辑	周伟巍
装帧设计	书　舟
出版发行	华夏出版社
经　　销	新华书店
印　　刷	三河市少明印务有限公司
装　　订	三河市少明印务有限公司
版　　次	2019年5月北京第1版　2019年5月北京第1次印刷
开　　本	670×970　1/16开
印　　张	22.25
字　　数	268千字
定　　价	59.80元

华夏出版社　地址：北京市东直门外香河园北里4号　邮编：100028
网址：www.hxph.com.cn　电话：（010）64663331（转）
若发现本版图书有印装质量问题，请与我社营销中心联系调换。

[目录]
CONTENTS

序言 ... 001

第一章 小学阶段的心理发展 ... 001
第一阶段（5~7岁）：关注自我主张
——我的世界我主宰 ... 004
第二阶段（8~10岁）：关注同伴关系
——世界由其他孩子组成 ... 011
第三阶段（11~12岁）：自我评价相对客观
——我内在的世界 ... 018
奠定基石：回顾早期情感发展的里程碑 ... 022
支持儿童心理健康发展的五步骤 ... 029

第二章 孩子们的竞争与对抗 ... 033
5岁之前的早期阶段 ... 038
5~7岁"我的世界我主宰"阶段 ... 043
8~10岁"世界由其他孩子组成"阶段 ... 047

11～12岁"我内在的世界"阶段 ... 051

案例：乔伊的故事 ... 052

第三章　自信和同伴关系　... 081

培养自信 ... 084

友谊的根源 ... 090

案例：梅拉尼的故事 ... 093

第四章　学习的真正基础——情感能力　... 113

学习的基础 ... 114

学校里"最基本的知识" ... 123

早慧的孩子和大器晚成的孩子 ... 131

按成绩分班教学的弊端 ... 133

学校怎样帮助孩子 ... 137

父母怎样帮助孩子 ... 140

案例：杰拉尔德的故事 ... 143

第五章　学习中的挑战　... 169

学习困难的类型 ... 171

孩子们怎样应对学习中的挑战 ... 176

父母和老师应该怎样提供帮助 ... 178

理解注意力障碍 ... 188

日常饮食 ... 191

案例：马修的故事 ... 192

第六章 平衡幻想与现实 ... 219
幻想和逻辑的根源 ... 221

区分现实和幻想时遇到的问题 ... 228

案例:蒂娜的故事 ... 230

第七章 性和青春期 ... 257
性行为的根源 ... 259

和孩子讨论性的问题 ... 270

单亲父母 ... 275

性犯罪 ... 276

案例:珍妮丝的故事 ... 285

第八章 健康养育孩子的五项原则 ... 305
地板时间 ... 306

解决问题时间 ... 318

感受和理解孩子的观点 ... 328

将挑战化整为零 ... 331

定下规矩 ... 333

后记 学龄儿童心理成长三阶段对应的情感发育里程碑 ... 338

序　言

几年前，我和当时7岁的儿子杰克一起搭乘飞机旅行。他勇敢地大步走上飞机，自豪地摇晃着他华盛顿红人橄榄球队帆布包，包里塞得满满的。起飞后，他想玩疯狂8纸牌游戏，于是我们一起玩了一会儿。杰克在游戏中总是凶猛进攻，他接连两次打败了我，得意扬扬。然后他开始觉得无聊了，拉开背包的拉链。我在一旁看着，以为他会拿出一个橄榄球或者另一种游戏道具。但杰克却在一堆衣服下面摸索着，睡眼蒙眬地掏出了他最喜欢的鲸鱼布偶。然后他用手臂抱住我，睡着了。

和杰克在一起的这段时间，仿佛为我总结了学龄儿童身上同时存在的两种情况：他们追求竞争和独立，他们始终强烈需要安全、亲密感和爱。

这本书，是多年来对儿童情感发展进行研究和临床调查的成果汇总。我在前两本书《最初的感觉》和《不可或缺的人际关系》中，探讨了婴儿和学龄前儿童的情感世界，画出了孩子们情感发展的线路图。而在这本书中，我把这一情感线路图进一步扩展到5岁至12岁之间的学龄儿童。

小学期间是儿童心理成长的关键阶段。孩子们之前的情感特征是热情、友爱、讨人喜欢、不听话、爱玩游戏、能创造出小小的奇迹，他们会不知不觉地开始幻想和感受，而在这段时期，他们会变得更具有逻辑性，可以分析、学习、控制自己的情感冲动。他们从家庭的限制范围进入了更广阔的外部世界。他们开始消化吸收道德观念，发展出自己的正义感。他们学会了怎样与他人心灵相通、产生共鸣。他们学会了交朋友、适应同龄人群体的复杂情况、听从老师的教导、安静地坐着、做事前预先计划好。

但对父母来说，这些都属于普遍情况，而我们需要的是具体建议。怎样引导我们的孩子在小学阶段抓住机遇、远离隐患、克服不可避免的困难？我们怎样才能尽力帮助他们利用这几年学习并掌握新的情感课程，为青春期的动荡和成年后面临的挑战做好准备？在朋友变得非常重要的时候，我们怎样才能支持他们度过烦人的学校生活，以及往往很残酷的"操场上的博弈"。如果一个孩子通过打骂别人或者孤僻独处来发泄在小学阶段受到的压力，我们应该怎样做？如果青春期来临的时候，孩子（或父母）感到害怕或者还没有准备好，要怎么办？

父母往往会得到这样的建议：为孩子们提供爱和支持，树立良好的人格榜样，然后期待最好的结果。这本书，将针对处于这一关键时期中每个阶段的孩子，为你提出更具体的、关于应该怎样理解和帮助他们的建议。我们将探讨之前提到过的 5 岁到 12 岁之间的三个阶段，孩子们逐渐不再把家庭作为情感依赖对象，进入不同的世界：当世界的中心是他们自己、他们丰富的幻想世界和他们的家庭时，是"我的世界我主宰"；当操场上的博弈产生主要影响时，是"世界由其他孩子组成"；当孩子们开始对自己是谁发展出一种更强烈的内心感受时，是"我内在的世界"。

我们会仔细了解一下父母面对学龄儿童时，所面临的最大挑战。读者们将看到，应用我在书中详细阐述的五项原则，父母们可以克服这些困难。

目前，针对父母们提出的大多数建议似乎都过于狭隘：鲍比交不到朋友，所以他应该参加一些侧重于团队合作或者同龄孩子关系的活动；吉娜太具攻击性了，她的父母应该注意限制她的这个问题，不能这样过度保护她；拉吉玩游戏的时间太长了，他应该找些更具挑战性的活动来消磨时间；诸如此类。但人们很少从更宏观的角度来看待这些问题。这些问题往往只是成长发育过程中更深层问题的表面体现。就像盲人摸象的寓言一样，父母非常仔细地观察各个不同方面，反而无法认清整体。

我们不能这样狭隘地看待孩子身上的问题，而是应该把问题视为机会的窗口——有助于探索和理解我们的孩子成长中所有的方面。如果我们能够理解潜在的成长发育过程，我们就能将孩子们的斗争视为成长中的努力，而非积习难改的问题，或者以为他们是想要激怒成年人。

在第一章和第八章中概述并贯穿全书论证的五项原则（或步骤），通过家庭中每天的日常生活，支持孩子们成长发育。这些原则背后的中心思想是，每天大多数家庭中现有的日常活动，蕴含着巨大的潜力，可以帮助孩子在情感上成长，面对挑战和问题。换句话说，你本身就拥有帮助你的孩子所需的能力，关键在于认识到怎样利用这些能力。

第一章
小学阶段的心理发展

孩子们成长的世界完全不同于父母所生活的年代。在我们小时候，露西和瑞克各自拥有房间。戈尔迪·霍恩（美国著名影星）身着比基尼已是电视能播出的最大尺度；晚间新闻报道胡士托音乐节上的脱衣舞表演通常是匆匆一瞥的模糊画面。我们要求妈妈给我们买披头士运动鞋，我们也亲证了阿姆斯特朗行走于月球之上。我们的父母为了妇女解放运动争得面红耳赤。

而我们的孩子放学回家后，首先是打电话给尚未下班的父母报备。半数的孩子成长于离异家庭。许多孩子会有继姐妹，继兄弟，继祖父母。一方面他们会故作懒散状，模仿巴特·辛普森（美国动画《辛普森一家》主角）的口吻语带嘲讽地说"伙计，有什么大不了的"，一方面也会回收牛奶盒及塑料午餐托盘，希望能拯救世界。而同时，录像和电视把性、反毒运动、可卡因和凶杀都一股脑儿地带进了他们的客厅。

不管现在及将来，我们的孩子似乎都将面临挑战不断，我们对此似乎无从下手。在育儿方面，每一代似乎都有难以逾越的挑战。每一代都希望孩子聪明、健康，有着良好的判断力和价值观，然而现实却不尽如人意。更糟的是，虽然我们为人父母能看到孩子目前碰到的危险，却无法预测孩子长大成人后将面临的挑战。因此，我们如何帮助孩子做足准备？只有先清楚了解孩子的内心世界，才有答案可循。我们若了解孩子，则能帮助他们塑造个性、完善品格，成长为健康活泼的青少年，长大成人后也能勇敢面对人生中不断涌现的各种挑战。

经过多年研究，我已绘制出了一个关于孩子健康成长、个性发展的线路图，图上标示了孩子需要经历的重要经历——我们称之为核心心理情感里程碑。线路图并不只是简单明了的有关行为、身体发展的指导，抑或是培养孩子的思维方式，而是展示了孩子每个特定阶段所需要体验的情感经历。只有一一体验了这些情感经历，孩子才能情感健全地成长。比方说，婴儿早期阶段需要先学习如何温暖愉悦地和他人相处，一旦学会，他们就有能力学习如何交流，首先通过肢体动作、面部表情、手势等与人沟通，然后逐步运用简单概念表达情绪、愿望及心中所需所感。最终他们学会将情绪和概念相联结，开始发展比较清晰的自我意识。整个学习过程贯穿小学阶段，每个阶段皆以前一个阶段为基础。

我将在本章稍后详细阐述这些阶段，相关讨论也将会贯穿整本书。但是，我首先要强调的是，每个阶段都有孩子需要学会的基本能力，以促进其进入下一个发展阶段。随着他们一路通过这些核心情感里程碑，他们思考、推理、感受的能力会日趋复杂。每个被经过的里程碑也将伴随孩子们一生。我们不妨将这些里程碑视为孩子们发展自我意识及培养重要能力的基石。倘若基石松动——即没有通过这些里程碑，则其后效反应可能会影响孩子的整个童年时期，甚至会冲击到他的成年生活。举个例子，如果8岁的小罗德尼没有学会与他人建立温暖信任的关系，那么他会发现自己很难专注地倾听父母老师的说教。他可能会有些行为问题，或者被诊断出阅读障碍症，或者他干脆躲进自己的世界不与人交流。因此父母与教育者们不仅要注意孩子们每个阶段面临的挑战，也要注意之前是否有哪个情感经历被忽视，只有这样才能及时帮助孩子迎头赶上。幸运的是，帮助孩子弥补缺失的情感经历是永远都不晚的，其有关技巧我也将在这本书中涉及。

　　本书开篇描绘了一个孩子心理成长的内在线路图，同时详述了他所经历的核心情感经历。在孩子们小学时期需经历的三个特别明显的阶段都与婴儿早期阶段及学前阶段紧密相关。我首先将统一阐述这三个阶段，然后再逐一介绍孩子们进入小学时期所需的情感技巧。

第一阶段（5~7岁）：关注自我主张
—— 我的世界我主宰

里程碑	目标
自律和独立	• 不需要太多的帮助就能照料自己、自律，包括保持冷静、集中注意力、处理信息（包括短时间独立）、穿衣、洗漱、刷牙等
人际关系	• 与父母之间的关系令人感到快乐和安全 • 能够同时关注与父母、同龄人和"自身"之间的关系 • 能够试着在父母（包括兄弟姐妹）之间"挑拨"，使些小计策达到自己的目的 • 能够与同龄人形成人际关系并享受其中的乐趣，在自己家里或其他孩子家里不依赖父母自己玩 • 在同龄人中能够坚持自我 • 与父母和同龄人在一起时，能够避免一意孤行
现实和幻想	• 努力达成远大目标的同时，也不得已逐渐学会处理现实中的挫折和失望
情感思考	• 让恐惧、羞怯、担忧和冲突，与远大的、全能的目标共存 • 开始更好地理解现实限制的"原因"

在小学时期的第一阶段,孩子们与人相处、交流、想象及思考的基础能力得以发展。"我的世界我主宰"这个阶段通常为 4.5~7 岁之间,对孩子们影响深远,意义重大。将来的创造力在这个阶段开始萌芽,因为孩子们此时富于想象,并且大胆无畏,认为自己是伟大全能的化身,一切皆有可能。他们对生命极具好奇心,表达大胆直白——"我是最棒的",对世界有着强烈的探索欲。小男孩们会把自己想象成为男子汉、忍者神龟、超级玛丽,或者蝙蝠侠;小女孩们认为自己是灰姑娘、猫女、芭比或者睡美人——当然,也有可能是忍者神龟、超级玛丽。

小瑞秋会把游乐场当成自己的私人海洋,爸爸扮演美人鱼国王,自己的玩偶是美人鱼的伙伴比目鱼。

她会下命令:"美人鱼国王,你站在那边!你要去监控海盗的动向!"

哈罗德会对着放在小伙伴玩具柜里的小丑玩偶开始打拳击,并且骄傲地宣布:"我可以打倒任何人,我是超人!"

当然不是所有的孩子都会如此公开又戏剧化地展示他们的情感。一些孩子倾向于以安静缓和、低调腼腆的方式表达自己。他们会编造出复杂的故事,或以狂野生动的画风来展示内心。

然而,在这个阶段,多数孩子会把自己置于舞台的正中心。他们期待一切事情好玩又刺激、乐趣横生。只要是好玩刺激的,他们都愿意尝试。因此,他们会发现,学校有些方面,诸如识字、算数等都枯燥难忍,而某方面技能超群的孩子则会喜欢上这看似辛苦的学习过程。然而对于孩子来说,如何衡量学习的辛苦是关键因素。

在这个阶段,孩子的肢体协调能力开始提高,孩子扔、踢、跳跃的动作准确度进一步发展。同时精细动作协调能力也在发展,他们可以学会系鞋带,学写字,画正方形、三角形、钻石等形状。随着掌握这些技巧,他们开始以新的角度来了解他们的世界。例如,他们能根据边长不同来区分形状,他们开始察觉自己有不同程度的感受:"我是有一点生气,一些生气,还是很生气呢?"

● 孩子透过三角关系观察世界

根据弗洛伊德的理论,这个阶段的孩子普遍有"俄狄浦斯情结",即在该阶段,男孩对妈妈、女孩对爸爸开始产生性幻想。对于不同性别的父母,孩子既有着强烈的竞争意识,又同时并存着爱恋心态。不怎么为人所知的是这个阶段引领进了一段新的关系:三角关系。爸爸妈妈不再轻易可以互相取代。而在更幼年时期,孩子的基本需求是安全和信任,那时父母是谁都没有区别。父母不再可以轻易相互取代,其结果是孩子与父母间的关系有了肥皂剧的特点。孩子会上演各种勾心斗角、密谋策划。儿子在爸爸面前开始变得躁动不安,言行更具攻击性。他仍然爱爸爸,渴望爸爸的关爱和付出,但他也想表现得比爸爸厉害。当他努力想要在妈妈面前表现自己如何学会模仿日本武士的最新动作时,他会不顾爸爸的感受,叫嚷着"爸爸,出去!"6岁的艾什莉会依偎在爸爸怀里,要求他给她讲故事。此时妈妈问了:"是不是也该到我讲啦?"而她把头一撇,不高兴地说:"没呢,我准备好再叫你。"

这样的行为至少会让人不安。不过要知道,这只是孩子们此时比较复杂的关系模式中的一部分而已。在这个时期,孩子们也在尝试当老大的滋味,试图掌控三角关系来满足自己的需求。

此外,三角关系能给予孩子情感上更大的弹性。现在孩子与父母的关系并不是一对一的关系,孩子也不必把与父亲或与母亲的关系看成是全有或者全无的关系,即他不应该认为一个成年人要么能全部满足要么完全不能满足他的需求。假若妈妈有时显得不够关心孩子,孩子就会更亲近爸爸,希望藉此引起妈妈的嫉妒,而不再像小时候感到沮丧而以哭闹攫取关注。如果爸爸是自己的心头所爱，她会假装视他不见，羞羞答答坐在妈妈旁边，等待爸爸赢得她的芳心。此时对父母来说是促进与孩子关系平衡的好时机，一个工作狂的爸爸，可以尽量空出时间陪伴孩子，来满足他的依赖及陪伴需求，以此证明，爸爸也可以像妈妈一样值得依赖。

当孩子们透过三角关系来观察这个世界时，孩子对外界的感受强度可以藉此得到缓冲，也可以得到不同的结果。男孩若生妈妈的气，他可以用想象把妈妈驱逐出他的领域，而不会像小时候那样害怕自己的愤怒导致被抛弃。现在他可以假装和爸爸是并肩作战的战友，苦恼之下就一起外出冒险，寻找更完美的女性。而现实中，显然男孩并没有准备好放弃妈妈，但至少现在他可以在幻想中上演各种基于三角关系的戏码。因此，三角关系的确能使情感得到有效平衡，能够让孩子有空间消化复杂的情感，而不会导致情绪大爆发。

以上有关三角关系的讨论并没有特别排除单亲家庭。在单亲家庭，情感也可以得以健康发展，关键是能为孩子提供什么，而不是由一个人还是两个人来提供。当然，在双亲家庭，培养三角关系自然要容易些。但是，如果父母能给予孩子足够的基本需求——温暖、爱护及支持鼓励，同时又对他们立下规矩，那么单亲家庭的孩子也能寻找并体验到三角关系。他会利用兄弟姐妹、朋友、老师或者他父母亲喜欢的人——总之逮谁是谁——来发展三角关系。同时，不管父母亲是否住在一块，都不能忽略一个事实，即他们有着更为重要的联盟。孩子需要意识到不管他使多大劲儿拉拢父母一方成为主要盟友，家庭才是最根本的联盟。倘若父母互不相让争抢孩子，把孩子卷入他们的婚姻大战中，孩子的情感方面则很难持续成长。

在这个年龄阶段，一定要支持孩子去拓展和探索更复杂的关系。毕竟，孩子的情绪成长很大程度都是以此为基础的。在游戏中，妈妈和孩子一起十分开心地对战爸爸；在与父母辩论某观点时，父母中的一个或一个成年人若能在旁边支持孩子，用你充满情感的语调传达同情，引起共鸣，则更有助于孩子轻易探索到关系的微妙。

父子联盟十分有利于这个阶段孩子的成长。在典型的家庭中，孩子主要是依赖于母亲，现在需要减少对母亲的依赖，更多地依赖父亲，孩子们能更自由地探索、感受他的肌肉力量，同时仍然觉得安全。父子同盟也能缓解孩子可能对母亲产生的强烈情绪。倘若7岁的玛利亚的妈妈老是生气，对她发号施令，（其实哪个父母不常常如此）玛利亚则可以向父亲求助。如果父亲和孩子都能忍受住母亲的专横和怒气，当母亲不再怒不可遏时，孩子会重新觉得母亲温柔可亲、充满爱意。反之，当爸爸发怒时，孩子则可以和母亲形成联盟来缓冲排山倒海的恐惧感。母子联盟也有助于孩子认识到，联盟有不同的方式，他可以自由体验，组合新联盟。

当这个年龄阶段的孩子学习从三人（我，妈妈，爸爸）角度看待世界，体会到源自该角度的各种对抗冲突，他会带着这个观点走进社会。他的幻想人生扩张了——情节被强化，戏剧愈加复杂。 此时已不仅仅是一对一的对打了（邪恶的巫婆攻击无助的娃娃），相反，六岁的罗比可能会假装他正在被一个邪恶太空怪物攻击，但最终被一个巨大的机器人拯救。

你可能会注意到同样的模式在孩子的朋友中不断重复——不管是真实的朋友还是假想的朋友。比方说，5岁的孩子有两个假想的朋友供她支配，她调停朋友争吵，纠正他们的餐桌礼仪，或者决定谁跟爸爸妈妈外出兜风。通过角色扮演，假想的朋友可以满足孩子的一些愿望，比如扮演忠实的仆人、兴奋的冒险同伴、对抗邪恶的保卫者。有时，假想的朋友被设定为弱者、穷人，由孩子负责保护。

这些模式也会在孩子与其真实的朋友间上演。他们开始在朋友间玩花样。比如，克洛伊会告诉贝丝有关詹妮弗的一个秘密，并且叮嘱贝丝"千万别告诉詹妮弗"，"你发誓"，但同时她又告诉詹妮弗有关贝丝的一个秘密。孩子也会开始向一个或几个朋友转移他对父母的依赖感，他们开始迷恋某位朋友或某个成年人。他们想一直看到他，不停地讨论他，好像他们在执着于人生中一段最宝贵的关系。

● 想象力凌驾于理性之上

在这个年龄，孩子仍然会迷失在幻想中，彻底沉醉其中，仿佛虚幻就是真实世界。但是你会发现，他们其实很清楚现实与虚幻的区别。虽然看卡通片时会看得目不转睛，他们或许也意识到了卡通片并不是真实世界的准确写照。你的孩子可能会宣布"我是终结者！"，但接下来他会诡异地朝你笑，或者耸耸肩，好像在说"假的啦"。五岁的孩子可能醉心于精细构造的虚幻中，假装自己是空手道冠军，试图去拯救公主。不过当妈妈要求他收拾散落房间的玩具时，他通常能立马跳脱出来。

同时"我的世界我主宰"这个阶段也有可能让孩子心生巨大恐惧，因为孩子丰富宏伟的虚幻世界其实是把双刃剑。他们容易被自己的幻想所吓倒。他们担心有巫婆藏在床底下，鬼魂、坏蛋会过来把他们抓走。他们会吓得跳进爸爸妈妈怀里寻求保护。

"你怎么这会儿又害怕睡觉了？"爸爸问道，"而你早上还声称是个神力无边的公主，嚷着要砍掉所有敌人的头，甚至其他公主也不放过呢！"

"公主也会害怕呀，"女儿可能会回道，此时她舒适地偎依在爸爸身边，"而且，当时天还没黑呢。"

虽然他们对现实的直觉感官不断加强，他们心里对魔法仍会有着小小的期许，他们会说："巫婆有可能是真的呢！虽然我不怎么相信，但是他们还是有可能存在的。"

或者 7 岁的威尔会说："这个梦太可怕了，但是我知道是假的啦。不过我还是会锁上门，躲在枕头下，因为我不太确信到底有没有。"

在熟悉的环境里，孩子会横冲直撞，无所畏惧。相反，在新的环境中，这个年龄段的孩子则会畏惧怯生、扭捏害羞。5 岁的曼宁可能正在扮演忍者神龟，或者假装自己是米开朗基罗，但当有新玩伴出现时，他会立马扑向妈妈。

他们的虚幻世界迅速抽枝发芽的同时，孩子的逻辑能力、对现实的欣赏也随之生长，尽管在进入下个阶段前，想象力依旧凌驾于理性之上。他们学会在手足间玩些花招（你也许知道，这个年龄段手足间竞争是非常激烈的）。他们也开始学习如何更有效地争辩，比方说，当一个小小孩想要比哥哥姐姐晚点睡觉时，你会听到一些很新奇的争辩，如"我一点不认为我要比巴瑞早睡。我比他小，所以我的身体需要的睡眠也应该比他少"。

这个阶段如果一切进展顺利，孩子身上会显露出一些新的能力：他们对现实的掌握度逐渐变得清晰坚定，但同时脑海里的幻想依然丰富活跃，也依旧相信自己是世界第一，无所不能。他们能掌控更为复杂的关系，情绪也更加稳定。更为成人化的情绪开始滋生，比如说内疚感或者同理心（尽管当他们心生嫉妒或想和别人一较高下时，同理心很容易被抛之脑后）。他们能体会到更多样化的情绪，情绪会反复无常，起伏不定，依赖你的同时又与你抗拒，这一秒在和你生气，下一秒又和好如初。而恰恰是这些能力促使孩子脱离家庭进入更广阔的世界。

第二阶段（8~10岁）：关注同伴关系
——世界由其他孩子组成

里程碑	目标
自律和独立	• 能够较长时间集中注意力（半个小时以上），即使面对的是家庭作业之类比较困难的任务，也能自己制订计划、做出安排 • 在更多方面不靠大人帮忙，自己照料自己
人际关系	• 完全参与到同龄人群体中 • 从男孩或女孩的角度意识到并开始关心自己在群体中的角色，"谁最喜欢我，谁最讨厌我"，谁"擅长这个或那个"（比如运动、学习、演戏等） • 关心朋友，并与朋友密切交往，包括最好的朋友和一般的朋友 • 处理同龄人关系中的复杂情况时，让父母起到指导作用，而不会完全代替同龄人际关系 • 与父母保持有教养的关系 • 能够与父母分享兴趣爱好，从父母那里学到新的技能，而不会感到被控制，或者对父母缺乏尊重 • 与兄弟姐妹之间既竞争又亲密，同时互相支持 • 开始处理与父母之间正常的紧张关系（例如"挑剔、倔强的孩子"与控制欲强的父母），学着根据环境安排任务
现实和幻想	• 仍然能够享受幻想 • 能够遵循规则（可以严格遵循，也可以打破规则来符合个人需要）

> **沟通和情感思考**
> - 把想法组织起来，包括涉及情感的想法，形成有条理、有逻辑的沟通（比如"我弟弟打扰我了，他一直……"，后面给出五个例子）
> - 能够把情感或群体区分优先次序并分组（例如"我有点讨厌妹妹，但更讨厌弟弟。虽然我对弟弟很生气，但我仍然爱着全家人"）
> - 参与竞争，不要逃避竞争，也不要变得攻击性太强、过于混乱、过于顺从
> - 能够承受失望，而不至于退缩或者变得攻击性太强、过于混乱

● 自我形象通过团体来确定

随着孩子进入七八岁，他们的视野拓宽，世界变大了。孩子从家庭主导的成长阶段开始进入动荡不安的同伴世界。他们开始对家庭三角关系的戏码兴趣渐失，转而奔向了同伴的世界，开始玩起游戏场角力，并沉浸其中，乐此不疲。

在这个阶段，他们的肢体协调能力进一步发展。孩子能跳绳、扔球接球，动作都相当精准。他们跑步中能迅速改变方向。书写更为流利，画画技能也提升了。他们画的人物比例更贴近现实。他们也能理解且交流很多相互关联复合的想法概念，也更善于表达愿望、需求或幻想。他们可以把东西分门别类——无论是数字、形状，还是友谊。他们也懂得数字的加减乘除如何运算，也掌握了几何的基本概念；此时也能分辨出不同的友谊形式。

孩子们对三角关系中的对抗角力兴趣下降，也不再强烈迷恋幻想的世界。他们此时更喜欢扮演警察抓坏人，而不是忍者神龟拯救世界，不再漫无边际地成天幻想。他们开始专注掌握已学到的技能。

之前孩子十分在乎父母对待自己的态度，而现在他们更看重的是如

何与学校同伴相处融洽。他们的自我形象通过团体来确定，按照操场上盛行的等级顺序来界定自我。此时父母的影响力日渐式微，而内心对自己的信念尚未形成。此时无论运动能力、长相、头脑，还是穿着，孩子凡事都喜欢和同伴比个高低。他们会告诉你谁的穿着最酷，谁最喜欢撒谎，谁的阅读分最高，谁又跑得最快，谁是三年级的孩子王等，描述详细精准，令人咋舌。

至少，最初孩子对自己的社会现实定位是非常具体的："如果布莱恩认为我是个笨蛋，那我一定是个笨蛋。"不过这不等于他感受不到爸爸妈妈的爱护珍视。但是他们开始看到一个新的事实：即便父母亲爱他，呵护他，他也有可能是笨蛋。他们根据朋友对自己的看法在团体中进行自我定位："艾瑞觉得我的瀑布画得难看，那瀑布一定很难看，我也很难看！"他们的自尊随着朋友的评价直冲云霄或跌入谷底。虽然我们很想一再向孩子保证，他很可爱，是我们的小甜心，我们都爱他，但他仍然会觉得痛苦，比如因为他不是谁最好的朋友，仅仅排在了第三位，等等。

虽然在团体中会有痛苦的体验，团队身份的界定混乱不安，孩子仍然从其中获益良多。他们的能力迅速增长，开始进行复杂思考。要想在团体错综复杂的关系中应对自如，他们必须学会非常微妙的推理。他们知道："迈克尔可能想要和弗林玩，不是因为他讨厌我，也不是因为我是个笨蛋，而是因为弗林是他最好的朋友，而我是他的第二好朋友，乔伊排在我后面。但是如果我多邀请他到我家玩，让他玩我的新玩具，没准我能成为他最好的朋友。"

这种判断团体动态的能力有助于孩子发展认知、社交技能。这些技能，不仅在学校，在校外的现实世界也是十分有用的。因为孩子最终参与的世界也存在着团体动态。所以不妨就让孩子跳进水里学会游泳吧。如不然，他们很难有机会认识到，其实大多数人并不是非黑即白、对错分明的,而是游离于灰色地带。**要学会对微妙的灰色地带进行评价,让孩子去理解不同的感受和各种关系其实都是相对存在的。**一个孩子开始意识到,"一天我可能会有一点生气,另一天会非常生气,再一天简直气坏了"或者"哈罗德喜欢我超过迈克尔,但他更喜欢卡洛斯",或者会遇到更复杂的情况,"在下课时我常和马修、乔一起玩,上数学课时我和莎莉、凯文坐在一起。要是两边都要我和他们在体育馆踢足球的话,我最好还是举手跟老师说:'我要上厕所'"。

掌握从相对更为复杂的层面看待世界的能力也会促进孩子学业的进步,帮助孩子掌握数学概念,理解文学主题。现在他们在和他人相处时,逐渐知道很多时候是有规则的。比如,他们在打棒球或踢足球时,都接受要按规则游戏。

● 开始面对同伴评价带来的挫折感

然而,对于很多孩子来说,这个新的发展阶段让他们惊慌失措。因为他们不再是世界的中心,不再是国王或王后了。无疑你已看到,当孩子只会根据同伴的评价来界定自己时,可能会产生问题。典型的对话如下。

孩子:梅根在学校对我很刻薄。

父母:你为什么认为她对你刻薄呢?

孩子:因为她讨厌我。

父母:发生什么了,让你会认为她讨厌你?

孩子:她在和斯蒂芬妮、玛格丽特玩,我想加入她们,但她不让。

父母:或许她只是今天跟她们玩嘛,或许明天她就跟你玩了。

孩子:不是的,她就是讨厌我。

父母：为什么一定是她讨厌你呢？

孩子：因为我想跟她玩，她却不跟我玩。

父母：那你是怎么想的呢？

孩子：我很生气，我受到伤害了。

父母：我很理解你的心情，但是为什么那就意味着她讨厌你呢？

孩子：因为如果她跟我玩，我就不会生气，也不会感觉受伤了。她一定是故意让我生气、伤心的。

在这个发展阶段，很多孩子不会很大方地接受失望、失败。他们无法接受朋友不喜欢他们，不能学着看淡失落，转而去结交新的朋友。他们固执于此，认为别人拒绝自己完全是针对他们个人的。（我们或许也都认识一两个有着同样心态的成年人。）

我曾经和一个8岁小女孩有过一段对话，访谈间很深刻地折射出许多孩子内心的混乱。艾利克斯是个聪明伶俐、能说会道的小女孩。她很想加入丽莎的朋友圈，和她成为好朋友，但不断遭遇冷落。她想尽了一切办法：邀请丽莎到她家看碟片、把她最喜欢的发夹给了丽莎、邀请丽莎参加她的生日派对。但是丽莎不是真的想和她做朋友，有时丽莎对她示以微笑，让她下课休息时加入她们的小团体玩游戏。但有时丽莎对她不理不睬，无视她的友好微笑，拒绝她的邀请，甚至和她圈内的朋友一起笑话她。

艾利克斯的世界观其实相当世故：她知道生活有时会很艰辛。她不可能和所有的人做朋友，也不是所有想要的都能得到。但是她仍然把自我形象完全和那天丽莎是否对她友善联系在一起。她相信从丽莎对她的态度能评判出她是个好人、坏人，还是个讨厌鬼。

"丽莎对你刻薄时，你内心有什么感受呢？"我问她。

"感觉很糟糕。"她告诉我。

"是怎样糟糕的感觉？"

"就是感觉很糟，心情很低落，很受伤。我的整个胃缩成了一团。"

我轻声鼓励她继续描述她的感受。

终于她又说道："你知道那是什么感觉吗？就像我正走着路，突然我走到了悬崖，轰的一声，掉进了空中。"

我开始明白她想表达什么。她被困在这些感觉中，因为他们让她感觉无助。她不知何缘故被推下悬崖，身体往下掉，她手足无措，感觉不到任何安全保障。她需要换个角度来缓和她的挫折无力感。

大一点的孩子有一段时间在某些方面过度严苛，讲求秩序（例如：抽屉里的袜子总是摆放得整整齐齐），而在其他方面比如书写、饮食习惯却又十分马虎。他们通常对自己的外貌做出不合实际的评价，老是认为自己"很丑"或者不迷人，因为他们只看到了自己的局部特征（"我的鼻子太大了"或者"我的眼睛太小了"）。

这个年龄的孩子要学习用相对成熟老练的观点来看待世界、处理关系。此时他们能够，且也应该不只看到事情的一面。他们会利用关系来满足个人需求，同时不忘关注事态发生的来龙去脉。他们要学会正确判断形势："谁是我的朋友，谁是我的敌人？我可以依靠谁？谁会帮我忙？谁想伤害我？这里谁说了算？小团体又在哪里？我可以加入哪个小团体？"

● 不再非黑即白地看待人际关系

虽然在早期发展阶段孩子的世界观就是向世界发出声音："我就是我，你们都应该爱我！"而在"游戏场角力"阶段，主要目标则是学会观察社会现实，了解社会动态，以此为前提达成个人愿望，满足个人需求。这就是"游戏场角力"的重点所在。

在这个年龄段，竞争是异常激烈的。他们游戏时得失心很重。（"你作弊，我看到了"）。孩子们除了自己以外，不能容忍任何人修改规则。他们会把失败的归因个人化。

"克里斯讨厌我"，如果你的孩子玩电子游戏时输给了小伙伴，他可能会这样说。

在人生这个阶段，丢脸、失去尊严，以及被拒绝可能是孩子最为害怕的。"不，我不要跟大卫玩，"孩子嚷道，"老是他赢。"或者是"爸爸，你赢我真不公平，大人应该让着小孩的。"或者"哼，他们居然认为我踢足球很烂！"他们还没学会去充分体验失望、失败。

然而，他们可以开始学习这宝贵的一课。两个女孩同时喜欢上迈克尔，都希望他对自己做出回应。但是如果一方输了，她也许会发现，即使彼此是竞争的关系，虽然她尝到了挫败感，她们俩还是可以继续做朋友的。或者两个男孩意识到，在游戏中双方激烈对抗，但之后还是哥们。换言之，**在同一段关系中友爱和竞争是可以并存的。孩子逐步会摒弃非黑即白的思维方式，开始体会到失望只是一种感觉，因为他们学会了用更相对的角度看待世界。**

不过期待孩子可以始终从多角度看待人际关系互动（例如，"他不和我玩，只是因为他也许今天更喜欢威廉一点"）是不现实的。这只是父母的一个梦想，这个阶段孩子们还做不到这点。

在这个阶段，学龄孩童逐渐了解到他们在小团体的位置，以及某种程度上，在更大群体中的位置。如果一切发展顺利，他们会综合外界定义和其他因素，其中包括自己的内在价值及理想来进行自我界定。外在现实与内在想法两相结合之后，孩子更为强烈的自我意识开始浮现了。

第三阶段（11~12岁）：自我评价相对客观
——我内在的世界

里程碑	目标
新的内心衡量标准	• 能够通过自己一贯的个性特征，而非仅仅依靠同龄群体的看法，来定义自我（例如友好、聪明、强壮、体贴） • 内心的是非感越来越强，即使与同龄人群体的意见不同
自律和独立	• 具有足够的集中力和组织性，自己完成学校日常安排，需要的时候寻求帮助 • 自己照料自己
人际关系	• 能够享受独处或与几个亲密朋友相处的时间，不再那么依赖于自己在群体中的位置，但仍然可以参与同龄人群体并从中获得乐趣 • 将父母、老师或其他成年人视为榜样 • 偷偷享受与自己最依赖的父母之间的斗争，通过这种方法变得更加独立
沟通和情感思考	• 能够观察并在一定程度上评估自己的沟通（"听上去很自私"，"我想那听起来确实很卑鄙"） • 能够更好地理解和融入其他人的感受 • 能够更好地记住并交流两种互相冲突的感受（这意味着和别人竞争的同时，仍然喜欢他们或尊重他们，而不会觉得"如果我们互相竞争，那我们肯定是敌人"）

现实和幻想	• 享受做白日梦的时间，甚至针对白日梦深入思考 • 能够在理解背景环境的前提下灵活运用规则（例如"可以发三次球，因为我们只是在练习网球"）
准备进入青春期	• 对于异性的吸引力产生兴趣（虽然经常否认） • 意识到自己身体的隐私性 • 关注自己与青春期相关的身体和个性变化，包括担忧、害怕，也包括积极的期待

● 从相对的角度看待世界

在几年对自己的定义完全依赖他人的评判后，从 10 ~ 12 岁开始，孩子对自己有了更加一致的认识。逐渐他们比较能够根据自己不断浮现的目标、生成的价值及自己感觉自己的为人，描绘出自我的内在图画，渐渐不再被他人每天对自己的态度牵制。因此，问题发生的当下，他们变得比较不易受到影响。

孩子每日与父母、朋友、老师及生命中所遇到的人互动交流，学到以相对的角度看待世界，能力日趋见长，他们逐渐完成了对自己的内在描绘。在这个阶段，虽然他们仍旧在同伴中不断碰撞，他们内心的自我意识却逐渐浮现。他们开始拥抱自己的信仰，发展自己的内部价值（"我要当一名好学生"或者"我不应该这么小气"），他们也开始展望未来（"我想当一名消防员"或者"我长大要当老师"）。他们现在能同时抓住两种现实：同伴团体的现实，逐渐浮现的内在价值观和态度的现实。

在这个阶段，即使他们的人际关系起起落落，遭遇各种事情，他们的自尊也会趋于稳定，他们此时懂得换个角度看待生活。

"我的朋友查理，"11 岁的孩子开始推理了，"总是随时打断我讲话。而其他小朋友对我就很好。我不会再费着劲儿做查理的朋友了。"当 12 岁的女孩投进一球时，她比较不会像以前那样下结论："我是世界上最好的篮球手！"现在她更倾向将自己的投篮准率和其他项技巧相比较。"我现在有所进步，"她可能会这么说，"现在我能投六中二，如果我继续练习，我的投篮准率就能过半，就会和队里的其他女孩一样好了。"

在身体方面，孩子现在能够进行一些要求结合力量、肌肉协调及手眼协调的运动了，如打篮球、踢足球、打网球等。他们的书写更为流畅，也能操控一些精准的动作，如拆卸东西、使用螺丝刀等。但是随着他们快进入青少年期，身体的快速变化可能会影响到他们的学业，之前很有天赋的学生也许会突然变得健忘，或者，一些孩子之前被诊断为有阅读障碍症，但随着他们的神经系统发育完善，现在成绩开始突飞猛进。

● 准备进入青春期

现在他们处于进入青春期的拐点，对将来憧憬满满、心情迫切。唇膏、荤段子、偷偷看限制级电影、对身边的异性越来越害羞等，都显示出他们对青春期即将出现的身体和性别发育既期待又恐惧。当孩子开始性成熟，他们对榜样的兴趣日增，且至少会有一段时间和自己同性别的父母一方关系更加密切。因此这段时间父亲可以和儿子真正培养出一段特别的关系，而母亲可以好好培养和女儿的感情。同时，10～12岁的孩子会毫不客气地批评他们渐渐出现的榜样。

这几年同样也让人惊慌不安，因为孩子开始盘算进一步远离家人。被强烈的情绪驱使，他们一边对童年的亲密依赖渴望依旧，一边又盼着赶快长大成人，他们在这两种愿望中左右摇摆。有时他们心生反抗——"谁需要你？"或者"我比你更清楚好吧！"——但是，有时他们又害怕独立——"我不想去学校，我只想待在家里。"他们需要有一个逐渐形成的自我意识做支撑，如若不然，他们可能又会倒退回去，对父母更为依赖，或者相反，他们的行为更加危险或者变得更反叛，以图彰显自己的独立。

这个年龄的许多孩子会倾向回避一些比较纠结的情感问题——和父母分离、和异性交往，等等。他们此时更关注身体的种种变化：女孩子会抱怨胃痛或头疼；男孩子会在意小弟弟的尺寸或者肌肉大小，对于自己的身体他们普遍感觉负面。

在进入青春期前，许多新的感觉会浮现，变得深刻。同理心、换位思考的能力显著提高，孩子们开始了解他人的需求，现在他们更能理解朋友被拒绝或内心受伤的感受，他们失望、失落的感受更为强烈。他们更能像大人一样感受到伤心，这不容忽视。而在早期阶段，孩子们只有某些时候，如朋友搬家或奶奶去世时感到难过。而现在他们对这种离别的伤感更为强烈。

随着认知能力发展成熟，孩子们更有可能从内在汲取道德情感力量，而不是依靠家人或朋友。("我要得高分才能上大学"而不是"妈妈要我今晚做数学作业，否则我就有麻烦了"。)他们也开始会感到内疚，但并不是因为爸爸妈妈生气了，而是因为"我没做作业。我对我朋友很刻薄"。他们的良知——而不是时刻在背后盯着的父母——开始给予他们更多道德上的引导。他们开始更加关心是非对错，比如说，他们也许对人们受到不公正待遇等社会问题产生兴趣。他们也比较能理解并更加自觉地遵守规则，而并不需要外界指引。

孩子现在能掌握社交互动中比较复杂的规则。11岁的汤米，意识到如果乔什邀请他参加他的生日派对，他也应该回邀乔什。艾米丽知道当大人在讨论严肃的话题时，在一旁笑是很不礼貌的。同时这个阶段孩子也更容易对自己的不守规矩进行辩解。那是因为，随着对是非对错更为关注，孩子的推理能力也趋向成熟，他们可以运用这种能力为自己规避规矩。例如，如果妈妈谈到某叔叔心脏病发作时，艾米丽却咯咯笑了，艾米丽可能会这么辩解："大人也太一本正经了，有时也放轻松点嘛。"

此时孩子开始对未来有了更多的设想。他们开始以更复杂的方式定义自己，开始思索自己的为人（评价有时并不中肯）："我很善良，或者我很小气，或者我爱发号施令，或者我这人差劲，或我很卑鄙。"所有这些都是信号，表明他们正做好准备进入青少年期。

奠定基石：回顾早期情感发展的里程碑

现在我们简单回顾孩子的早期发展。如我之前提过，孩子在小学阶段已经掌握或者仍需要掌握一些核心情感能力。他们首先会在幼年接触这些能力，在小学期会加以修正及巩固。如果这些情感能力未能被掌握，那么孩子在上学期间将会碰到各类问题，他们的发展会延后。这些需要被掌握的能力构成了基本情感里程碑，所有未来的情感发展都以此为基石。

● **安全感，观察及倾听的能力，保持冷静**

所有孩子，包括学龄孩童在内，都要学习的一个首要能力是：保持冷静，自我约束，同时对周围的环境产生兴趣，并投入环境。也就是说要对周围的人、物体、景象、声音、味道、动作，保持兴趣，留心注意。

对孩子来说，对这令人兴奋的世界留心注意的同时要保持冷静、约束自我并不容易。通常而言，孩子在出生头几个月便开始学习这项能力。到三四个月时，婴儿就应该专注于他所触摸到、看到以及听到的东西，而不失去控制。有些宝宝很自然就会笑，发出咯咯声。接纳景象、声音、睡眠规律、进食容易。而有些宝宝却不好伺候，而且为数不少。

除非以某种特定方式，他们不喜欢被触摸，有些声音让他们不安，亮光让他们大哭。他们注意力容易分散，常常腹绞痛、爱挑食、易急躁不安。当他们长大一点，如果鞋子不合脚，或你给他们画的脸孔上鼻子画歪了，他们往往会闹别扭。在学校他们可能无法集中注意力听课，因为教室里的声音和人影让他们分神。

孩子上了学之后，家长往往会更关心他们是否学会了写字、算数。但是如果孩子有学习障碍，我们首先要关心的不是他的学习，而是他的专注力和自我约束力。如果孩子这方面能力欠缺，那么我们要帮助孩子开始培养加强。你不能跳过这些关键的内在里程碑。在他学会如何观察、倾听及保持冷静之前，逼迫孩子写字或算数没有任何意义。

● **和睦相处：让人感觉温暖和亲密的能力**

内在安全感可以让孩子注意力集中，也给予孩子温暖、信任，可以亲密地与大人和同伴打交道。通常情况下这项能力在婴儿4~6个月时达到一个初期的高峰。父母满怀爱意对着婴儿柔情低语，婴儿观察父母的脸部表情，咿咿呀呀，以自己特有的热切回应他们的笑容，表达欢喜。我们也会看到，7岁的小孩独自在座位上写作业，当老师面带微笑地走近他，他会向老师打招呼，并骄傲地向老师展示自己的作业。同样，12岁的小孩在课间休息时踱步走向朋友，把胳膊随意搭在朋友肩上，开始和他们聊天玩笑，嬉戏打闹。

有些孩子无法以温暖、信任的姿态和他人相处，渐渐被孤立，甚至听不到别人在说什么。他们通常冷漠离群、满腹怀疑，或者总觉得可能被羞辱。他们做决定时也许只信赖自己的想法和经历。因为不信任他人，他们通常我行我素，沉浸在自己的感官、感受及想法中，某种程度上，他们可能逐渐与外部现实隔离，与逻辑和客观的世界脱离。

孩子若是与其他孩子或大人合不来，则无法应付一对一的关系或者群体关系，他们必须要克服这一基本挑战才能进入下一个发展阶段。因为在他们生命早期，大多数的能力学习包括洞察、直觉、原则，都在和他人建立关系中学到。所有将在稍晚阶段掌握的抽象概念都以他们早期学到的概念为基础。如果孩子还不具备与人相处的基本能力，他们所学的东西多半将被弱化，遭到破坏。以简单的时间概念为例，从根本上来讲，时间是一个情感概念，因为等待需求被满足，或者迅速得到你所想要的等体验，都与时间有关。孩子早期对时间具备情感意识，有助于他们以后理解时间的抽象概念。

● 有意识的无声双向交流

第三项基本能力以前两项为基础（在你和他人交流之前，你必须学会专注，与人相处）。从很小开始，孩子不是通过语言，而是通过行为、面部表情、身体姿势等学习使用和识读所传递的信号。在6~18个月期间，孩子交流的能力在不同的阶段连续展开。首先孩子只能通过非语言信号交流，但是他们会以微笑、皱眉、手指比划、扭动、摇摆、咯咯笑及大哭进行丰富的对话。到18个月时，孩子通常很擅长解读非语言线索。例如，当爸爸妈妈下班回家，孩子们能从他们的面部表情或体态姿势得知他们会不会蹲下来跟他们开心地玩，还是要大发脾气。18个月大的孩子知道父母的情绪高低，并且能够做出相应反应。在孩子学会说话之前，他们能够通过姿势、面部表情、身体语言交流，并理解生命中大部分的基本主题：赞同、表扬、爱、危险、生气。例如，他们能快速地对一个陌生人做出判断：他是个安全、可靠、乐于赞同的人，还是危险、挑剔、习惯否定的人，然后根据情况选择回应。

当然，在后期阶段，言语会强化这些比较基本的交流方法。但是即使没有语言也能迅速直觉地判断形势，显然是以后人生中十分关键的能力。大一点的孩子和成年人都依赖这个更快捷可靠的方式来判断他人，传递意图。举个例子，如果一个散发威胁的陌生人在一条黑暗的小巷靠近你，对你说："小妹妹，我是个好人。你能过来告诉我几点了吗？"此时你不会只听他的言语，你也会观察他的非言语信号——表情、声音语调、身体语言。

有能力运用并了解非语言交流的孩子，在理解人类互动和交流的基本方面，要比不会的孩子表现好多了。他们在学校往往更具有合作意识，上课更专注。他们能察觉到非语言线索，弄清其他孩子或许搞不懂的状况。非语言沟通有困难的孩子，在学校和朋友相处时都有可能十分艰辛。例如，如果老师警告学生："你们最好给我听话点，我没心情和你们瞎搅和！"如果一个5岁的小孩欠缺解读和回应老师的非语言线索能力，他可能会看着老师严肃的脸孔说："哦，他是要来找我算账，我最好先攻击他。"于是他可能会开始扔铅笔，躲在桌子底下，或做出些其他出格的事情。另一个孩子读懂了这些非语言线索，可能想："哦，戈博老师今天心情很不好，我最好专心上课。"而另一个孩子可能会把老师愤怒的表情解读为"老师认为我很好笑"，于是继续向同学扔纸团。莫妮卡匆匆跑过安娜去排队买午餐，安娜就此得出结论"她在生我的气"，尽管莫妮卡仅仅是饿了，并没有生气。孩子解读不出非语言线索，可能会曲解或误解线索，容易偏离当下情境，上课走神，因为挂心着发生了什么，或什么事会发生在他们头上。他们学业有困难，通常是因为他们还在努力学习解读非语言线索，试图弄清楚讲话人的真实意思，而不能充分舒适自在地专注于课本。我们将在后面一章再进行有关讨论，但是现在的重点是，孩子在人生早期学到的解读并回应非语言线索的能力，极大地影响了孩子在小学时期的社交及学习能力。

● **情绪概念**

接下来孩子开始学习在脑海形成图像或者意象,将他们的愿望、需求和情绪转化成概念。他们会说"我要那支笔",而不只是伸手抓笔,这就是在使用符号。当他们说:"给我那个东西","我很高兴",或者"我生气了",他们开始用想法或者概念("我很生气")来替代动作(拳打脚踢),我们看到能力开始在体现。他们不仅仅在体验情感,也是在体验情感概念,因此他们可以把概念转化为语言,或是玩假扮游戏。孩子运用概念,组织语言来传递他们的感受、需求及打算。

这项能力带领他们进入一个全新的挑战世界:他们开始学习把大脑、身体及情感合而为一来运用。在上小学之前掌握这种交流能力很关键,只有这样,他们才能既能明白他人的言语,也可以用语言来表达自己的想法。情绪概念是前提,以此为前提,孩子们得以理解人际关系,知晓操场上进行的活动,也能听懂老师讲的故事,明白数学原理,以及清楚观点争辩时内在的基本逻辑。

在孩子玩假扮游戏时,我们能看到孩子在使用情绪概念。例如,他们会想象娃娃们在拥抱、打架,想象自己在为探险者寻找火箭船。这种幻想和想象的能力很大程度上为将来的创造性打下了基础。当孩子被要求编故事,或者去理解其他孩子的感受,或者去理解老师讲的故事的意思时,其实他们就是被要求在运用想象力的基础上进行创造性思维。

许多孩子包括很多成人使用这方面的能力持续存在障碍。他们把感觉和想法等同于行动:"如果我这么想,我就这么做。"他们可能会避免假想的游戏,或者说出心中的感受。他们害怕,一旦承认这种想法,他们就会采取行动。通常情况下,我都发现,难以控制挑衅行为的孩子通常在表达自己的感受及组织语言表达情绪想法方面有困难。他们会直接采取行动，用打、咬、推等动作来释放他们的感受。有时孩子的内心焦虑和冲突也会导致这一障碍。而有些孩子根本不具备首先选择表达情绪的能力。他们还没学会在脑海形成感受及想法来延后或衡量行动。他们不能鉴定并归类自己的情绪及感受，因此也就不能在这些情绪上面停留太久，因此他们无法想出不同的方式表达自己。不能鉴定自己情绪和意图的孩子通常只会想到用行动来处理问题。这类孩子在面临具有挑战性的情况时，更倾向于使用挑衅的方式来处理应对。

这个阶段，孩子会联结一切"属于我的"概念和一切"非我的"概念。以这种方式，他们开始区分内在的虚幻世界和外在的现实世界。他们能够使用"我与非我"的概念来控制冲动、保持专注及计划未来。"如果我对别人做了坏事，我也许会伤害到他，而且我可能会受到惩罚。"他们开始明白，世界是以这种逻辑方式进行运作的，行动会导致后果。

要在学校表现突出，孩子们要有考虑后果的能力，即要能想到今天的行为如何影响到将来，因为上学读书主要就是为将来做准备。晚上的作业对他们没什么意义，除非他们意识到其结果是知识增加，分数提升，父母老师给予表扬，并且自我感觉很好。他们要有能力忍受挫折，坚持完成任务，并且预先考虑结果。

具备了情绪思考能力，孩子会学到把他们目前的行为关联到将来。于是他们懂得了按照时间的维度组织他们的世界。"如果我现在不乖，10分钟后或者明天我会受到惩罚。"或者"如果现在我好好学习，明天我就会感觉很好，因为我开始知道怎么阅读了。"

假若一个孩子没有自我概念，也欠缺情绪思考的能力，他就无法了解概念与感受，行为与后果间的关系。如果他思考和行为时不会想到后果，那么做计划对他而言也毫无意义。如果他无法将"表现好"的行为与感受关联到受到表扬尊重，或自尊的内在感受，那么他为什么要好好表现？孩子若没有达到这个层次的情感发展，要他延迟"即刻满足"是很困难的。比如说，他想看电视就会一直嚷着："我要看电视，我不做作业。"

如你所见，我们描绘了一幅情感线路图，其中标示了孩子需要掌握的能力，使他们能顺利进入小学生涯。这些能力现总结如下：可以集中注意力，知道自我约束，能够投入做事，能与人相处，能用简单及复杂的姿态交流，会使用情感概念进行情绪思考。孩子从二人关系进入到三人关系模式。接着他们进入同伴团体，掌握同伴关系间复杂的社交技巧。再接着他们部分进入有着价值观和标准的内在世界，学习同时构建内外两个实体：内在实体体现为个人价值、标准，以及稳定的自我意识；外在实体为来自社会与同伴不断变动的要求和经历。

孩子掌握每个里程碑的能力发展与如下几方面相关：孩子个体独特的生理特征（如反应及加工感官知觉及组织回应的方式），周围的环境，其中包括家庭、社区、文化以及孩子与照顾者和同伴在每个发展阶段的互动情况。这些情感里程碑可以以各种不同的方式被掌握，不同的文化都有着各自独特的方式来帮助孩子发展核心能力。不要把这些核心能力及发展过程误认为具体的信念或概念，我们所谈论的是帮助孩子学会相处、交流及思考，而不是学习具体的信念。有必要强调的是，我们通过尊重每个孩子的生理及文化的独特性，帮助孩子达成其情感里程碑。

当然这些阶段并不总括整个线路图，而只覆盖了小学阶段。孩子在青少年期将继续学习如何在更为复杂的内在和外在实体间进行协调。但是一旦孩子掌握了这些基本能力，在家人、老师及朋友的帮助下，他们能自己解决生命中不断呈现的各种问题及挑战。为了说明掌握这些能力的价值所在，我经常引用多年前公益组织和平队招募成员的口号：授人以鱼，只供一餐；授人以渔，可享一生。

支持儿童心理健康发展的五步骤

本书中，我会不断提及这五项基本原则，谈论将其转化为五个基本步骤的方式，以供父母借鉴，支持孩子的发展并帮助孩子克服自身的具体困难。我将在最后一章更具体地解释这些原则，以下仅为梗概。

● 地板时间

所谓地板时间，是指专门留给你自己及孩子的轻松自由的时间。每天至少保证30分钟，你和孩子一块儿坐在地板上，陪着他做他想做的事。当然，对于稍微大一点的孩子，你不一定是真的坐在地板上。你们可以躺靠在沙发上，并排坐在后院台阶上，或者一块儿散个步，或在篮球场上挥汗投篮。总之不管身处何处，进行什么活动，目的是你要让孩子为主导，迎合孩子的兴趣。换而言之，每天的这段30分钟时间，你的孩子是导演，你只是导演助理，你要跟随他的引导游戏或谈话，只是在必要时给予支持和补充。

地板时间背后的理念是：建立温暖互信的关系。你和孩子共同的关注，互动交流都以孩子的角度进行。我发现地板时间是达成上述目标的最有效方法。随着与孩子的温暖互信的关系开始开花绽放，你也为之后铺平了道路，方便处理孩子面临的各种挑战。

● 解决问题时间

在解决问题时间，你不再以孩子为主导，而是与孩子对等的搭档，和他一起解决问题。不同于地板时间，解决问题时间是与孩子讨论及协商分歧及困难的机会。或许你想要帮孩子厘清为什么他与朋友相处时总是磕磕碰碰，为什么社会学习会异常艰辛，或者为什么他在家会显得急躁不安、易发脾气。这是你可以提出问题与之探讨的时间。

解决问题时间旨在帮助孩子在人际互动中学会运用逻辑、预设挑战、解决问题，促使他们在情感智力方面健康发展。

● 感受和理解孩子的观点

要了解孩子，你必须能够认同他的目标，不管他的目标是什么（你可以想象这不总是容易的）。如果你尝试倾听，并且学着了解你孩子为什么如此行事，他的行为如何与他的整体世界观融合，那么当你着力改变他的行为时，就容易多了。孩子们的种种行为总有充足的理由。不管我们是否认同，父母需要先了解这些理由是什么，才能寄希望于改变孩子的行为（并且，谁知道呢，一旦我们了解孩子的理由，说不定反而不想改变他们了）。

● 将挑战化整为零

鼓励孩子处理困难问题或克服挑战的方式之一，就是让他不断尝试到小小的成功，树立良好的自我感觉。你帮助孩子一次放一个脚趾入水，而不是一头栽进去，如此，孩子实现了自我满足感，因而避免了受挫心理，诸如"有什么用呢？我反正学不好数学（阅读、踢足球或者交朋友等）"。

● 定下规矩

规矩与认同及鼓励孩子同等重要，它给予孩子安全与指导。父母最好在额外的地板时间对孩子制定规矩。如此一来，你既能减轻因对孩子设限而产生的内疚感（尤其面对乖小孩时），又可以持续培养和孩子的关系，因而他能遵守规矩。如果要孩子最终学会你试图教导他们的内容，他们就需要你的规矩、认同、指导与爱。

这五项基本原则旨在帮助父母及教育者建立和孩子确定的关系及学习模式，以此支持孩子情感和智能发展所需的基本能力的成长。接下来我们可以观察如何在实际中运用这五项基本原则来帮助孩子们小学阶段所面临的最普遍的挑战。

第二章
孩子们的竞争与对抗

当他来到野兽出没的地方，
它们开始咆哮怒吼，
露出白光森森的犬牙，
无数的眼睛放射出凶光，
对着他，伸出了利爪……

——《野兽出没的地方》

莫里斯·桑达克

"爸爸，妈妈，杰森打我！"
"我没有！帕特里克拿走我的玩具，我只是伸手把它拿回来。"
"妈妈，杰森他撒谎！我才没有拿他的傻瓜玩具！"
"爸爸，帕特里克踢我！让他别踢了！"
"嗷！爸爸，妈妈，杰森拉我头发！"
"妈妈，下午我们足球踢输了。对方一个个笨得要死。真看不惯他们！"
"爸爸，我一定要打布莱恩，你看到没，我要被他气死了。"
"杰米数学又考得比我好。烦死他了！"

这些抱怨你或许听着很耳熟，这反映了一些令人惶恐、难以应对的情绪：愤怒、侵略、对抗、敌对、竞争，等等，而为人父母又必须要应对处理。那么，我们怎样才能帮助孩子处理这些感受呢？

我们如何帮助他们学会以健康、建设性的方式表达愤怒、挫败、恼怒及盛怒呢？我们如何帮助他们学会在学校、家庭、游戏场，甚至游戏厅里进行有效的竞争呢？

基本上我每天都能看到父母对孩子不知道如何应付这些所谓的负面情绪忧心忡忡。家长告诉我他们的孩子太具攻击性：和手足起冲突，和朋友打架，不断在学校惹麻烦，打人，咬人。有的父母又抱怨他们的孩子似乎无法应对竞争：他把每次挫折都看成针对自己的打击，总是说他"痛恨"所有胜过他的同学或朋友。

许多家长不会处理孩子的攻击性或者竞争性情绪，他们要么干脆否认孩子有这些情绪，要么试图改变孩子们的行为，却不考虑孩子的内心感受。如果一个孩子持续地殴打他人，他的父母的解决方式可能只是禁足几天，或者取消孩子看电视、吃甜点的权利。一些父母甚至试图以暴制暴——把孩子打一顿，"让他感受被打是什么滋味"。

当孩子因为挫折失败而灰心丧气、无精打采，我们想要安慰却常感有心无力，不知如何是好。孩子输掉一场激烈的棒球比赛后，很是垂头丧气："我真是差劲！我老是接不住球，大家一定恨死我了。"面对失落无助的孩子，我们常常急于上前安慰："大家不恨你"，"你一点也不差劲，你打得很好！"然而，这样脱口而出的安慰之词往往显得苍白无力。

某些儿童发展专家认为，处理孩子的侵略性的最佳策略是对其加以遏制，同时引导孩子参与比较不具侵略性的游戏。于是，很多心急火燎的父母、教育人员甚至理疗师，都努力防范着"混世小魔王"去好勇斗狠，一心想把他们的注意力转向比较温和的游戏。他们不准孩子用手指比枪，禁止孩子玩枪战游戏。孩子慢慢长大后，手足间开始出现敌对竞争的心态，父母和师长往往视这些心态为亟待解决的问题，却想不到这也是孩子可以从中吸取宝贵教训的大好机会。

"你当然不会恨你的新妹妹。"母亲可能对生着气的7岁小孩这么说，"她还是个小宝宝呀！"

然而，不管我们承不承认，孩子的愤怒、侵略性及竞争意识始终是存在的，不会就此消失。我们既不能无视，也无法抹杀其存在的事实。况且，孩子的情感要得到健康发展，这些情绪体验也是必需的。因此，我们主要还是要因势利导，引导孩子去体验、交流这些感受，最终学会加以掌控、运用。

● 敌对情绪背后的意义

愤怒、侵略和竞争意识本质上是健康的情绪，是我们日常生活中十分正常自然的一部分，也是孩子成长为心理健康、情绪稳定的大人所不可缺失的体验。只要我们不走极端，性格温和，具有同情心，些许愤怒和对抗心态反而对我们大有裨益：我们会因此鞭策自己更加努力进取、力争上游；我们的企图心也得以被激发，会给自己制订计划、设定目标，并立志达成。彼得·纽鲍尔认为，愤怒和敌对情绪帮助我们界定自我意识——我是谁？我们的界限在哪？比如说，愤怒和对抗的感受实际上能帮助孩子将自己和父母手足及朋友区分开来。这是因为，不同于伤心或寂寞感，孩子对愤怒和敌对的感受是十分鲜明清晰的。如果你对别人生气，或者产生竞争心理，你心里很清楚你的界限范围：你在哪儿要停住脚步，从哪儿开始便是别人的领域。

当孩子学会进行良性竞争时，他们也就大体了解到人际关系和整个世界其实是复杂微妙的。他们开始明白，在自己和竞争者之间，愤怒和尊敬两种感受是可以并存的；他们即使输了，也不能说明他们差劲，要被唾弃。如果能认识到这一点，则表明孩子的情感发展又往前进了一步。他们学会不以极端的观点看待世界（比如："大家都讨厌我"，"我很差劲"，"我是最强的"），现在的观点更贴近现实——有人爱他，也有人恨他；有人画画比较厉害，而有人更擅长弹钢琴，大家各有所长，术有专攻；认识到这些都是极为重要的。

要孩子忍受住失望和愤怒的感受自然不容易（其实，对谁都不容易），但要父母抑制住保护孩子免受伤心痛苦的冲动更是困难。然而，若父母能引导孩子接受并正确看待输赢，则能帮助孩子发掘出内心一股强韧、正面的力量。那么，当人生再遭遇挫折失败时，他们就能够重新振作精神，并从中吸取教训了。

● 孩子需要体会输与赢的不同感受

许多孩子和大人其实并不知道真正的竞争是什么，尽管我们都喜欢"赢"，我们却很少培养孩子的竞争意识。父母和师长往往过度保护孩子免受失败。在学校，有父母会为孩子铺好道路，好让他们一路顺畅，避免他们和优秀同学竞争而受挫。也有父母会特别希望看到孩子所加入球队的其他孩子都资质平平，这样自己孩子可以轻易突显，成为最棒的一位。但是，确保孩子一直赢，对他情感的学习和成长其实毫无助益。好比孩子明明有能力学高等数学了，却仍旧让他继续学基础数学以防他失败受挫，这种做法只会让孩子更加害怕失败而不敢去尝试和努力。所以要给予孩子机会有输有赢，只有这样，孩子才能体会到输和赢各自的感受。但是，也要注意，过多失败的经历会让孩子灰心丧志，甚至自暴自弃。因此输赢都要适度，最好是保持平衡。

当男孩女孩同样表现出愤怒、侵略性时，父母采取的态度往往不一样。女生更经常接收到的信息是：愤怒、莽撞竞争等是不好的表现。父母认为男孩就是要嬉戏打闹、满地撒野，而女孩只要安安静静地玩游戏就好。因此，男孩女孩对于什么是恰当的行为理解很不相同。

例如，8岁的迈克尔和爸爸比赛遥控汽车。竞争很激烈，两个人都在铆着劲儿操控小车绕过沙发，穿过椅子，抵达终点。最后，迈克尔的车子首先穿过终点。于是爸爸在旁边用力鼓掌："耶，你打败我了，你赢了！"

而另一方面，爸爸和迈克尔的姐姐，10岁的阿希里玩拼字游戏时，结果虽然是阿希里比爸爸拼出更多字，她的好胜心却被爸爸浇了一盆冷水。

"爸爸，我比你多拼出了6个字耶！"阿希里兴奋不已。

"嗯，你拼得是不错。宝贝。"爸爸很平静地回应。

"我可是把你打败了呀！"期望更多回应的阿希里此时很受挫。

"宝贝，"爸爸说道："是非常好，但是别忘了，这只是游戏。"

现在我们来看看，愤怒和竞争意识是怎么滋长的。然后，我们再观察在孩子情感成长路上，这些感受是怎么被驾驭处理的。最后我们以9岁的乔伊为例，谈谈他的妈妈如何帮助他纠正一些破坏性的行为，学会以健康正面的态度应对周遭的威胁挑战。

5岁之前的早期阶段

● 爱与愤怒情绪有同等价值

对于婴儿来说，所有的情绪有着同等的价值。爱、愉悦、激动、挫败、恐惧、愤怒等都是人类情感的一部分，汇聚而形成人性。健康的宝宝都会体验到上述情感，只是在早期阶段，他们既无法选择，也不懂区别，只能对自身的感受本能地反应，而无力做出进一步的表示。比如说，当爸爸把怀抱里4个月大的宝宝放回摇篮离开时，生气的宝宝就会身体变得僵硬，挫败地哇哇大哭起来，他挥舞着双手，小脸也涨得通红。

当婴儿长大一点，可以控制肌肉时，便开始用肢体动作来表达愤怒。1岁的小孩可能会生气地把食物扔到地上，用汤匙用力地敲盘子，来抗议妈妈拿走他咬得正欢的电话线。尽管此时他还无法用言语来沟通，他的动作已显示了他是多么地生气和难过。

接下来，孩子开始更有意识地使用肢体动作来表达和宣泄愤怒。刚刚蹒跚学步的小孩生气时开始拳打脚踢。1岁半时，小孩有能力拆掉弟弟的拨浪鼓，小心翼翼地把零件扔到垃圾桶里，然后得意地看着不知情的妈妈往外拎垃圾袋。我们或许也会看到，对我们来说本是很随意的扔接球，在孩子眼里，却是完美的一次抛掷。

如你所见，孩子在0~2岁间，表达愤怒的方式进展神速：他们从泛泛的身体反应，进展到简单的动作行为，再发展到有组织的动作行为，最终是有计划、有目的的行动。

然而，大约从1岁半起，多数孩子开始发展出更为复杂的处理愤怒及侵略感受的方式。不再通过肢体动作表达或抑制这些情绪，他们对感受开始形成概念。我们可以看到，在孩子玩扮家家时，两个玩具相互打架，淘气的一方会被踢，我们也会听到用语言表达的概念："我生气！"或"我恨你！"孩子开始用想法或者概念来替代动作（踢或打）。此时他不仅在体验情绪，也在体验情绪概念。他把这些概念组织成语言，编进假想游戏中。例如，一个3岁半的小孩很生爸爸的气，因为爸爸没有给他买新玩具。如果他能直视着爸爸的眼睛，跺着脚，说道

"爸爸坏"，那么他比较不会去咬或踢他姐姐，或用其他间接的方式发泄愤怒。

如我之前所说，许多孩子（及成人）这个阶段的发展存在障碍。他们无法分区开感受想法及行动：当一个孩子似乎感受到概念等于行动，这经常意味着这个阶段的情绪概念只有部分被达成。

● 学习对感受形成概念意识

尽管孩子的言行表现侵略性原因各不相同，多数侵略性的孩子有一个共同点：他们很难真正从1数到10，之后再回顾当时情况——被激怒的感受。**要控制住行为，我们必须能够意识到一个感受，并且在那个想法上停留足够长时间，有时间选择行动。**

如果孩子能意识到自己在生气，而且父母对孩子的怒气加以引导、抚慰，那么孩子会变得更懂得体贴关怀他人。他不会担心自己会一时气急而让愤怒占据了整个大脑。他开始了解愤怒是什么感受，也逐渐意识到生别人的气并不等于他不爱他们了，反之亦然。事实上，我们整个一生都在调和爱和愤怒的感受。但是孩子如果能早早地开始这个过程，那么在人生的路上他会拔得头筹、取得先机。

如果孩子能了解并有能力控制住自己的侵略性，他们便能更容易面对困境、诊断出问题，然后采取行动改变自己的处境。孩子对愤怒形成了概念意识，便能在本能行动之前长足思考，顾及他人的感受，因此这样的孩子更懂得理解、体贴他人。

如果孩子懵懵懂懂，脑海里还没有形成对愤怒的认识，便不能透过语言或游戏宣泄愤怒；他在和别的孩子交流互动时，就会碰到很多困难。因为他还处于一个早期的发展阶段，在这个阶段，你推我搡，踢人打人等肢体触碰的互动还是行之有效的，但是游戏场上的世界却相对复杂，它有一套默认的潜规则，孩子间的角力也比较纠葛复杂。在这个世界，简单粗暴的行为只会给他招来麻烦。

但是，在这个阶段，如果孩子能多多体验到他人的温暖、情感的支持及同理心，那么他能更擅长情绪管理。这些类型的互动有助于孩子们学会运用概念。

两岁半到四岁又是一个发展期。在这个阶段，孩子们开始学会把情绪和概念相联结，甚至学会自我创造出新的经验。他们开始检视各种情绪产生的成因及后果，自然而然地，也渐渐有了"我是谁"、"你是谁"的意识。在早期，他们的你我意识是建立在我们每个人的行为方式上，而现在，你我意识则是基于我们的思维或感受之上。孩子开始懂得不同感受和概念间的关系。因此，渐渐地，孩子不仅仅只用肢体动作来发泄他的愤怒，现在也开始用语言、游戏来表达不满了。进而，他们也意识到一种感受会导致另一种感受的产生——比如，他们开始明白他发泄愤怒可能会带来某种后果。

三岁大的约翰想要吃饼干。

然而，爸爸拒绝了，说："马上要吃饭啦。"

约翰便生气了，他想用脚踢爸爸，用拳头揍他。但是，他知道爸爸可能会因此惩罚他。于是他转而用语言表达不满。

"那样要等很久的！"他生气地嚷嚷。

"我知道你现在很想吃，"爸爸说，"但是我希望你能等到晚饭后再吃。"

"不要！"他用力地说，并开始对准爸爸的小腿伸出脚。

"你想干嘛？"爸爸问道。

"踢你！"这是他的回答。

"你最好不要，"爸爸眼睛一瞪，"你知道后果吧？"

"不能看电视。"约翰很不情愿地撇了撇嘴。

爸爸点头："就是这样。"

约翰一脸挫败，只好放弃了踢爸爸的举动，开始转动脑筋思考替代策略。

在餐前吃饼干这件事上，约翰和爸爸也许永远都无法达成一致，但是透过这个小插曲，你可以看到小约翰开始在脑海里形成一个图像（即概念），也就是说，他开始明白他的愤怒及愤怒之下的某种行为反而会使他失去他想要的东西。

孩子思考理解他愤怒的感受的能力在以后一生中都将持续不断发展。在每个发展阶段他都会学到新的方式来掌控他的情绪。但是我们刚才所概述的情感发展的几个步骤却是往后所有阶段中的重要基础，尤其是当孩子面对小学阶段不断出现的挑战及学习机遇时，更是不可或缺的基石。

● 学习对自己的行为有因果思考

当孩子上学时，这种情感思考以及理解他的行为后果的能力至关重要。比如说，他要明白若要实现 B，他就必须先完成 A，即使完成 A 要花他很多时间。如果一个八岁的孩子意识不到踢老师或是揍同学会被处罚，也不明白言行礼貌些、表现规矩些会赢得认可和尊重，那么在学校他必将面临麻烦不断。**若孩子欠缺因果关系的思考能力，只会拳打脚踢，而不懂如何忍受挫折，那么除非是出于害怕，或者父母师长的禁令，他是不会去抑制自己的愤怒和攻击性的。** 对于这样的孩子，让他规规矩矩地待在学校简直要了他的命。

学前孩子主要是从"我"的角度及"重要他人"的视角看世界。这个"重要他人"通常是孩子的妈妈，也可能是爸爸或亲戚，等他长大一点，有可能就变成了好朋友。在这个阶段，孩子对侵略性感受的看法大概如下:"如果我表现得很好斗,妈妈(或爸爸)就会生我的气。"由于抱有这样的想法,孩子可能会对产生的愤怒感到非常难受。如果孩子生命中的"重要他人"离去了,他便会觉得自己一无所有了。在这个阶段,比如说,孩子很嫉妒他的小妹妹小弟弟,生他们的气,但却担心爸爸妈妈得知他的感受后再也不爱他、呵护他了。有意思的是,许多成年人仍然从**一对一关系的角度**看世界。一位女士一直惶恐不安,担心一旦她对丈夫或男友发脾气,对方就会弃她而去,留下她一人。一位经理只要老板每次不过是看他一眼,他就开始发愁,认定老板会炒掉他。

5～7岁"我的世界我主宰"阶段

● 从二人关系到三人角度

大约从四岁起,孩子便开始进入这个阶段。他们开始倾向于**以三人的角度看待世界**。此时孩子对于情绪的应对,包括应对侵略和敌对的感受都是置于三角观的世界里,而这个世界充满着对立、欺瞒、口是心非等行为。他们不再担心"如果我惹爸爸或妈妈(或重要他人)生气了,他们会离开我",现在他们可能会想"如果我生妈妈的气,我怎么让爸爸站在我这边?"或者孩子对爸爸生气,"我怎么使计让爸爸对妈妈发脾气?"如果一个五岁大的孩子对妈妈很恼火,她可能会趴到爸爸的腿上,头靠在爸爸胸前,说"爸爸,我爱你"。另一个孩子,在爸爸那惹了麻烦后,跑到妈妈那指出爸爸的错误,"爸爸说我可以到点不睡觉哦"。他如此宣称,希望妈妈会加入他一起生爸爸的气。

由于通过三人关系不再是两人关系的角度看待世界，孩子的情感有了更大的伸张空间，此时即使有可能面临着生命中一个重要的人弃他而去，或者伤害到他时，他也不至于感到毫无退路。假定孩子顺利地度过了前一个情感发展阶段，随着他们渐渐倾向于从三人的角度观察世界，他们也为小学阶段做好了准备，准备好在竞争中去感受，表达自己的部分侵略性。

● 竞争是个复杂的概念

当你的孩子成为小学生时，各种竞争也会接踵而来：同学间的竞争、同伴间的竞争、朋友间的竞争，等等。总之，只要他进入了任何一个社会群体，不管是学校、日托中心，还是加入邻居小朋友的群体活动，竞争都是不可避免的。

竞争其实是相当复杂的概念，孩子首先要学会接纳自己的侵略性，再将其加以正确引导。要培养孩子有效竞争的能力，首先孩子需要拥有强烈的内在安全感，其次要明白一段关系只有以正面情感为前提，才能战胜愤怒及负面感受而长存下来。竞争意味着去认清在某一件事情上谁更擅长，并且仅限于此，与爱、拒绝、卑鄙或善良通通无关。因此，如果你的孩子被竞争对手打败之后，觉得很丢脸，或者觉得自己因此被否定了，那么他需要多多练习体验竞争的情境。他需要在温暖、充满爱的环境中感受对立，练习输赢。作为父母，你可以引导他去正确理解竞争和输赢。就算输了，也不要因此觉得自尊大受打击。

"我的世界我主宰"这个阶段也是手足间的竞争白热化的时期。他们似乎对每一件事都要争夺一番：谁和爸爸一起坐前座，谁分到大块的蛋糕，谁更会下跳棋，谁有权选择下一个电视节目，谁的生日礼物最多。大大小小的战役没完没了。

"妈妈，布莱恩在烦我！"

"爸爸，你给玛利亚的口香糖比我多！"

"我跟凯文差不多大，但他却可以比我晚睡一个小时！"

"奶奶给了凯蒂一个很好的游戏作礼物，而我却只拿到了这件丑死了的睡衣！"

"爸爸，叫乔希滚出我的房间！"

在这种情况下，父母首先要容忍孩子间的对抗，同时要避免他们互相伤害。允许他们的对立表现到一定程度，然后帮助他们叙说和理解各自的感受。让他们自己争辩游戏规则，而不要直接介入去解决。

艾米："这个游戏不是你这样的玩法，白痴啊！"

卡梅伦："就是这样玩的！我读了说明书，上面说你要收集到四个小房子之后才能再拿一块拼图！而你现在只有两个房子！"

艾米："才不是，我有三个了，游戏规则是有三个小房子就能再得一块拼图了！"

卡梅伦："妈妈，艾米游戏作弊！"

艾米："才没有，是你把规则改了！"

妈妈："好了，你们两个现在有十五分钟可以搞清楚规则，不然游戏我就收走了。不准打架！"

艾米："但是，妈妈……"

卡梅伦："妈妈说我们只有十五分钟搞清楚规则！看，这里写着呢，这就是为什么你要拥有四个房子才行……"

在这个阶段的初期，许多孩子从两人体系过渡到三人体系都存在一定困难。对他们来说，愤怒、嫉妒、羡慕等感受都是非常吓人的。比如说六岁大的丹尼尔，紧紧黏着她最好的朋友贝丝，非常担心贝丝会不理她。因此她拒绝跟别的孩子玩，放学后也只邀请贝丝到家里。克里斯托弗一直很担忧他会惹他的朋友泰勒不高兴，因此他总是选择玩泰勒想要玩的游戏，而很少坚持自己的意见。

● 情感发展的不稳定期

四到六岁这个年纪是孩子情感发展的不稳定期。尽管此时拥有更大的弹性空间，比如现在孩子觉得对妈妈生气没关系了，反正爸爸会是他的盟友，然而他依旧非常害怕愤怒、嫉妒、羡慕等感受。这个年龄段的孩子在觉得自己强大无比、无懈可击的同时，也会觉得自己脆弱无助、孤立无援。即使孩子已经十分老到地游戏于充斥权谋、欺瞒的三角世界里，他仍然会经历不少恐惧。但是随着对失去所爱之人的恐惧慢慢消失，现在的恐惧主要是对遭受身体伤害的恐惧。

如果孩子的生活出现了难题，比如说，小弟弟小妹妹的诞生，或者父母的婚姻出现了状况，孩子则有可能回到之前的两人系统的应对模式。他的世界发生分裂、两极化，他则有可能会进入到一种分裂、两极化的状态中，一边是恐惧担忧的负面状态，一边是幻想瑰丽的正面状态。他的行为开始更具有攻击性，开始变得暴躁易怒，会殴打其他孩子，甚至父母，喜欢指使、支配他人。孩子的人格的不同部分无法连接成一个平稳运作的整体，人格逐渐呈现出零散碎片的倾向。在一些重度受虐的孩子身上，这种倾向表现得更加极端，其结果通常是人格分裂。

8~10岁"世界由其他孩子组成"阶段

● 复杂的同盟与对立关系

随着孩子进入"游戏场角力"的中央舞台,他们开始倾向于认同同伴,开始投入到同伴世界的游戏角力中。现在,除了两人关系及三人关系外,孩子又增加了第三个角度观察世界,即透过群体中错综微妙的同盟关系来观察世界,这就是"游戏场角力"阶段。

能准确判断群体动态,然后能了解自己适合的位置,这种能力是成年后必须具备的能力。学会判断不同关系的类型,例如亲密、随意,或是职业上的关系,并且能认准各种关系的不同定位和意义。这不管对于大人还是孩子,在他们生活中的所有层面上都是无比重要的。

有了更宽的视角,在孩子应对愤怒和竞争的感受时,也能寻找到更多的方式得到所需的情感支持。

当然,小学期间的生活并不是那么地泾渭分明。很多时候孩子在三个世界中来回穿梭:有时他们以一对一关系的角度来看问题;有时他们又倾向以三角关系来理解事情;有些时候他们的洞察力变得十分敏锐,能迅速觉察到同伴群体中不同联盟和对立关系的变化。孩子会平衡这同时并存的三个世界,有时早期的思维模式特点会重叠出现在与家人和朋友的互动中。不过,他们都应当尽早摆脱纯粹是两人或三人思维的模式,及时跟上发展趋势,学会从复杂的同盟和对立的关系中观察世界。

例如，一个八岁大的孩子试着自己决定生日宴会的名单。他想要邀请足球队友诺尔和鲍比，因为他们是他队里最好的朋友。他也决定邀请他的邻居玩伴，杰森、艾瑞以及拉姆齐，因为如此一来他就会被回邀至他们的生日聚会。他不打算邀请帕特里克，因为帕特里克和杰森合不来，而他宁愿和杰森做朋友。你可以看得出来，这是一个多么深思熟虑的计划。但是这个年龄段的孩子能够也应该进行这么复杂的策划行为，同时父母要引导孩子了解他们的行为将如何影响到其他孩子。

许多孩子在学习协调群体中微妙的关系之前，他们的情感发展是停滞不前的。我发现，只有当孩子与父母一对一的关系是正向支持的关系，并且安全到让孩子把一切视为理所当然时，孩子才能够踏入新的世界学习观察这些复杂的社会群体结构的运作方式。如果说他的妈妈，他生命中重要的人，整日愁眉不展，或者难以亲近，那么孩子可能将不得不付出大量的时间和精力来维持和妈妈的这段关系，如此一来，他也就没有多余的心力用于发展更复杂的关系了。

例如，仍然以一对一关系的角度理解世界的孩子也许觉得他必须得邀请杰森、艾瑞以及拉姆齐，因为如果不邀请的话，"他们会生我的气"，而这是孩子最担心害怕的。

另外一个普遍的情况是，孩子把三角观点运用到同伴群体中。他们被困在"我的世界我主宰"这个阶段，把世界看作为以自己为中心的一系列三角关系。他们永远想当第一名，始终学不会一个教训：我们不可能永远第一名。当然这也是被公认为人生中最艰难的教训之一。他们乐于在朋友中挑拨离间来维持掌控。他们是自己的世界中的"小公主"、"小王子"，试图吸引一群仰慕者跟随左右。不幸的是，在"游戏场角力"阶段（"世界由其他孩子组成"阶段），这些孩子通常不会如愿以偿。因为，不同于父母，大多数孩子是不会允许一个孩子一直占尽风头的。

而有些孩子的确成了各自世界的中心,身边前呼后拥着一群仰慕他们,并愿意忠诚于他们的朋友。他们有能耐维持这种状态一直到青年时期。然而,当他们进入大学,进入研究生学院,离开了以家为基础的支持体系后,他们必然会遭受打击。青年期的竞争和挣扎可能会让他们招架不住,溃败千里。

● 与父母的权利斗争

在"世界由其他孩子组成"这个阶段,竞争通常表现为父母与孩子的权利斗争。你想要你的孩子收拾到处乱放的游戏玩具、衣服、书本。他不想动,而你坚持。

父母:"请把东西收拾好。"

孩子:"不,你来收。"

父母:"没听到我说的吗?收起来!"

孩子:"不收!"

父母与孩子的权利斗争(通常是父母要求孩子做什么或不做什么),可以是好事。适当的竞争有利于孩子的健康发展,父母要给孩子机会在家练习。但这不是说你要把家变成战场,而是在一个温暖、爱护、安全及呵护的环境下,必定要有一些机会让孩子们可以练习竞争,体验对立的感受;当你给孩子机会练习这些技能,他就开始意识到他能和另一个孩子短兵相接,争取老师、父母的关注。虽然结果有输有赢,但并不影响他们的友情继续。作为父母,我们可以帮助孩子体验对立的感受,因此他们不会受其威胁。让孩子们偶尔赢一次斗争并不是坏事。例如:允许孩子星期五晚上延迟睡觉。

父母:"九点了,该睡觉了。"

孩子:"已经九点了?我能十点再睡吗?"

父母:"九点是睡觉时间,你为什么想晚睡?"

孩子:"我一点都不困,而且,我正在看一部很精彩的影片,里面有恐龙。"

父母:"我再给你十五分钟。"

孩子:"只有十五分钟?半个小时怎么样?"

父母:"好吧,二十分钟。"

孩子:"但是电影的精彩部分在结尾呢,到时会有两只恐龙打架……"

像这样的拉锯战通常会带出一板一眼的讨论,在这过程中,孩子们练习了推理、有效辩论及讨价还价,而这些都是有用的技巧。因此有一些可以协商的灰色地带并不是坏事。父母可以挑选一些你输给孩子也无所谓的议题,让孩子们赢。当然,让孩子知道有些方面你十分严格,没有商量余地也不是坏事。你的孩子会感觉到你在可以商量的和不可商量的领域的区别,即使不管怎样他都要试图挑战你。

在安全、关爱的环境下,和父母、兄弟姐妹的竞争,可以使孩子为积极有益的竞争做好准备。比如说:丽莎和妈妈喜欢下跳棋。丽莎规定,妈妈每步棋只能花两秒钟,而丽莎自己不受时间限制。妈妈给丽莎机会,在家里安全的氛围中,按照丽莎自定的规则去争取输赢,等于帮助她体验和掌控竞争的感受。

哈罗德喜欢和爸爸掰手腕,但是规定爸爸只可以用一只手。如此一来爸爸也觉得游戏有点意思(他不需要不时假装输掉),同时也能帮助哈罗德体验到输赢的感觉。

在家利用类似这样的机会,帮助孩子练习感受竞争和对立,其成果会在学校体现出来。到时,即使你躁动不安的孩子输掉了几场战争,他也不太会用肢体动作来表达他的侵略性(用拳头揍赢他的同学),也不太会认为他的对手看不起他("他们认为我太笨"或者"他们恨我")。你的孩子将能够客观看待竞争的本质,而不会自顾自地沉浸在怒气中或受伤的情绪里。这是我们可以给予孩子的了不起的技能。

11~12岁"我内在的世界"阶段

此时他们对竞争的感受逐渐转移到反省自己内在的标准而不是群体或家人的标准。"我要取得好成绩"开始替代"爸爸说我必须学习"。"我想做个好人"或者"我想进尖子班"反映了内在标准开始建立:"我是一个好人";"我很大方";"我很小气"。孩子开始尝试以内在的标准来安排调整行为,而不是简单地把各种反应串联在一起,以适应群体。

"斯蒂芬是个讨厌鬼,"10岁大的凯莉在她的朋友斯蒂芬在餐厅试图绊倒她之后,厌恶地想,"她不是个好人,我不能像她那样。"她决定去结交更多的小朋友,而且下决心想个办法告诉斯蒂芬别再来烦她了。如果她不听,她决定,"我会去告诉老师"。

但是这些新的内在标准,只有当他们成功解决"游戏场角力"阶段碰到的种种难题后,才能发展良好。如果孩子还没有通过前一个阶段,他们内在的规则及准则容易过度概括、严苛,要么就是充满漏洞,而不是着眼于现实。**"每个人都会善待他人"就是一个严格准则的例子。提出这类标准的孩子,通常欠缺现实生活的经验,也没有什么机会来判断自己的经验正确与否。**

如果孩子成功通过了前一个阶段,他们开始关注更大的问题,而不只是专注对立、侵略性的行为或者想法。例如,米歇尔的妹妹凯蒂不停地闯进米歇尔的房间,试穿她的衣服,把她的玩具和游戏翻得到处都是。如果还是7岁大的米歇尔,她可能会立马反击,或是推撞她的妹妹,或是冲到她妹妹的房间,把她的玩具和游戏全翻出来。

不过米歇尔已经12岁了,此时已经有能力做出不同的反应。她给自己定位的内在自我形象是关心别人的人,所以她选择找父母谈谈她的妹妹。"凯蒂不尊重别人的东西",米歇尔告诉父母,她关注的是一个更大的话题,而不只是眼前被凯蒂洗劫过的房间。

随着你的孩子越来越靠近青少年期,逐渐把从同伴或父母那学到的东西组织成自己的一套准则和价值观("我内在的世界"),他同时也发展出更有建设性的竞争观。不只是和某人竞争来获得第三者关注,他可以和他们竞争看谁是更优秀的人,谁是更优秀的运动员、阅读者、科学家或者更优秀的学生。

案 例

乔伊的故事

> **表　　现:** 爱惹事的暴脾气九岁男孩
> **原因分析:** • 情绪驱动行为,还没学会运用概念表达感受
> 　　　　　　• 回避脆弱或悲伤的情感体验
> **重点方案:** • 带他运用想象力,玩假扮游戏
> 　　　　　　• 与父母增加情感联结

"想要打架吗?"9岁大的乔伊挥舞着拳头,耸起瘦小的肩膀,"来呀,我会用空手道踢你,把你给踩死!"

操场上，一群小男孩围拢过来，乔伊和他的对手互相绕圈子，然后扭打成一团，跌在了泥巴地里。

"这里发生什么事了？"操场监管老师冲了过来，推开起哄的人群。

她一把抓住乔伊的胳膊，把他拉了起来："为什么我总是看到你在打架？"随即她拽着乔伊向校长办公室走去。

乔伊的母亲乔安娜来找我时，她已经是无计可施了。不断惹事的小儿子把她过去几个月的生活搅得一团糟。学校和日托中心的老师抱怨他老是殴打其他孩子，在过去半年来，因为打架的事他已经被送回家好几次了。日托中心的主管威胁说，如果他再惹麻烦就拒绝接收他。在家里，乔伊和他13岁大的哥哥尼古拉斯也是冲突不断。两个男孩共居一室，他们和离了婚的母亲一起住在两房的公寓里。

"我跟他谈过他的行为，他总是说下次不会了，"乔安娜告诉我，"然后不久我又会接到老师的通知，说他打了别的小孩。"

乔安娜一头乌黑的头发，圆脸，眼睛又大又深。当时她的生活很不容易，因此她最不需要的就是一个惹麻烦的儿子。三年前乔安娜和她从事景观设计工作的丈夫离了婚，带着两个儿子离开了老家费城，搬到了华盛顿特区，目的是方便上法律学校。她晚上上学，白天就做律师秘书养家。

乔安娜担忧乔伊变得越来越像他父亲托尼。乔伊和尼古拉斯每个月会有一个周末去和父亲见上一面。离婚时两人撕破了脸，因此她担心前夫托尼会在儿子面前说她坏话。乔安娜形容她的前夫为非常疼爱儿子的人，但同时脾气非常火暴。很明显，她告诉我，乔伊遗传了他爸爸的坏脾气。

乔安娜还告诉我她在和法律系的同学道格交往。道格和她一样，都是三十几岁才开始学法律。他们的关系发展稳定，乔安娜说，他们打算毕业后结婚。

乔伊一直是个早熟的孩子。他比大多数孩子更早学会坐、走路、说话。从乔安娜对乔伊早年的描述，我可以得知她和她的儿子曾经情感上联系很紧密。还是小婴儿的乔伊似乎对人和整个世界都表现出强烈的兴趣,这是情感发展路途上至关重要的第一步。事实上,乔伊曾经是个特别温暖、充满爱意的婴儿,他妈妈说。他灿烂的微笑会让整个房间都充满喜悦欢乐。他是一个善于表达的宝宝,在早期交流良好,正如我们所见,这是另一个重要的里程碑。他擅长运用丰富的动作和脸部表情;当他开始学说话时,词汇量迅速增加,学起来毫不费力。很明显,乔伊早期阶段许多方面都发展顺利,不过关于他运用想象、玩假扮游戏,他的母亲倒是记得不多。

麻烦的征兆出现在父母的婚姻出现裂痕时,乔安娜和托尼争吵不休,吵架总是以托尼摔门而出作为结束。随着他父母亲的关系变得紧张,当时3岁大的乔伊开始表现得争强好胜。他抢别的孩子的玩具,其他孩子任何一点侵犯的迹象,都会引起他强烈的反应。为一点点小事他就大吵大闹。从他母亲的叙述中,我可看出即使乔伊可以通过肢体动作良好沟通,他也并没有像我们所预期的,顺利进入下一个阶段——学会运用概念交流。在玩耍时,他只喜欢撞汽车,或者射击别人。几乎没有证据表明他玩过扮家家或假扮游戏,而玩假扮游戏意味着他开始运用概念传递他的侵略性,以及其他情绪。

"当时他很难对付,但是我们总算管得住,"乔安娜告诉我,"但是,在最近几年里,麻烦开始源源不断。我实在没有时间来处理他惹出来的麻烦。我实在是精疲力竭,压力又太大。而且我不能老是离开学校或是工作单位去见他的老师。"

据乔安娜叙述,她和两个儿子每天的生活非常忙乱。她没有时间和他们深入谈话或一起玩耍。放学后,男孩子们就被送到了日托中心。在我听来,这个日托中心的状况相当混乱。乔伊班级的孩子大多数比他大,而且他们经常在户外的小操场上玩耍,没人看管。我相当怀疑乔伊大多数时间都是在保护自己不受那些大孩子们欺负。因为他年纪小,体型也小,而且态度挑衅,很容易成为被攻击对象。乔伊似乎有几个朋友,但都玩得一般般,不像他的同龄的孩子通常有几个密友。

乔安娜每天六点钟左右去接他们。匆匆吃完晚饭后,乔安娜要么在学习,要么在上课。孩子们自己做家庭作业或者看电视。在周末,乔安娜大多数时间在学习,孩子们要么在看电视,要么在户外玩滑板或轮滑。星期六晚上,如果不去爸爸那儿,乔安娜通常会设法带他们去看电影,道格往往会跟着一起来。乔安娜给我的印象是位很有条理、关心孩子的母亲,虽然她已经因为生活的问题忙得焦头烂额——既要谋生存,又要完成学业。

乔安娜描述乔伊和他的哥哥都相当自立。"他们都是自己管自己,"乔安娜告诉我,"我甚至没有规定他们的睡觉时间,他们累了就自己上床睡觉,有时候都到十一二点了。"

她说乔伊从没有真正对她表现出过不服,大多数时候他能按照她的要求去做,但是乔伊和尼古拉斯始终是冲突不断,尼古拉斯抱怨乔伊老是烦他、挑衅他。

尽管他到处惹麻烦,但是学习始终还过得去。他一向是班里的中等生,在数学和科学方面有特殊天分。

第二次心理辅导,乔伊自己过来见我,他妈妈在等候室等着。他穿着小学生标志性的校服,肥大的T恤松松地挂在他瘦小的肩膀上。宽松的短裤,高帮运动鞋,鞋带没系,直接塞在了鞋舌后面。整个穿着突显了他瘦小的体格,细弱的胳膊和干瘦干瘦的腿。他的黑发盖过了头顶,不过为了跟上时下孩子流行的发式,头发削到了耳朵和后脑勺附近。

他一屁股坐在我对面的椅子上,翘起了腿,双臂抱在胸前。他害羞地笑着,环顾四周打量着房间。我的直觉反应是虽然他以坏脾气出了名,但他应该是一个友善、讨人喜欢的小孩。

像往常一样,我都会对来访的孩子先示以温暖的微笑,然后一句招呼:"最近怎么样?"我等着乔伊说话,一般我会让孩子先做出回应,这样我可以观察他对我以及新环境的反应。沉默了一会儿,他开口了:"我不知道要说什么,你得帮我。"

"我想你一定感觉怪怪的,因为不知道说什么好。"我说。

乔伊环顾四周,在椅子里紧张地扭来扭去。我通常会倒上咖啡,准备一些适合孩子年龄的玩具和游戏。我给乔伊准备了一些球、几种游戏和一些动作明星像。他快速地瞥了一眼。

"我感觉大脑有点空白,就像我不知道发生了什么。"他说。

"那经常发生在什么时候?"

"当我惹上麻烦的时候。"

很明显,他对自己的侵略性行为深感困扰,因为他几乎是立即提出了这个问题。

我继续问:"怎么老是你惹上麻烦呢?"

"这个嘛,"他耸了耸肩,"事情就是这样发生了。"

我请他描述事情发生的过程。他告诉我,学校有个朋友老是"推"他。

"我把他推了回去,他就开始大喊,然后老师就把我给逮着了。"

同样的事情出现在他告诉我的其他故事里。不管在家、学校还是日托中心,都是乔伊被攻击,他试图反击自卫,然后老师或者妈妈抓住了他,而不是真正的挑事者。乔伊告诉我,在家里,每次都是尼古拉斯先动手推他、踢他,等到他反击时,尼古拉斯就大声喊妈妈,结果就是他倒霉。

我问乔伊,为什么总是他被其他孩子激怒,结果却是自己惹麻烦上身。

"因为,当他们烦我时,我就想立即回击。"他说。

"如果你只是想扯平,你为什么不等一等,策划一下,也让他们惹上麻烦呢?"我问。我想知道他是否清楚自己的做法其实是挖一个更深的坑往下跳,"只要你做做计划,对方肯定也会被逮到的。"

乔伊摇了摇头:"那样我要等很长的时间。"

在我们谈学校生活的时候,我测试了乔伊的减法和乘法计算能力。在计算时他显得很专注,能够推理、独立思考,相当轻松地解决了数学问题,显然在数学方面他很有天分。

在这次及接下来的谈话中,我试图了解一个九岁孩子所应该达到的各项发展水平,他表现得如何。按照惯例,我从各方面观察乔伊的交流方式:他的肢体动作、谈话的姿势、和我对视的神情、展示的情绪以及在对话中他不断插进来的反复出现的话题。同时在谈话中,我还仔细观察哪些感受他能够用语言描述,哪些感受是透过肢体动作表达。比如说,我注意到,当他在描述打其他孩子时,他没有描述行为背后的感受。我们谈得更多的是他和其他孩子的关系,以及为什么在回应其他孩子的挑衅之前,他不能够先思考下和预想下结果。

我还请他画了些图画。大部分到访的孩子我都会作此要求。通过画画,我能观察他们掌握精细动作的技巧(看他们使用蜡笔和彩色画笔的能力),以及使用空间的思维模式(即他们怎么分配画纸的空间)。此外,有些孩子的视觉交流能力要好过语言表达能力。

乔伊的画十分有趣。他可以画出构图很好的图,各细节部分搭配得宜。但是他的画显得有点空,他画了一堆动物及进行各种活动的人,如开汽车、驾驶飞机等。这些动物和人都没有面部表情,因此画面显得空洞、缺乏感情,没有一般孩子画的那种充满生气的画面。

接下来乔伊给我写了一个故事:"一天提姆去公园玩,他玩了会儿跷跷板,然后碰到了一个孩子想玩足球,他非常高兴,拿来一个足球和他一起玩起来。玩了一会儿之后,他们觉得累了,就各自回家了。"

当我问他这两个孩子后来发生了什么,他看上去有点悲伤:"没有,他们再也没有见过面了。"

"他们想见面吗？"我又问他。

他没有回答。突然，他又把话题转移到了打架的事情上，非常详细地向我描述了他在电视上看到的一次摔跤比赛，但是他讲故事的语调和跟我的交流中流露出了一丝落寞，感觉他基本只能维持短暂的关系。

我们还谈到了他的父亲。乔伊告诉我他喜欢去他爸爸那儿。他最喜欢的一项活动就是在费城和他爸爸玩橄榄球或者在他屋后小院子里练习接球。

"当我不得不回家时，我感觉很难过，"他突然说。他的黑眼睛里很快浮出了一层泪水。他抬手用拳头擦了擦眼睛："我和尼古拉斯每个月只有一个周末可以去看他。我喜欢和他在一起，如果一个月能有一周的时间和他在一起，剩下的时间和妈妈一起就好了。要是我爸爸妈妈仍然住在一起，或者住得靠近一点就更好了。"

这是唯一的一次乔伊能够描述他的感受。事实上，我注意到，虽然乔伊能够叙说对脆弱感的恐惧及害怕其他孩子认为他脆弱，但当谈到表达其他情绪时，比如愤怒、悲伤或者丧失，大多数时候，他只描述一连串动作行为（他打了别人多少次），而无法描述与那些行为相关的感受。

接下来的一次，乔伊进来时，显得很高兴，脸上的表情灿烂热情，眼睛发亮。他从地板上捡起了一只球，我们互相扔起了球。他有很好的运动技能，他能很轻松地接住球，手腕立即快速一转，球又飞了回来。很明显，他非常享受我们之间建立的默契，我也乐在其中。

我们一边玩球，他一边告诉我更多有关自己的事情。他喜欢数学和科学，讨厌写作、英语和社会学。

"为什么？"我问。

"我不太擅长运用想象，"他说，"写作本身还行，只是我想不出要写什么。"

"我们一起试试吧,"我提出建议,"我们一起来编一个故事。"我想看看当他运用想象力时,会想出些什么。

乔伊的故事是有关云、雨和闪电"攻击我和我爸爸妈妈"的故事。危险和侵略性的主题又出现了。我请他详细说明一下那部分故事的理由。

"我对着云扔了些石头,于是闪电就过来袭击我。"

"你为什么要对云扔石头呢?"我问他。

"因为我不想它下雨。我生气了,然后云也生气了。"

我对他的故事很感兴趣,鼓励他继续下去。

"当多云时,我很害怕会有飓风来,"他告诉我,"我曾经害怕爸爸妈妈会受到伤害。"

突然,他转移了话题。"我希望爸爸妈妈能再在一起。"他的脸上又浮现出我之前捕捉到的一丝悲伤,"我想和爸爸有更多的时间在一起。"

我向乔伊表达了我的看法,他之所以不喜欢运用想象力,也许是因为当他在想象时,会出现很多害怕的感受。

"当你向云扔石头时,云便会向你扔闪电回来,"我告诉他,"那是挺吓人的。"我也认可他想要有更多时间见到他父亲。

"我能理解你为什么不想要有悲伤的感受,"我说,"也许不去感受害怕、愤怒或者悲伤要更轻松些。"

从乔伊的表情可以看出,他并不怎么喜欢他可能会感到害怕的说法:"不,我并不觉得害怕,我只是觉得有点懒洋洋的。"

"有时候当我们觉得懒懒的,是因为我们心里有很多感受,"我温和地说,"但是比起拥有丰富的想象力,有时又有一点吓人时,觉得自己懒懒的是要感觉轻松些。"

乔伊开始顾左右而言他了。他从椅子上溜到地板上。

"我觉得有点累了,我打算睡会儿觉。"他半开玩笑半认真地说,

"我就像一只爱睡觉的蜥蜴。"

他还特别指出，他认为蜥蜴是没有想象力的。"它们只喜欢睡觉。"他咧着嘴笑道。

他趴在地板上给我演示了蜥蜴是如何睡觉的。之后，我们又谈论了想象力有时候能带来很多乐趣，就像当他假装自己是一只蜥蜴时，其实就很有意思。显然，乔伊并不确信自己是否要接受我的解释，认为自己也许是害怕自己的一些感受。但是，从他的蜥蜴游戏可以看出，他至少在考虑有这个可能性。**尽管他这次玩的假扮游戏的主题是回避，但至少这个过程本身他在运用想象力。**我们一起想出了一个主意，每次他来见我时就编一个故事，这样他能越来越接纳他的想象力。

在和乔伊谈了几次话之后，我对他的发展做了如下评估。显然，他早期的发展是顺利的。他能够以一种温暖的姿态和人建立密切的关系，他能用语言和动作和他人进行良好互动。在使用情感概念方面，他展现了一些能力，但是能力有限。他似乎尤其回避使用传达有关侵略、脆弱或者悲伤的情感概念。然而，虽然情感概念有所局限，他依旧能发展出联结两种情感概念的能力。同样，他似乎也能超出一对一关系的视角看待问题，但是，这些能力，都因他受限的感受范围而发展有限。例如，我注意到，他能够判断学校群体动态（他注意到他不断被其他孩子挑衅），但是，他不能"等待足够长时间"去设计让他的对手也陷入麻烦。

乔伊的日子并不好过。他的母亲很忙，父亲又不在身边，他多数时间是在学校以及日托中心度过，而在那里又忙于应对大孩子们的不断挑衅。尽管他才9岁，却被期待像个大人一样表现。我感觉到，乔伊的内心有着深深的寂寞感以及长期积累的愤怒，生气事事都要靠自己。隐藏于内心的孤独和愤怒，结合其他因素——早期父母亲间紧张的关系，来自同龄儿童的群体挑战，以及身在日托中心粗暴混乱的环境，迫使他按照他自己的说法"保护"自己,"并不想从别人那获取任何东西"。

上述反应通常很典型。这类孩子虽然有侵略倾向,但仍然很有潜力。他们也许已克服了发展上的许多挑战,但是还没有学会如何使用情绪概念来表达重要的感受。

尽管乔伊和妈妈都深爱着对方,但两人之间却没有太多的情感联结。虽然乔伊发自内心地珍视和母亲的关系,也在乎母亲男朋友的关系,他把道格看作他的叔叔,同样也很看重和他父亲的关系,但是他从他们身上获得的情感满足远远不够。

许多成长在父母忙于工作的家庭的孩子面临和乔伊同样的问题。他们大部分时间待在日托中心,在那里许多不同年龄的孩子都被扔在一块儿,且监管又不到位。他们的父母亲忙于工作和事业,和孩子相处的时间太少,孩子感受不到来自父母亲的呵护,在各种压力面前,他们内心欠缺安全感,因此行为方面会显现出侵略性。**过来找我的父母亲通常不是抱怨撒切尔又打人了,就是玛丽贝丝和别人在打架。而真实情况是,这只是他们在倍感压迫的情况下做出的反应。**他们感受不到来自父母亲或是其他大人的保护,被迫独自应对来自其他孩子的挑衅。

对于乔伊,以及其他面临同样问题的孩子,我们第一步便是努力改善他最重要的关系,并在关系框架内,帮助他重新发展或者第一次发展他还未完全掌握的阶段。首先我们需要着力于乔伊和他母亲的关系,之后是强化和他父亲的关系(部分原因是他住在另一个城市,不能随时陪伴儿子),还有和道格的关系,我们要帮助他们彼此联结更紧密。之前提到的五项基本原则(在这里会详述)将作为必要的架构来讨论乔伊的进展。随着我们推进每一项基本原则,乔伊也获得了他所需要的经验,来持续他的情感发展。

● 地板时间

当我告诉乔安娜让她安排时间和乔伊玩耍时,她流泪了。离婚之后她一直背负着压力,忙于生计的同时,她也迫切希望通过学习当上律师来改善现状。现在她意识到,她一直忽略了与孩子们一起成长的快乐。

"我想最近是没有什么机会享受为人父母的乐趣的。"她说。所以她决定每天晚餐后,在她去上课学习之前,各空出半个小时陪陪两个孩子。洗碗可以等会儿洗,朋友相约去上学的电话可以晚点接,在饭后这一个小时,她能和孩子们在一起,聊天,玩耍。这样意味着她得压缩她的睡眠时间来学习,但她认为这样做是值得的。

但是,地板时间并没有想象的那么容易。就像许多忙碌的父母,乔安娜已经习惯给孩子安排好一切时间,做完一件事赶着去做另一件事。在第一次和孩子的地板时间,当她在乔伊面前坐定下来,她不知道自己要做些什么。乔伊也不清楚,但是显然乔伊特别珍惜这段时间,只要母亲过来陪他,他的脸就笑成了一朵花。

开始的时候,乔伊向乔安娜展示他在学校收集的棒球卡。有些卡片是从别的孩子手里用计骗过来的,但是乔安娜还是对他的收集表示出相当的热情;在他介绍哪些卡他认为会升值时,她会十分配合地在旁附和,发出赞叹声。

"妈妈,你看!"乔伊从床底下拉出一鞋盒卡片,"这张乔伊·坎塞科新兵卡有一天会值一大笔钱呢,而这张查克·纳布拉克我可是一个子儿也没花,我用去年的戴维·斯图尔特从安德烈那换来的。那个小子根本不知道查克·纳布拉克是谁!"

乔伊也会谈到和爸爸一起看的棒球比赛:"费城今年差点赶上梅茨了,妈妈,你相信吗?"他一边说,一边随手翻着卡片,偶尔翻出一张推到妈妈面前，"如果戴克斯特拉状况不错的话，明年肯定会赶上来。"

在连着数周听乔伊如数家珍地说他的棒球卡和比赛之后，乔安娜逐渐失去了耐心。

"我听到的不是哪张卡5年内会赚一大笔钱，就是这一周哪个棒球员很红，"她告诉我，"太无聊了。"

大人确实会觉得小孩玩的游戏无聊：同样的游戏会翻来覆去，没完没了；长时间假扮为一个人物并乐此不疲，或者再三讨论熟悉的话题，例如学校、运动、朋友等。但是，一般来说，只要你克服无聊感，静下心来你会发现，一再重复的主题可以帮助你更充分地观察孩子。事实上，有时大人之所以会感到无聊，是出于惯性思维，心里认定了之前对孩子的固有印象，因此看不到孩子真正的兴趣所在。

值得肯定的是，乔安娜还是坚持陪着乔伊，听他自吹自擂、装腔作势。显然，乔伊乐于在母亲面前炫耀自己的知识。几个月后，棒球话题渐渐不提了，转而吹嘘起他如何表现得比同学、老师更聪明。乔安娜不赞同乔伊去欺骗老师，但是我建议她只要站在乔伊的角度，对他显然自以为是的骄傲感表现出理解，并适当给予温暖的回应即可。

重要的是，要意识到你可以对孩子的观点表现出兴趣，但是不一定要同意或支持孩子的行为。比如说，你采取的态度是"我知道你从这一件事情得到乐趣，一定是有一个好的理由"，但这并不是你在传达赞同之意。这只是告诉孩子你在试图从他的角度看待事情。这样的一个回应可以帮助孩子最终透露他行为背后的原因，如此一来，更有利于你解决问题，帮助孩子找到替代的方式让自己感觉良好。

当然，如果乔伊告诉乔安娜他做了违法或危险的事，乔安娜的反应肯定要不同。如果你的孩子跨过了那条界线，你必须严格限制他的行为。不过，同时你需要保持相同的热情，希望从孩子的角度了解他的行为。

随着每天的地板时间持续进行，乔安娜注意到，有两个相关联的话题一再被提及：乔伊需要觉得自己胜过别人，需要在妈妈眼里显得强大有力。起初，乔安娜对乔伊需要在她面前展示力量和炫耀自己感到惊讶，她一直以为乔伊知道妈妈是以他为荣的。

"他只是一个小小孩，却一直努力想要做大人，"在一次一对一的谈话中，她向我感叹道。她开始意识到乔伊的不安全感，还有他急于想在学校、家里或者在日托中心成为"老大"的需求。

在一次地板时间，乔伊开始询问乔安娜白天的情况。于是乔安娜和儿子分享她成功和挫折的点点滴滴。乔伊很高兴听到他的妈妈对法律大学教授的一些感受和他对学校老师的感受是一样的。

"真的吗，妈妈？"他高兴地问，"你也不想做那些愚蠢的报告？我也得做一份关于哥伦比亚的报告，老师说我必须写满三页。"

等到乔伊过了在母亲面前炫耀的阶段，开始真正关心起母亲时，一项话题终于被提到，就是乔伊觉得和爸爸在一起的周末时间太短了。他告诉妈妈他跟我说过的事：他很想念爸爸，想有更多的时间和爸爸在一起。乔安娜离婚后，跟前夫不再有什么牵扯，因此也希望儿子和他在一起的时间越少越好。虽然她确信托尼会照顾好乔伊和尼古拉斯的安全，她还是担心托尼会在孩子面前说她些什么。他们分居的时候，托尼曾强烈反对，他很不甘心离婚。

"我想他会在孩子面前说我的坏话，"乔安娜告诉我，"比如说我为了别的男人抛弃了他，或者我的事业比我的家庭重要。"

尽管她很担心，我仍然觉得乔伊需要多见见他父亲。我建议她让乔伊和尼古拉斯一个月多一个周末时间去看爸爸。

"为什么这件事就这么重要？"乔安娜问道。她身体往后靠在了椅子上，显然她对这个主意不以为然。

我跟她解释道:"当一个人为人父母时,不论好坏,他都是父母。不管什么情况他对孩子而言都很重要。"我告诉她:"**事实上,父母中较少见面的一方可能对孩子的影响更大。因为对他不够了解,反而会倾向于美化他。**"

乔安娜勉强同意孩子多见父亲一次,对此孩子们很开心。同时,乔安娜也多出一个周末忙学习,也能空出一些时间和道格单独相处。

更常见到父亲之后,乔伊的表现相当好:他更能够和父亲加强感情联结,同时也得以和另一个强大的大人角色建立关系。

我们很容易忽略一个事实,虽然随着孩子们渐渐长大,离开家庭的庇护,奔向了同伴群体,但是他们依旧十分依赖父母双方的陪伴。父母给予的安全感有利于孩子学习协调往后更为复杂的关系模式,别忘了,他们最开始是在家里面学习、练习人际关系技巧的。但这并不意味着单亲家庭的孩子会缺失这些重要的体验。老师、教练及童军队长都可以提供孩子机会来探究和大人的关系。虽然这些关系没有与父母关系来得亲密,但毕竟还是有利于孩子成长的。

不管父母关系如何,重要的是,孩子需要尽可能和父母双方保持关系,因为孩子的安全感和感觉到被照顾的意识,都来源于他和父母关系的维系。孩子的观察力很敏锐,他们能察觉出和父母能不能维系关系,是迫于客观条件(父母有一方和孩子天各一方或者已经离世),还是由于父母拒绝对方探视,或者有意使孩子疏远对方所为。由此可见,如果父母一方有暴力倾向,另外一方则必须尽其所能介入来保护孩子。

如果父母有一方不愿意或无法参与孩子的生活,那么父母另外一方必须再寻他人来填补孩子生命的空缺。在乔伊的例子中,我认为需要再有一名大人角色加入到他的家庭圈,如此他才有更多的机会在情感上学习和成长。幸运的是,道格愿意担任这个角色。当道格和乔安娜一块儿来见我时，他说他很愿意多花时间来陪伴乔伊，但是担心会被认为在和乔伊的父亲争夺乔伊的关注和感情。我表示理解他的顾虑，同时又告诉他，乔伊除了和父母的关系之外，还需要另外一个大人建立关系，尤其是男性角色，乔伊会很珍惜道格陪伴他的时间。

这次谈话之后，道格开始花更多的时间陪乔伊。他们一起玩小学生常玩的活动：扔球、打电子游戏或者谈论运动比赛。事实证明，乔伊很喜欢道格叔叔的陪伴。

数个月后，乔伊和妈妈在地板时间段的关系发展稳定，而且生活中多了一名男性角色的加入让乔伊也颇为受益。乔伊从之前单纯的"吹嘘炫耀"进步到现在开始真正对父母表现出关心，对家庭关系也多了点安全感。于是我们的注意力开始转向另一个方面——他脆弱的情感。他给乔安娜和道格讲外星怪兽袭击没有防御能力的地球的故事，在这个故事中，他脆弱的感受表露无遗。

乔伊会十分详细地描述来自外太空的异形如何攻打地球，而人类又如何反击入侵保卫地球。"你看，妈妈，这只巨大的毒蜘蛛叫穆法瑟，它袭击了这座城市。"一个晚上，乔伊屏住呼吸，绘声绘色地对妈妈讲开了，"它有着毛茸茸的大腿，非常粗壮，头上还长着巨大的触角，会喷射出绿色的黏液，如果你被射中，你就会变得像被油炸过的鼻涕虫一样。这个城市所有的建筑都被穆法瑟用它巨大的腿压垮了，所有试图逃跑的人都被它用剧毒的黏液杀死了。人类发明了一种很强大的机器，可以喷洒出黏液的解毒剂，但是机器在穆法瑟面前不堪一击，它一脚压碎了机器，抓住了带头人，并且……"

"这些故事有些怪异。"乔安娜向我转述时，神情略显紧张，"他想要告诉我们什么？""我是不是应该从这些故事中捕捉到一些关于他的信息？"

"在某个方面，是这样。"我回答道，"但是你不要在他面前充当精神科医生。不要试图从他的言语行为中搜寻隐藏的意义或信息。"

我告诉她，如果父母的确看出了某些迹象，比如说在孩子的游戏及行为中体现出了脆弱、恐惧或者侵略性，则父母能够以更多元的视角关注孩子的内在世界。时间一久，父母对孩子的不同感受及行为模式会有一个整体的了解和认识。**再与孩子们相处时，父母对孩子的不同特质要表示出尊重理解，那么就能跟孩子建立起比较圆满的关系，最终发展出比较深层且安全的关系。**而在孩子面前充当业余的精神科医生，并搜寻孩子行为及游戏中的隐藏的意义，只会破坏自然关系的建立。孩子在与父母的互动中自然会有所收获；即使有时其中的意义隐而不彰，但是交流的过程才是最为重要的。

● 解决问题时间

我发现，安排解决问题时间，对于因为侵略性行为而惹上麻烦的孩子，特别有帮助。这段时间与地板时间分开来进行，能帮助他们思考和谈论自己的感受，换言之，把自己的感受转换成情绪概念。同时还可以帮助他们预估特别有挑战性的情境。在这段时间里，父母和孩子也有机会共同去面对难题，克服挑战。

乔安娜实在太忙，不得已，只有利用早餐时间和早上开车送孩子上学的时间进行解决问题的对话。这个时间并不是很理想，因为有太多的干扰，比如孩子们会匆忙进出房间，一边收拾书本和作业，一边还咬着面包；而乔安娜在开车途中时刻要担心交通拥堵。不过，乔安娜还是充分利用了早晨的时间，同时也试着一个星期中抽出一点时间，和乔伊进行一对一的解决问题的对话。

乔伊其实口齿很伶俐，说话也条理分明。他能清楚自如地谈论学校、眼前及其他任何时刻发生的事，但是就像很多有侵略性行为的小孩一样，表达感受以及谈论如何处理感受对他而言却很有难度。他的确不能够分辨出是哪些情况让他惹上了麻烦，因此也想不出应对策略。

如果你仔细观察那些成功应对了困难处境的人，你会发现他们往往会主动事先思考，预测即将面临的困境。他们会预想，当面临困境时，自己感受如何，表现可能如何，然后会试着想出其他的可行方案。比如，大人参加求职面试之前，多半会预测考官的问题，以及自己的感受，并据此提前准备好适宜的回应。

无论是孩子还是大人，如果不懂得如何确认并预测困境，通常会在困境中闭着眼睛乱冲乱撞。因为他们无法长久停留在一个念头或感受上，也就没有足够的时间思考是否还可以通过其他方式来应对挑战，因此，他们只依赖反射性的回应。有侵略性问题的孩子在面对困境、应对挑战时，身体的自动反应通常是武力回应，以暴制暴。

在解决问题的时间里，乔安娜一般会以询问乔伊一天过得如何作为开场。一开始他们只是泛泛聊天：发生了什么事，什么事情顺利，什么事情不顺，包括那些让乔伊惹上麻烦的情况。乔伊逐个描述每种情况，乔安娜只是仔细聆听，克制自己不去批评孩子的行为。

几天之后，乔安娜说："我们来分析一下通常什么情况下你会动手打人或者推人。"

起初，乔伊很难回答这个问题。

"这没有办法，妈妈。"乔伊气愤地表示，"它就是发生了。"

"那么，我们来看看最近两三次是什么情况，"他妈妈回答道，"或许我们能找出共同之处，然后可以预测下一次发生的情况。"

乔伊勉强答应了，不过他警告妈妈："妈，这些事情从来都不一样。"于是他向她描述过去两天他被激怒而对同学挥拳的情况："一次，大卫想抢走我的笔，我当时坐在我的座位上正用着呢，而他想直接从我手里把笔夺走。"

渐渐地,在他描述自己遭受攻击或挑衅的类似事件时,乔安娜发现了两种模式。第一种模式是,当乔伊预先感到来自其他孩子的威胁时,他不会等待局势发展,而会抢先反击。例如,如果他和另一个孩子争执下课时谁可以先踢足球,他会迅速出拳,结束讨论。第二种模式是,如果乔伊觉得自己受到了不公平的对待,他的反应会十分激烈。例如:在某个活动中,乔伊觉得自己很有资格入选,而老师却选了别人;或者乔伊想要结交的朋友却对别的孩子示好。总之,无论他渴望得到亲情、友情,还是渴望被人赞许认可,内心深处不公平的感受总是如影随形、驱之不散。一件事实是,乔伊关注的不是他的感受如何,而是是否不公平。对他来说,另一个孩子获得老师的关注是多么地不公平,别的孩子交到了他想要结识的朋友又是多么地不公平。于是,内在强烈的不公平感使得乔伊总是忍不住拳头相向。

乔安娜试着帮助乔伊辨别情况的类型。乔伊开始表现出好奇心,安静地听着,而不再坚持己见,认为事情"就这么发生了"。

"当你认为别人想要找你打架时,是什么情况?"乔安娜问道,"根据你的说法,你喜欢先发制人,抢在别人之前出第一拳。"

乔伊咧开了嘴,一脸得意:"当然!我可不想挨打。"

乔安娜继续问道:"有哪些孩子专门和你过不去呢?"

乔伊掰着指头数出了有5个老是纠缠他的小孩,并且逐一列举他们的恶行:大卫拿走了他的作业;上课期间,弗雷德趴在他耳边说"你是个变态";下课时,斯蒂夫试图猛敲他的头;在日托中心,斯科特常出言不逊;而艾尔逮着机会就推搡他。但是乔伊打定主意要保护自己,于是总是先出手打人。

他的母亲想知道,当他瞄准他宣称的入侵者,准备发射他的"防御火箭"时,他的感受是什么。

当然，这对乔伊来说，是一大挑战，他不喜欢描述感受。然而他喜欢创造故事，于是乔安娜提议玩一个游戏，要乔伊想象下面的情况：一个小孩子抢走了他的笔，或者足球场上，一个小孩有意撞到他。

"接下来会发生什么？"他妈妈提出问题。乔安娜和乔伊各自编了一个故事，然后相互比较。

随着乔安娜带入足球主题，乔伊变得很欢喜，也逐渐引出了一些有意思的故事。乔伊的故事无一例外地以一只怪兽为核心，伪装成小孩袭击地球人。而乔安娜的故事主题比较温和，例如，来自外太空的入侵者其实是友好使者，拾起了乔伊的笔，写张纸条表示想跟他做朋友。

在乔安娜的引导下，乔伊的故事情节逐渐展开，深化，一些角色也开始有了感受，而不再只是机械化的动作打斗。于是，在这个故事里，乔伊首次开头谈论恐惧和危险的感受。他描述自己肌肉绷紧，手臂和胃部收缩，还有心头瞬间一闪而过的恐惧。当故事里的怪物就要抓住地球人，乔安娜问他："我想知道，此时怪兽的感受是什么？"

"哦，他真的非常疯狂，妈妈。"乔伊回答说。

"地球人呢？"乔安娜继续问，"他又是怎样的感受？"

"他感到非常害怕。"乔伊这样回答。

"为什么呢？"乔安娜若有所思地问。

"他觉得，即使自己面对的是一个怪物，也必须要还以颜色，否则所有人都会笑话他。"乔伊有一天这样说。

"为什么所有人都会笑话他呢？"乔安娜温和地问。

乔伊停了一会儿。他用手托着下巴，扭头看向汽车窗户外面："因为他们会觉得他太害怕了。"

"害怕有什么不对呢？"乔安娜问。

"那样的话，所有人都会觉得你是个胆小鬼。"乔伊的声音小得几乎听不见。

乔安娜向我转述她和乔伊之间的这次谈话时，告诉我，她当时感到非常不安。乔伊承认是恐惧感使他挥舞拳头打架，这使她想到了前夫的火暴脾气，他总是会因此遇到麻烦。因为他经常大发雷霆，他的园林公司一直留不住雇员。而当他感到害怕的时候——他的生意不太顺利，或者他和乔安娜的婚姻出现问题的时候——他的脾气只会变得更加火暴。

乔安娜真想举手投降，把乔伊所有的问题都归咎于他的父亲，这样就不关她的事了。

"这就是为什么我不希望孩子们经常去见他。"她沮丧地告诉我，"他们只会学到怎样发狂，怎样大喊大叫，怎样猛敲桌子。如果乔伊每次去见他父亲都会变得更具攻击性，我怎么才能帮助他改变这一点呢？"

经过深入思考，乔安娜认识到，她可以帮助乔伊做到他父亲做不到的事情。乔伊的关键问题并不在于是否去见他的父亲，而是要学会评估自己的感受。这样他也能更全面、更准确地了解他的父亲。乔安娜认识到，她的儿子可以在这方面有所进步，但她必须坚持继续帮助他，而不是干脆放弃，把责任推到她前夫头上。

渐渐地，乔伊讲故事时，更加擅长描述其中的角色有何感受，害怕的感觉往往会引起愤怒。有时候，乔伊故事里的角色甚至会感到孤独，或者认为没有人喜欢他们。渐渐地，乔伊也能描述得更清楚，在某些情况下，当他的典型反应是殴打别人时，他有何感受。有时候，他会首先动手，是因为他害怕别的孩子会伤害他、认为他很软弱，然后笑话他。乔伊意识到，他和尼古拉斯之间多次发生冲突，是因为，每次当他的需要得不到满足或感到孤独时，他往往就会去折磨尼古拉斯。无论是出于什么原因，乔伊仍然处于根据感受做出行动的阶段，还没能成长到把感受转化为思想的阶段。

即使在乔伊开始意识到自己的感受好几个月之后，他仍然相信，面临难关时只有唯一的解决办法——用他最擅长的拳头消除那种不安的感受。"我知道，我其实并不想那样做。"他在一次谈话中愤怒地告诉我，当时他刚刚在课后日托中心和别人大打了一架，"但你知道吗？这样做确实有用。"

在学校和日托中心，乔伊绝对不想去找老师告状，抱怨其他孩子向他挑衅。"没有人会去向老师告状的，除非他是个小丑。"显然，这个想法使他感到震惊。

于是乔伊和他的母亲开始考虑，是否可以找到别的做法。他们在讨论时渐渐开始谈到，乔伊似乎总是那个遇到麻烦的孩子。"就好像昨天，史考特在踢足球时把我推进了球门，于是我也推了他，但弗雷老师只看到了我做的事，于是我只能课间休息时回到教室，"有一天他告诉他的母亲，"而且就像以前一样，史考特什么事都没有！"乔伊开始明白，最后总是他遇到麻烦，始作俑者从来没有被抓住过。

乔伊很重视自己的智慧：他认为自己比其他孩子聪明，对此感到自豪。但现在他开始意识到，当他殴打其他孩子时，也就是按照脑子里出现的第一个念头去做时，他没能利用自己的头脑。

"你能不能想出别的办法来对付挑衅你的孩子？"他的母亲建议说。

乔伊当然知道怎样应用策略：他喜欢下跳棋，已经开始学国际象棋。乔伊和他的哥哥一起下跳棋时，总能想到两三种走法。轮到他走的时候，他会停下来思考一会儿，选择最佳的一步。"你能不能在其他孩子纠缠你时，也像下棋那样好好思考一下？"乔安娜问。

对乔伊来说，这是个全新的概念。他从来没有想过，与其他孩子发生冲突时，可以拖延时间和应用策略。"我想没问题，妈妈。"乔伊慢慢地说，他在心里反复琢磨着这个想法。

暂时拖延时间还有另一个目的：使乔伊有时间体会和分析自己的感受——"我很生气戴维在我的纸上瞎画"或者"史蒂文在操场

上跑过来撞到我之后，如果不和他打一架，我害怕其他孩子会认为我是个胆小鬼"——然后他会思考，做出怎样的反应可以实现他的目标。

乔伊和乔安娜谈到了几种解决办法，比如把他的纸和铅笔放在桌子里面，这样别的同学就拿不到了。乔伊也考虑在足球场上注意着点史考特，要么躲开他，要么把球传给别的队友。他也想到了更狡猾的计策：就在戴维正打算抓走他的纸的时候，他可以制造一些噪音，这样老师就能当场抓住戴维干坏事。

"我可以用爸爸送给我当生日礼物的那个腹语娃娃练习。"乔伊说，他已经学会了一点怎样闭着嘴巴发出声音。

"那样真的很棒！"他对他的母亲说，但随即又停下来，做了个鬼脸，"只是我不太确定，我生气得要命的时候，是否还能记得这样做。"

当乔伊处于充满压力的情况时，他不一定能按照预先设想的策略采取行动。但他至少会考虑一下，除了挥舞拳头之外还有什么其他选择。乔安娜没有强行规定他应该怎样处理，她会帮助他预测，一般都在什么情况下遇到麻烦，想象他会产生什么样的感受、一般会做出什么样的反应，然后他们一起讨论，如果花点时间思考的话，他是否会做出不同的反应。

我们看到，乔伊和乔安娜一起努力，使乔伊在情感发展的道路上进一步前行。对乔伊以及其他像他这样的孩子们来说，关键问题在于，让自己从行动的层次提升到思考的层次。也许在表面上看来，关键是乔伊知道了怎样抑制自己的攻击性，但其实这只是表面的成果，就像蛋糕上的奶油。真正的关键在于，乔伊第一次学会了控制情绪的技巧——在行动之前首先思考一下。

● 感受和理解孩子的观点

乔安娜花时间与乔伊一起相处，进一步理解和同情他害怕被别的孩子战胜的想法，当他偶尔谈到自己的孤独感时，她也会与他的感受产生共鸣。

有一天，乔伊告诉她，老师没有让他在班上朗读他关于水蛇的报告。结果，他又因为发脾气惹了麻烦，放学前在校长的办公室里待了一个小时。

"弗雷老师答应过我的，妈妈。"那天晚上他告诉乔安娜，"她说过所有的孩子都可以做报告，但却没有让我上去。"

之所以会发生这种事，是因为有些孩子的报告比预料的要长，有几个孩子就要延迟到第二天再做报告。但你也能想到乔伊会做出什么反应：他到处扔小纸团，抢走其他孩子桌上的纸，吵吵闹闹。

"这不公平，妈妈。"他抗议说，"很多其他孩子也在扔东西。"

幸运的是，乔安娜已经花了很多时间与她的孩子一对一相处，当乔伊抱怨某些事情不公平时，她能抓住隐藏在下面的事实，这种抱怨往往意味着他的一些基本需要或期待未能得到满足。

她和他一起坐在卧室的地板上。

"亲爱的，你肯定非常失望。"她同情地说。

乔伊看起来很伤心："我真的希望今天能做报告。妈妈，你知道吗？"

"什么？亲爱的。"

他满心怀疑地向前倾下身去："我想弗雷老师不让我今天做报告，是因为她不喜欢我，她讨厌我，你知道吗？"

乔安娜听到了隐藏在乔伊的话语后面的情感讯息，很明显，乔伊感到非常沮丧，因为他需要获得认可，而这一需要未能得到满足。于是乔安娜并不关注"她讨厌我"这一讯息,而是注意体会乔伊暗示的悲伤和失望的感受。

"我知道你觉得弗雷老师让你失望了。"她说,"如果有人答应了你什么事,却没有实现,这确实很难接受。"

了解孩子的视角并与他产生共鸣,这是与孩子沟通交流时一种非常有效的方式。作为父母,我们往往发现自己处于与孩子敌对的位置,但如果能与他的感受产生共鸣,尤其是那些带来麻烦的行为背后的感受,我们至少可以使自己暂时不再处于敌对的立场,而更像是一个好朋友,正在说"哎呀,这种感觉真糟"。关键是不要居高临下,不要矫揉造作,要自然而然地与孩子的感受产生共鸣。

乔伊与他哥哥之间的争执虽然减少了一些,但仍然时不时爆发冲突。乔安娜切身体会他们之间的冲突。

"一直都要和年龄比你大的哥哥相处,肯定很不容易。"她告诉他,也回忆了自己小时候与姐姐之间发生的一些争执。她能够理解乔伊不愿感到孤独或害怕的感受,也耐心听他抱怨她更喜欢尼古拉斯。

"还记得吗,妈妈?我们有一次在学校打架,我惹了麻烦。"愤怒的乔伊开始了一段冗长的抱怨,他觉得妈妈在他们发生冲突时,总是站在尼古拉斯那边,"是尼古拉斯先动手的,但你却罚我周六留在家里不许去看电影。还有一次,你在学校上课的时候,尼古拉斯抢了我的掌上游戏机,然后因为我打了他,好像又是我惹了麻烦,但那是我的游戏机,他一直都没有还给我。"

乔安娜注意到,乔伊与他哥哥之间发生的冲突,似乎经常是由孤独或害怕的感受引起的,当他单独一人或处于压力过大的状况中时,就会发生这种事。"亲爱的,我不太赞成你的处理方式,"她温和地建议说,"但我能理解你为什么希望自己来处理,主动出击。"

像在这样的讨论中,乔安娜也会发现,乔伊对于这个世界有一些明确的想法：他认为这个世界是个危险的地方，为了保护自己，人们不能感到孤独或害怕。乔安娜意识到，这种想法来源于乔伊的父亲，显然他也觉得很难面对这类情感。而且她怀疑还有一个原因是，家里经济状况不佳、他忙于维生的时候，会把自己的恐惧和孤独隐藏起来，不让儿子们看到。

"你觉得爸爸也会害怕吗？"乔伊问她，"我敢打赌，他从来都不会害怕。"

乔安娜发出惊讶的声音："你不觉得他也可能感到一点点害怕，一点点伤心吗？"

乔伊没有回答，但他脸上浮现出心知肚明的微笑，这说明他很可能心里想到了答案。

● 将挑战化整为零

尽管乔伊做出了这些艰苦的努力，他在学校里仍然会遇到麻烦。"有时候事情就是一下子发生了，虽然我也希望能处理得更好。"乔伊解释说。

制造麻烦的孩子都有能力做出改变，但他们需要找到改变的动机。我们希望改变乔伊的行为，但如果我们采取的方式是吓唬、威胁和惩罚他，这样完全无法改变他对于这个世界的看法。事实上，这样做的话，我们很可能把他的世界观进一步推向危险的地方。

相反，我们应该着重于改变他的一些基本想法，同时帮助他学会一些新的技巧，现在，我们需要鼓励他应用这些新技巧。

因为乔伊几乎已经习惯了每天都遇到麻烦，要求他一下子就完全不出问题，也有点不现实。对乔伊来说，操场尤其是个经常会遇到麻烦的地方。他在室外感觉更加脆弱，和其他孩子一起在球场上你攻我守，只有一个成年人在边线外面照看。而教室里有更多的规则和监督，乔伊会感觉更加安全。

乔伊和他的母亲讨论了一些比较现实的目标。他们一致同意，乔伊应该尝试每周有一天保持和平——不会让老师批评他或者告诉家长。乔安娜每周四会打电话给弗雷老师，问问乔伊有何进步。每次他成功地完成目标，他们都会到他最喜欢的比萨店或电影院去庆祝一下。随着乔伊越来越容易完成每周的和平日，他们增加了第二个和平日，然后是第三天、第四天……注意给乔伊留出足够的时间自我调整。

● 定下规矩

为了进一步促使乔伊改变，我们定下了一些规矩。这是为了让他知道，他的母亲是严肃认真地要约束他的攻击性，规矩会强化这一点。过去，乔安娜太过忙于她的工作和学习，她习惯了把乔伊和尼古拉斯视为家里的小男子汉，她没有定下一整套规矩，也很少因为他们做错了事而惩罚他们。同时，就像很多繁忙的父母一样，她也不愿意惩罚儿子们，因为她不希望破坏他们仅有的一点一起相处的时间。往往只有当乔伊因为打架被学校送回家之后，乔安娜才会冲着他大喊大叫，在一段时间内冷淡地对待他。

但就像我们之前讨论的，父母不应该削弱规矩和惩罚，而是应该坚持规矩，同时增加与孩子一对一相处的时间。也许你不能给孩子留出太多的时间，但多花点时间温和地和孩子沟通，你有权给他的行为定下规矩。而且，这样也能减轻你自己的内疚感。

针对乔伊的问题，我们决定定下两条规矩。首先，他应该在合适的时间上床睡觉，这样他就不会觉得自己已经长大了，就像妈妈一样。虽然他希望自己能像个大人一样，但有时候他对于自己不得不像大人一样行事，也感到非常愤怒。其次，乔伊和他的母亲讨论了一些惩罚措施，每次当乔伊的拳头又惹了祸的时候，就会受到惩罚。

乔安娜必须仔细考虑要使用怎样的惩罚措施。我们决定，针对乔伊的惩罚可以是，每次做错了事就有三个晚上不能看电视。乔伊很讨厌不能看电视，尤其不想错过他最喜欢的节目《辛普森一家》，或者费城队的棒球比赛。还有一项惩罚是，每次老师告诉家长他又做错了事，他就要做半个小时的家务劳动。

幸运的是，乔伊老老实实地遵守了这些规矩，就好像有人监督他一样。有些孩子会拒绝按照大人说的做，这样就很难实施惩罚，因为惩罚只会带来更多的惩罚。在这种情况下，阻止孩子做他想做的事情（比如看电视），要比强迫他去做什么事情更加容易。但乔伊愿意为自己搞出的麻烦付出代价。

于是，每次老师告诉家长，他又陷入了麻烦，他就得做半个小时的家务，或者三个晚上不能看电视。一开始，他有时候得干四五个小时的家务，或者一整周都看不了电视。同时，乔安娜规定晚上 9:30 上床睡觉，并严格执行。偶尔哪天晚上她来不及从学校回家，道格会到她家来个突然检查，看看乔伊有没有按时睡觉。

刚开始，乔伊和乔安娜之间会发生激烈的斗争。"哦，拜托，妈妈，"家里反复出现这样的争辩，"别的孩子可用不着花整个周六帮妈妈打扫房间。"

有时候，乔安娜朝他大喊大叫之后，他也能自己打起精神来。但乔安娜会确保留出专门的地板时间，与他一起相处，从而她可以使亲密、信任、尊重以及规矩保持两方面平衡。

随着时间的流逝，乔伊逐渐开始对他取得的进步感到自豪：他学会了以更合作、更通情达理的态度对待周围的人；他能够抑制自己的攻击性，更加了解自己的感受。他自豪地谈到，面对以前他肯定会卷进冲突的情况，现在他已经可以避免发生争执。乔伊告诉他妈妈，埃林在社会课上从他手里抢走铅笔，想要激怒他，而乔伊只是从桌子里拿出另一支笔。当他这样做的时候，弗雷老师看了过来，正好看到埃林拿着乔伊的铅笔，这回有麻烦的是埃林了。戴维在中场休息时想要激怒他，而乔伊直接走开和另一组孩子一起玩。他开始利用自己的头脑避开麻烦，而且他对此感到自豪。意味着"我又让自己陷进了麻烦"那种坏小子的笑容已经不见了，变成了心情愉快的自豪感，仿佛在宣布"我这一周完全没有打架"。

乔伊在学校里也交到了几个好朋友。以前他和很多孩子一起玩，但没有几个亲密的朋友。现在，随着他每周和平日计划的进行，他在学校里和另外两个9岁的男孩成了很要好的哥们儿。他喜欢和他们一起聊天、玩耍。他们在学校里一起做功课，一起议论老师和其他孩子。

这样的友谊对于这个年龄段的孩子来说是很重要的。事实上，随着孩子们经历操场上的博弈，他们不仅要学会怎样在群体中相处，也要了解更亲密的人际关系。

乔伊重视的东西也变了：他对自己踢足球和打棒球的技术更加自豪，而不再总是说要当孩子头儿。他对自己的棒球技术尤其感到自豪，他是个优秀的击球手和游击手，足以进入美国少年棒球联盟。

在这段时期，乔伊也开始对妈妈抱怨说，她的工作太忙了。虽然对她提出这样的要求太严苛了，但这是他的成长发育中非常重要的一步。

"我们从来不能一起做些什么，或者一起到哪里去。"有一天他对妈妈说，"这不公平，其他孩子都有爸爸妈妈带他们到处玩！"虽然他操劳过度的母亲也有可能会无视乔伊的抱怨，但他至少诚实地说出了自己的感受。他现在会直接和妈妈交流，直接面对自己的感受，而不是去和别的孩子打架。

乔安娜并没有只是迅速解释一下她有多忙、她为他做了多少事情，占据道德的制高点，她会注意倾听他的批评。她认识到，她没能满足他所有的愿望。我们大多数人都可能有几次辜负了孩子的期待，但我们不能拒绝他们的愿望，不能无视他们的感受。

乔安娜没有为她的儿子们做什么特殊的事情，她只是带他们到城里一个巨大的停车场去，那里有很大的地方可以练习轮滑的新花样。她也会确保，只要能安排出时间，就为每个儿子留出更多一对一相处的时间。

乔安娜和乔伊之间的关系也变得更加坦率开明。当乔伊抱怨她没有足够的时间陪他时，她会更多地和他谈到自己的工作和学业，也会继续倾听他的感受，一起讨论。乔伊和道格也更加亲近了，道格可以为乔伊带来他迫切需要的男人与男人之间的关系。

第三章
自信和同伴关系

  我知道，不用担心我的朋友们怎么看我，因为我一直很小心地把自己不好的地方隐藏起来。有时候，我觉得自己其实是两个人。完全了解希拉·塔布曼的只有我一个人。其他人认识的，只是好的那个希拉。

——《又名伟大的希拉》
朱迪·布鲁姆

  十岁的梅拉尼是个聪明的小女孩，长着一头黑发，棕色的眼睛灵气十足，似乎总是上气不接下气地飞来飞去。她一贯精力充沛，成绩也不错，所有的课程都能得到 A 和 B。但她的父母带她来见我，因为他们担心，她似乎会对自己产生负面的感觉。在她的父母看来，几乎在任何情况下，他们的女儿每每第一反应就是贬低自己和自己的能力，可是她明明是个聪明的、很有才华的小女孩。

  她从学校回家后常常会抱怨："大家都讨厌我。"她不喜欢尝试任何新的事情——无论是参加小女孩们的足球队，还是第一次到新朋友家里去做客。她会激烈地对待别人的每一次怠慢——无论是真的还是想象出来的——认为那都是针对她个人的。如果老师在课堂上没有叫到她，她立即会推测："他认为我很笨。"如果一群小女孩休息时间聚在一起叽叽喳喳、咯咯直笑,她会推测她们正在议论她。梅拉尼和她六岁的弟弟发生冲突时,只要她的父母偏向弟弟说话,她就会认为爸爸妈妈不喜欢她。

"我不是个好孩子。"她会哭着说,"你们俩都讨厌我。"

她悲观的心态令父母十分烦恼,他们把全副心力都倾注在两个孩子身上——梅拉尼和她的弟弟。

"我不知道要怎样处理这种事,"她满怀担忧的母亲告诉我,"她总是觉得自己有什么地方不好。"

随着孩子们长大,他们会离开家庭进入同龄人的群体。离开"我的世界我主宰"的美景,走进追逐打闹的"游戏场角力"中——这时很容易突然出现自信的问题。当一个孩子的世界由同龄人决定时,他的自信会十分脆弱。在和睦正常的家庭中,在支持孩子的同时鼓励自主性,孩子们拥有足够的安全感,认为家庭的存在是理所当然的,然后就可以继续前行。他们会以自己在同龄人群体中的位置为基础,更详尽地定义自己是个什么样的人。这并不意味着同龄人比家庭更重要:如果家庭出现了危机或分裂,家庭的地位就会立即优先于同龄人,因为家庭毕竟是支持、安全感和抚养教育的最主要来源。但假如没有发生家庭危机,学龄儿童对于自身逐渐成形的个性会产生怎样的感受,是与他们在同龄人群体和社会现实中的感受紧密联系的。

但不少孩子很难完成这种飞跃的变化,梅拉尼就是一个例子,当他们走出自己就是国王或女王的世界,进入另一个有很多国王和女王的世界时,需要面对一个充满了结盟、竞争和敌对的复杂体系。

不管怎么说,人际关系始终是难以处理的。孩子们无法像学习识字和数学一样学会人际关系。人与人之间的关系错综复杂,涉及了很多微妙的、直觉性的东西,我们必须有很多经历,才能得心应手地处理人际交往。大多数成年人都知道,沟通时会迅速交换很多信号——人们向你微笑的方式、对你的笑话的反应、他们对你是否感兴趣——这一切都决定了两个人是否喜欢彼此，是否能好好相处。

正如你知道的，孩子们之间的关系与成年人不同。孩子们不会努力倾听另一个孩子的想法，而很多成年人都会致力于倾听孩子们的心声。学龄儿童会在不断发生情感和身体冲突的情况下，与彼此联系起来。他们会一窝蜂同时开口说话，有时会试图高声驳倒对方。他们一直不断地动来动去，一会儿伸出胳膊搂住对方，一会儿又推推搡搡，甚至用上了空手道的飞踢。对于孩子们来说，第一次离开家庭的（和成年人的）保护茧，人际交往会令他们感到不知所措。

培养自信

如果一个孩子能对自己感到自信——如果他能够学会怎样处理操场上的博弈，冷静地面对不可避免的冲突、挫折、失望，而非认为这一切都是针对他个人的，他就能更顺利地走过这段复杂的过程。**父母可以帮助孩子培养他们所需要的内心自信，但这不仅仅是泛泛而谈地夸奖孩子，而是要让一个孩子从内心深处知道自己是有价值的——"无论你有什么优点或缺点，我们都爱你"——这样才能为自信打下坚实的基础。这会使孩子产生一种基本的安全感。**而如果你希望帮助你的孩子发展出更加深入的、牢固的信念，认识到自己是什么样的人，顺利度过这一时期，那么你也需要更进一步、更深入地帮助他们。在我看来，父母可以通过以下三种方式，帮助孩子由衷地对自己感到骄傲：

● **重视孩子的独特性**

父母要增强孩子内心的自信，最佳方式不是通过你所说的话语，而是通过你与孩子之间的倾听、理解和联系。

这意味着，**重视你的孩子，不仅仅因为孩子是家庭中的一员。你需要认识到孩子个性中包含的广泛特征和兴趣——不要把孩子视为自己生命的延伸、自己的一部分，而是把他视为一个真正的人。**也就是说，重视他的实际能力及相应的性格特质——例如，认识到他是**敏感的、细致的、要求很高的，而非容易适应的、轻松自在的**。也许他是个纵观全局的思想家，而非一个重视细节的人。或者也许他更适应书面文字，而非口头语言。也许他更喜欢云霄飞车，而不喜欢骑车缓行。也许他不喜欢被挠痒痒，但喜欢被紧紧抱住。也许他很擅长讲笑话，或者描述各种电视节目的故事情节。

重视你的孩子的独特性，意味着不要只看到我们用来评价孩子的传统标准——听话的就是好孩子，不听话的就是坏孩子。也许你的孩子不怎么听话，但却精力十足、积极主动。也许他看似不太尊重权威，但其实是以一种轻松乐观的视角看待这个世界，从而他能够看到事物有趣或滑稽的一面。也许他运动笨拙但阅读很快。也许他很不擅长玩任天堂游戏，但很会讲笑话，或者最擅长告诉爸爸在哪儿转弯可以抵达公园。他喜欢到处攀爬、自创新的词语，或者从地上高高地跳起来，每次都能恰好落在爸爸的肚子上。也许他起床气很厉害，但一到下午就精力充沛。我的关键意思是，父母越是能认识到并欣赏孩子的独特性，就越能培养孩子从内心认识到自我价值，而不会希望孩子成为自己的翻版。如果问出"怎样才能让我的孩子变得更好"这个问题，最佳答案应该是"了解他，欣赏他"。然后你们就可以针对一些必要的、实际的挑战，一起做出努力。

父母以及学校和老师还需要记住，尊重孩子的文化传统，对于培养自信来说是非常重要的。例如，假如一个孩子原本习惯的文化传统是非常温暖的、感情丰富的，而他来到了另一种生活环境中，周围的人都习惯于更加严肃正式的文化。他和邻居的孩子一起玩耍时，那些孩子的父母可能会表示担心，认为他太过感情外露。他的父母不应该指责他，而是需要记住，他们的孩子表达情感的方式，是他的文化传统中的一部分，自然也成为他身上的一部分。当然，他们可能需要帮助他考虑怎样区别对待邻居的孩子，帮助他搞清楚，哪些孩子能够接受他坦率直爽的交流方式，哪些孩子需要一段缓慢的"热身时间"。同时，要允许他在家庭中仍然保持他坦率温暖的感情。

父母如果希望进一步培养孩子建立起强烈的自信心，就要让孩子有机会为自己确实擅长的事情感到骄傲——踢足球、做数学题、玩空手道、阅读、讲笑话、画画，也要让他们有机会练习自己不太擅长的领域。这就意味着你需要花时间和孩子相处，一起玩游戏、培养爱好、做运动——做孩子们感兴趣的任何事情。但父母们往往告诉我，他们觉得孩子们喜欢的某些活动相当无聊。或者告诉我，他们不太了解孩子喜欢的娱乐活动，无法切实参与进去。

"我不明白在寒冷的运动场上花好几个小时踢足球有什么意思。"一个十岁小运动员的母亲，也是一位书卷气十足的女人，坦率地承认。

我希望父母认识到的关键一点是，如果你真的努力尝试了，你总能想出办法参与孩子喜欢的活动，和他一起分享乐趣。即使你不喜欢亲自参加这种活动，也可以欣赏孩子生机勃勃的兴奋心情。从根本上来说，这一点要比活动本身更能为人带来快乐。我并不是说你必须花费大量时间参与这些活动。即使只是半个小时到一个小时，对于孩子来说已经是一段很长的时间了。同时，也试着让自己享受到更多乐趣：你不必过于消极。有些父母对我抱怨说，如果在游戏里一直让孩子赢，自己会觉得没什么意思。我告诉他们，不妨给自己制造一些障碍，使这个过程变得更有趣。例如在打篮球时，不妨规定自己只能用左手投篮，或者左手运球、跳投。打网球时用左手握拍。如果你不知道怎么玩这种游戏，要记住，孩子最喜欢的事情莫过于当老师了。所以，不会玩任天堂游戏的父母可以让他们的任天堂小专家讲一讲超级玛丽的复杂世界。不怎么运动的父母可以从他们的"未来乔丹"那里了解一下怎样在篮筐下混战。孩子们都喜欢表演，你至少可以在他们为你带来笑话或戏剧演出时，学着当一个好观众。只需确保由你的孩子决定一切：如果由父母主导或控制这些活动，其中的快乐就会完全消失。

在孩子们不太擅长或者不太熟练的领域中，如果他们感觉父母能够理解他们，就会对自己更有信心。每个孩子都有弱点。例如，一个空间感非常敏锐的孩子，能告诉爸爸去电影院应该在哪里转弯，但可能不太擅长文字方面。你家的语言小天才，可能不太擅长搭积木。你的小喜剧演员也许音乐不行，你的小钢琴家也许非常害羞。**无论是数学还是识字，语言还是体育，一个孩子就像了解自己的力量一样，也了解自己的弱点。而且他需要知道，他的父母并不为这些弱点感到羞愧。他也不希望父母过度保护，不希望他们或他自己拒绝承认这些短处。**

面对整个赛季都没能击中一球，从而灰心丧气的小棒球手，很多父母只会兴致勃勃地告诉他："哦，我想你是个很棒的棒球运动员。"其实，如果父母愿意帮助孩子练习他不太擅长的领域中的技巧，尤其是当这些技巧对孩子来说很重要时，例如击中棒球、做数学题、弹钢琴，他会更有安全感，觉得自己更有价值。如果父母能和孩子并肩作战，孩子会觉得受到了莫大的鼓励。

同时，父母不应太过注重孩子的弱点：如果一位父亲希望他不擅长运动的孩子成为奥运会撑竿跳运动员，或者一位母亲让她阅读比较慢的孩子没完没了地练习识字，很可能会逐渐削弱孩子的自信。我经常见到语言天分很高的孩子——他们很早就学会了说话，词汇量丰富，但同时精细运动能力较差，比如写字能力不太好。这些孩子的典型表现是有意识地回避纸张、铅笔、蜡笔，他们自然更喜欢阅读和谈话。但由于父母盼着孩子在学校表现突出，更加注重提高较差的方面，比如要求孩子每天晚上练习写字，这样做其实反而忽视了孩子的优势——他在阅读和辩论方面的巨大热情。不要感到吃惊，如果不逼孩子练习的话，他们反而会更努力。

如果你打算帮助孩子提高某个领域中的弱点，我的基本经验是，至少要为他喜欢和擅长的活动安排同样多的时间。每个孩子都有优势——只是不一定在你平时关注的方面。也要注意，并不是孩子的每一个弱点都需要改进。有些事情并不是那么重要，这取决于你的家庭背景和文化传统。如果你的孩子不是个很好的杂技演员，你也不需要让他每天花时间练习荡来荡去，这并不属于必须培养的技能——除非你们出身于马戏团家族。

● 重视孩子自己重视的特质

父母往往假定，如果孩子表现很好——在学校里获奖、被选为学生会主席、在校园戏剧中担任主演——他就会感到自信。但事实也许并非如此。为了能够感到自信，孩子必须从他自己的角度来看是成功的，而非从你的角度来看。自信是一种内心的感觉，有时与外界事实一致，有时并非如此。你的孩子对他自己取得的成就是怎么想的呢？重视孩子的独特性，需要认识到他对于自己的感受。也许你的孩子获得不少高分，但这几门功课都是他不重视的。帮助孩子培养自我价值的感觉，需要尊重孩子的内心世界。他重视什么？对他来说什么是重要的？你也许会感到惊讶。比起学业上的成就，他可能更喜欢角色扮演的游戏或冒险。将五个步骤的过程应用于梅拉尼的情况时，我们会看到，怎样通过地板时间和解决问题时间，更好地理解孩子们的内心世界。

自信心出现问题的孩子，最初的表现一般是面对挑战时会退缩，因为他们害怕"失去控制"。但退缩之后，他们又会觉得自己的表现真是糟糕。这时就会开始出现自信的问题。"我这是出了什么问题，"一个孩子会想，"我不是个好孩子。"

如果进一步观察，我们往往会发现，这种害怕"失去控制"的想法是以事实为基础的。很多孩子在精细运动方面会遇到困难，比如画画、写字、剪纸，也会在所谓"运动计划"的情况中遇到困难——这是指按顺序完成几项动作，比如系鞋带、穿衣服、接抛球。这些孩子可能会表现出生长发育超前，他们的语言能力或运动能力相当不错——但因为他们在非常复杂精细的动作上表现笨拙，他们也许会觉得无法控制自己的身体。对于一个孩子来说，这是一种令人恐惧的感觉。也许他并不很清楚自己为什么会害怕失去控制，这才是他感到害怕的真正原因。对于这样的孩子，我一般会建议他们与职业心理治疗师会面，来克服这方面的困难。但我发现，当我建议接受心理治疗时，有些父母会表现得很抗拒。

"她会觉得自己更差劲，"一位父亲对我说，"心理治疗会使她感到尴尬的。"

没错，与心理治疗师见面可能会使她感到尴尬，她甚至可能大嚷大叫地表示抗议。但我会告诉父母们，如果孩子无法控制自己，如果他们觉得无法全面控制自己的身体，这会在每一分钟都不断地削弱他们的自信，因此，即使感到尴尬，即使暂时打击了学龄儿童的自信心，这方面的治疗也是值得的。

孩子们也会在其他方面感到失去控制。有些孩子无法控制自己的情绪——他们会对周围的环境或者其他人做出过度反应。另一些孩子对特定食物会产生过敏反应，或者对于温度、噪音、大量拥挤人群过于敏感。

如果在特定情况下，你的孩子的行为变得混乱无序，或者，如果孩子会有意识地避开某些挑战，这可能是一个信号，他觉得自己正在失去控制。问问他有什么感觉，他可能会告诉你，他感到害怕、混乱，也可能在回答你的问题时表现出混乱或逃避，从而间接地证实你的怀疑。

● **培养积极主动和坚定自信的性格**

性格消极的孩子，或者习惯于服从命令做事的孩子——他们在学校里不会主动举手，只会等着自己的名字被叫到，等着朋友们邀请他一起玩——在这些孩子身上，我们很难看到自信，主动发出邀请的孩子所拥有的那种自信，他们能够掌控自己的生活，讲述自己独特的故事。这些消极的孩子表现得笨拙呆板，他们似乎不具备丰富的想象力，不会出现各种复杂的想法。这是因为，他们未能回应自己内心深处的核心感觉，不知道自己是个什么样的人。他们不是很了解自己，无法满足自己特有的愿望。在本章后面的部分，我们会一起帮助梅拉尼改变脆弱的自信心，我们会看到她和她的父母怎样一起努力，最终克服了那种令人无法忍受的感觉，不再觉得"所有人都讨厌我"或者"我是个笨蛋"，而是主动积极地面对自己的生活。

友谊的根源

如果学龄儿童的自信取决于他和同龄人之间的关系，怎样使孩子建立起有益的人际关系？首先，孩子们需要认识到，大多数人际关系是令人愉快的。他们需要认识到，与其他人在一起时能够感到安全，相信自己有能力让别人喜欢。最后，他们需要学会怎样处理不同类型的人际关系。

在最理想的环境中，一个人早在婴儿时期就能体会到人际关系带来的快乐。正常的成长发育过程中，我们甚至在三四个月大的孩子身上也看到了这种能力，比如婴儿脸上露出大大的笑容，迫切地想表现出快乐，跟着父母声音的节奏挥舞他的小胳膊小腿。婴儿和他的父母"彼此相爱"，通过他们之间大量积极热情的互动，形成一段深刻的关系。由此开始，孩子们学会了怀抱积极热情的情感对待他人。例如，一个8岁大的孩子会面带微笑问候老师，不仅仅等待着她的指导，也准备做出热情愉快的反应。老师和这个孩子说话，他注意倾听，如果她"态度和蔼"，他会觉得这正如预料的一样令人积极愉快，因为他从小就习惯了信任和亲密。与父母关系亲密的孩子，被父母爱着也爱着父母的孩子，会希望与他人建立起良好的人际关系。等他们开始上学后，自然也会愿意与同龄人建立起友谊。

但还有很多儿童和成年人，也许数量多到令人惊讶，他们出于各种各样的原因，没有意识到人际关系可以是令人愉快的。也许孩子曾经是个难以照料的婴儿——往往是因为容易激动或者对周围的环境缺乏兴趣——他的父母很难与他心意相通。也许父母中的一方或双方意志消沉，无法以积极的态度与婴儿交流。也许在幼儿时期，疾病或残疾使孩子无法通过正常的途径认识到人际关系中的快乐。如果孩子早期的人际关系十分贫乏或者困难重重，他们无法在情感上成长起来，于是理所当然地，这个孩子可能会对人际关系缺乏自信或感到恐惧。当孩子离开家庭进入更复杂的学校世界时，这种恐惧会引起人际交流中的困难。

幸运的是，在人生中晚一点的阶段，同样可以认识到人际关系中的快乐。我们会看到，就像梅拉尼一样，任何时候补充这方面的经验都不会太晚。如果父母能够看到他们的孩子缺少了什么，就可以帮助孩子弥补这方面的问题，这会为孩子带来极大的帮助。

孩子们也需要相信，自己有能力喜欢别人，也被别人喜欢。平衡人际关系中的快乐，及其带来的不可避免的挫折、失败、沮丧。孩子们会认识到，其中不仅仅有热情、乐趣、亲密，也有权力斗争、分配、打架，这一切都是人际关系中的一部分。学到这些教训后，他们开始意识

到，对朋友或父母产生复杂的感受是很正常的。

　　这些教训同样源于婴儿时期。婴幼儿与父母或其他照料者交流互动时，不仅会享受人际关系中的乐趣，同样也可能感到沮丧失望，但即使在这样的时候，这段关系仍然会继续维持。婴儿认识到，不是每天晚上都有人抱着他摇晃、哄他入睡。如果父母或照料者很少有时间陪伴幼儿玩耍，他希望的游戏时间得不到满足，就得学会怎样自己打发时间。蹒跚学步的孩子会认识到，妈妈不可能每一天每一分钟都把全部精力放在他身上。

　　如果父母允许孩子与他们谈判——像律师之间的谈话那样一来一回，就能培养孩子这方面的成长。孩子可能会和你争辩，为什么勺子一定要放在盘子的左边或右边，为什么他不想吃碎粒麦片，想吃嘎嘣脆船长牌的麦片。为什么他希望晚上9:15而非8:30上床睡觉，为什么应该允许她自己去商场，不用爸爸妈妈紧紧跟着。你会忍不住想说："不要和我争辩！按我说的做！"尤其是在你很忙的时候。但至少在一部分时间，可以允许你的孩子争辩。即使你最后还是必须发挥父母的权威，拒绝他的要求，至少他有了一次公平的机会可以想办法说服你。这样能够帮助他进一步发展逻辑思考的能力，帮助他在今后的生活中成为一个更坚决、更聪明的人。满足孩子的要求，也让孩子经受必要的挫折，二者结合，可以帮助孩子理解人际关系包括不同的两个方面，教育他凡事不要太过绝对（"凯蒂讨厌我"或者"没有老师觉得我是个好孩子"），而是从相对的角度思考，"我和凯蒂有时候相处得不错，有时候关系不太好"。

　　如果孩子们对于人际关系中的安全性有了基本的感觉，他们可以更轻松地处理同龄人之间吵吵闹闹的关系。他们学会了评估他人的需要，并应用他人的反馈调整或微调自己的行为和互相交流。他们学会了领悟别人传达的隐约或明显的信号。例如，一个9岁大的孩子在操场上给围成一圈的朋友们讲了个笑话，别人的反应要么是低下头，要么看起来没什么兴趣。看到人们这样的反应，那个孩子可能会换个新的笑话，也可能会以兄弟姐妹为对象练习讲笑话的技巧。他会意识到一件事，他的笑话或者他的表达方式需要改进。一个讲笑话的孩子如果在听众的反应并不愉快时仍然继续讲下去，无视听众的反馈，并且在与别人沟通交流时不断重复这种模式，这个孩子恐怕很难交到朋友、维持友谊。很多孩子在面对负面的反应时会顽固地无视——没有意识到他人的反馈是极具价值的。

有些孩子，因为他们难以领悟别人传达的信号（有时候是因为学习障碍或家庭影响），他们无法像一般人那样迅速解读他人的暗示，尤其是在三四个孩子一起相处的复杂社会系统中。在这种情况下，唯一的解决办法就是练习，孩子在同龄人群体中遇到的沟通交流问题越多，越需要花时间来处理这方面问题。

首先要牢记，自信和友谊包含了哪些基本的组成部分，然后让我们再来看看梅拉尼遇到的困难，通过五项步骤帮助这个小女孩和她的父母。

案 例

梅拉尼的故事

> 表　　现：认为自己笨，不被人喜欢的十岁小女孩
> 原因分析：• 在同伴关系中建立了非黑即白的自我形象
> 　　　　　• 在乎评价，不愿面对失控的恐惧
> 重点方案：• 增加孩子主导、父母协从的相处时光
> 　　　　　• 明白与父母的关系不只是权威与顺从
> 　　　　　• 预想状况，认清和了解真实感受

第一次和梅拉尼见面时，她给我留下了热情坦率的印象。她一开始有些紧张，但随着紧张感逐渐消失，她坐在对面的椅子上朝我倾过身来，黑眼睛里流露出一种急切的、甚至可以说是渴望的神色。她在谈话中表现得很活跃，和我谈到学校生活、不同的朋友，说着说着开始手舞足蹈地表达自己的意思。伴随着滔滔不绝的话语，她脸上也会出现丰富的表情，流露出不断变化的情绪：

"……我妈妈说，我到这里来是因为你可以帮助我感到更加自信。有时候我觉得自己就像个乡巴佬。比如昨天在学校里，老师没有叫我发言，而是叫了马修。是自然老师，我觉得他不怎么喜欢我。我在自然课上一直像个笨蛋似的。数学课上也一样。自然老师很喜欢梅根，梅根也和我一起上体操课。她真的很讨厌我，你知道吗？我敢确定。"

她停了一下，看向我，仿佛在等着我的同意或支持。我点了点头，于是她继续说下去："梅根觉得我是个讨厌鬼。她没有邀请我参加她的生日宴会，她的朋友们甚至根本不和我说话。她喜欢那个叫里安的男孩，我也觉得他很可爱。但我知道，他喜欢梅根，讨厌我。"

在我和孩子们谈话的过程中，我会试着描绘出一个形象，他们是什么样的人，他们为什么会来到这里，怎样才能帮助他们。我关注的显然不仅仅是他们的语言。我会观察每个孩子的身体特点、协调性、警戒心、集中力。我会观察他们的情绪——这个孩子是否看起来很悲伤，还是心情愉快但有点热情过头？我会观察孩子怎样与其他人交流——当我走进等待室时，这个孩子与带他来的人是怎样互动的？他显得亲切友好还是孤僻冷漠？我会观察这个孩子是否会表现出各种不同的情绪——他是否在刚进来时显得忧心忡忡，随着我们谈话的进行逐渐活跃起来？还是说，他是个相对比较安静、不怎么流露情绪的孩子？我会注意自己对这个孩子的本能反应。在谈话结束后，我是感到筋疲力尽、愤怒沮丧，还是精神焕发、颇为愉快？我也会注意，孩子们对周围环境有何反应——首先是等待室，然后是我的办公室，那里有各种各样的玩具。我会暗示一个孩子："这个房间、这些玩具，还有我，都归你了，由你做主。现在，利用这些东西，在五六十分钟里告诉我一些事情吧。"

显然，梅拉尼是个会融入环境的孩子——几乎太容易融入了。我沉默着点头或只是说"嗯、嗯"来回应她所说的内容。她会观察我的表情，似乎在寻找赞同或不赞同的信号。她是那么坦率，她急切希望能被别人喜欢，她渴望能找到我赞成她、喜欢她的迹象，这一切几乎令我感到震惊。

她给我讲了更多关于她的学校、她的朋友的事情，数学有多难，语文有多简单。从梅拉尼的话来看，学校里的每个人似乎都对她很有意见。其实我觉得，梅拉尼似乎认为学校里每个人都经常注意她。她告诉我，孩子们是怎么在操场上议论她的——她从旁边走过时，看到他们嘻嘻哈哈地笑，她就觉得这些人肯定是在议论她。如果校长从她的教室门口探进头来和老师说了一两句话，她就会认为，他们是在谈论她的事。她告诉我："数学老师叫我回答问题，但他看着我的样子，就好像他觉得我肯定不知道答案，于是答案就真的从我的大脑里消失了。然后他会深深地叹口气，让梅根回答。她永远都知道答案。我知道，他认为我是个笨蛋。"

虽然梅拉尼明明是个好学生，她却认为自己是个"真正的笨蛋"，因为某些课程，她必须努力学习才能得到高分。

"其他成绩好的孩子，他们几乎什么都不用做就能拿到高分，我敢打赌。"她沮丧地说。

同时，梅拉尼也是个体贴的小女孩，很容易体会他人的感受。她告诉我，她很担心一个父母离了婚的朋友。她打算经常邀请那个女孩到她家来玩。

"我想雪莉的父母经常打架，你知道吗？"她告诉我说，"就为了汽车是不是归雪莉的爸爸,或者他搬出去以后应该给雪莉的妈妈多少钱,诸如此类的事情。雪莉不怎么谈这些事,但你肯定能看得出,这使她非常烦恼。"梅拉尼也关心着其他人,因为她一直都会融入这个世界,她时不时会因此感到痛苦,也会运用自己的这种特质帮助他人。

梅拉尼心中的很多焦虑,在十岁左右的孩子中是很典型的。这是生命中一个不容妥协的阶段,非黑即白,同时孩子们的自我形象是由群体决定的。孩子们正试着把自我形象的不同部分糅合起来("我很聪明"或"我是个笨蛋"),但总会有某个部分占据优势。就像梅拉尼一样,孩子们经常会在家庭到学校的转换中遇到困难。因为他们无法把新的现实与对自己的感觉糅合起来,他们的自信遭遇重挫。这样的孩子不在少数,他们会偏激地认为,学校生活中不可避免的伤害和拒绝都是针对他们个人的。有些孩子,由于这些情绪令他们不知所措,他们会回避冲突、害怕挑战,他们迫切希望能获得最重要的东西:认可,总是担心自己无法被人接受。而另一些孩子,就像梅拉尼一样,一直处于紧张状态,变得非常焦虑、缺乏安全感。

我们谈到后来,梅拉尼向我袒露心声,她觉得很难和弟弟相处。他会嘲笑她、讽刺她。

"有时候我真希望他能消失。"她说。

就在她描述自己对弟弟的感受时,我开始明白,对她来说,与悲伤、混乱、沮丧的感受相比,愤怒的感受是最难描述的。当她说到对自己产生的各种负面感受,表达沮丧或痛苦时,她会描述很多细节,但当她要表达对弟弟或同学(比如同为四年级学生、被她视为主要竞争对手的梅根)的愤怒时,她的话就会变短。她不会说"我真想揍他"或"我真想冲着他大喊一通"之类我认为十岁的孩子会说出的话,她的感受更具有逃避性。

"我希望他能走开。"她会说,或者"有时候我真想离开学校"。

梅拉尼说，她觉得父母更袒护弟弟，因为他年纪更小。晚上她做作业的时候，他习惯走进她的房间里，抓走她的书，抢走她的笔，嘲笑她、干扰她。但如果梅拉尼对他大喊大叫，或者把他推到房间外面，她的父母就会惩罚她。

"不要冲着你的弟弟喊叫。"她的父亲告诉她。

梅拉尼认为这是因为父母更喜欢弟弟，因此，面对父母时，她得出了和面对朋友时同样的结论：他们不喜欢她。

"如果他们总是站在弟弟那一边，他们肯定更喜欢他，我身上肯定有什么问题。"她分析说。

在我第一次与梅拉尼见面的前一周，我已经见过了她的父母。梅拉尼的母亲黛儿，是代表服装制造商组织在美国国会大厦游说的说客。她是一位魅力十足的女士，有着和梅拉尼一样的黑头发、黑眼睛，她语速很快，在我们一起讨论他们的女儿时，经常打断梅拉尼父亲的话。梅拉尼的父亲彼得，是一位零售业经理，闲暇时间喜欢下棋。如果他发现孩子们起了冲突，会希望由他的妻子来干预和处理这种事情。黛儿和彼得工作都很忙：双方都经常工作到晚上八九点，但只要可能，他们会尽量确保父母中有一方在家做晚饭。如果黛儿和彼得都不得不加班，下午和晚上，梅拉尼和她的弟弟会由一位保姆照料，负责做晚饭并安排孩子上床睡觉。

在家里和学校里，梅拉尼似乎一直都渴望得到别人的关注。她经常打断父母之间的谈话，说有急事要和他们讨论，一般都是她最近在学校或家里遇到的麻烦。在学校里，她的老师们也抱怨说，他们与其他学生进行一对一的谈话时，梅拉尼经常会跑到旁边来，很不礼貌地拉着他们的袖子，想要吸引他们的注意力。

虽然我还需进一步了解梅拉尼和她的父母，不过我们已经可以开始应用五项步骤的方法，帮助黛儿和彼得了解他们的孩子，在这个过程中我也可以更深入地了解他们。彼得经常告诉我，他们已经很了解自己的孩子了——毕竟他们每周都会花很多时间和儿子或女儿在一起。但你的孩子身上始终会有一些你不知道的东西，你越是了解你的孩子——她怎样行动、她表现如何、她在想些什么、她有何感受、她相信什么，诸如此类——就越能以一种全新的眼光来看待你的孩子。

● 地板时间

我建议梅拉尼的父母采取的第一个步骤是，定下至少半个小时的地板时间。我指出，他们应该试着与梅拉尼的思考方式产生共鸣，而非命令她、教导她、控制她。我告诉他们，这不仅仅是一段"共度的时光"，在这段特殊的时间里，孩子是主导者，而父母是协助引导者。

黛儿和彼得尝试了地板时间的方法，但当他们几周后再次来找我时，我发现他们的努力并没有朝着我希望的方向前进。就像很多父母一样，如果他们听到孩子诉说她悲伤的感受、她的"沮丧消沉"、她感到丢脸甚至只是她消极的想法，就会感到无法忍受，更不可能完全不加干涉。

黛儿和她的女儿一起度过地板时间时，一直在告诉她应该对不同的朋友说些什么。而她的爸爸只希望听到好的事情。只要梅拉尼表现出负面的感受，他就忍不住想要找个借口结束这次谈话，比如打电话或者去洗澡。

我面对黛儿和彼得不由得问出了声，他们是否真的明白地板时间的意义。

黛儿为自己辩护说："我无法只是坐在那里，任由她被朋友们排斥、践踏。我必须告诉她怎样保护自己。"

而彼得回答说，他是想要帮助梅拉尼看到生活中积极的一面，使她不至于"陷入消极的泥泞"。

父母们最常见的一项错误就是，当孩子与朋友之间遇到问题时，过度同情孩子。如果他们的孩子哭着放学回家，因为金姆的生日宴会没有邀请她，父母会和孩子一样敏锐地感觉到这是一种拒绝。如果孩子抱怨没有人在操场上和她一起玩，父母会和孩子一样受到伤害。如果十个孩子里只有三个受邀去朋友家过夜，父母会感受到和孩子一样的痛苦。

遇到这些事，对于孩子来说当然是很痛苦的，我的意思并不是说这些伤害和拒绝不会给父母带来影响。**每一位父母都会在孩子被伤害、被拒绝的时候感到痛苦。**但当你的孩子努力走过童年中不可避免的情感上的磕磕碰碰时，从心底体会孩子的感受与过度同情孩子是完全不同的。我们都希望帮助孩子克服我们自己也经历过的困难，希望让孩子体会我们经历过的快乐，或者更常见的是，我们小时候期盼的快乐。但由于我们太迫切地想要为孩子带来快乐，有时候我们反而会无意识地做出对这一目标毫无益处的事情。

地板时间的目标之一就是要避免过度同情孩子，而是帮助他通过游戏、词语、手势或者他选择的任何其他沟通方式，表达出自己的需要。为了实现这一目标，你需要做的就是陪伴你的孩子，倾听他的话语，体会他的内心，跟着他的步调走。

所有的父母，尤其是工作繁忙的父母，都会过度同情他们的孩子。想象孩子的想法和自己一样，会使他们觉得自己与孩子仿佛更加接近了。他们没有把孩子视为一个独立的个体。这会使孩子感受到巨大的压力：孩子被置于这样一种位置，她要按照父母希望的方式生活，也就是父母小时候所希望的生活方式，于是，这个孩子的童年并不属于她自己。

我和黛儿谈到她的忧虑时，我意识到，就像很多父母一样，当她自己还是个孩子时，被排斥、被羞辱的经历，为她留下了痛苦的回忆。她不希望梅拉尼也经历这样的事情。但我也和黛儿谈到了给出太多建议的后果。

"即使你针对怎样保护自己提出了世界上最完美的建议，"我对黛儿说，"你通过这种沟通方式告诉孩子的，实际上是，'我什么都知道，你什么都不知道。'孩子们从你沟通的方式中体会到的东西，远远多于你所说的内容。"

即使父母为孩子提出完美的建议，孩子们学到的也只是消极顺从地面对父母。父母说的是："果断自信一点。"孩子们听到的却是："顺从一点。听话。按我说的做。我想控制你。"

因此，黛儿无意识中反而助长了她希望梅拉尼避开的东西。

地板时间的重要意义之一就是，把控制的趋向变成彻底的放松。在很多环境中，向孩子提出建议是很合理的做法。但如果你和孩子之间主要的沟通方式就是提出建议，地板时间会帮助你认清这种相处模式。事实上，地板时间使父母能够看到，如果没有我的帮助，他们都是怎么做的。

我和梅拉尼的父母一起努力，帮助他们学会倾听女儿的话语。黛儿试着在地板时间中少提出一些建议，不再持批评的态度。黛儿和彼得渐渐学会了怎样由梅拉尼主导这段时间。

● 解决问题时间

几周之后，黛儿和彼得终于认识到怎样以正确的方式度过地板时间，使之充分发挥作用，然后，他们每天会留出至少15分钟的时间，作为解决问题时间。在这段时间中，不仅仅是由女儿主导谈话，父母带着同情心倾听，他们会发挥更加积极主动的作用。正如我在第一章中提到的，在解决问题时间中，父母与孩子谈话的方式与地板时间是不同的。在解决问题时间中，需要双方一起交流对话。你和你的孩子之间，真正实现了以解决问题为目标的理性对话。

但黛儿和彼得发现,很难与梅拉尼进行一次理性的对话。如果梅拉尼在一次谈话中感受到过度压力,她就会变得支离破碎、混乱不堪。这时候和她交谈就好像开飞车一样刺激——梅拉尼不断地急转弯,从一个话题跳到另一个,一会儿说这个朋友不和她玩,一会儿说那个朋友讨厌她。

有些孩子语言词汇丰富、情绪化、非常敏感,他们会因为这些问题感到很痛苦。他们往往会觉得自己此时此刻的感受比一切都重要,反而无法看到同龄群体的人际关系中更严重的或者更切实存在的问题和模式。在这样的孩子看来,身边同龄人群体最重要的方面就是群体对她的感受——大家都讨厌她,大家都认为她是个傻瓜,或者相反,大家都觉得她很完美,大家都认为她是学校里最迷人的女孩。结果,像梅拉尼这样的孩子,当他们能够更深入地理解、更巧妙地处理同龄群体中复杂的人际关系时,他们最终会挣扎着解决这些问题。

也许这一切使读者感到,我把孩子们在学校里的人际关系看得太严肃了。但要记住,这个年龄段的孩子们,学校环境就是他们生活中不可切割的一部分。他们对自己的看法和感受,很大程度上取决于他们怎样面对棘手的周围环境。孩子们从人际关系中汲取的教训,帮助他们处理生活中一些重要问题——竞争会起到怎样的作用,人际关系怎样发展变化,人与人之间怎样沟通交流。如果我们能帮助孩子们更好地理解和处理这几方面的问题,就为他们带来了生活中强大的推动力。

我首先帮助黛儿和彼得学会怎样让他们的女儿在谈话中不要跑题。

"今天过得怎么样?"黛儿问梅拉尼。

"很不错,妈妈,但你猜发生了什么?我在老师读课文的时候打断了她,她真的很生气。我知道,从现在开始她再也不会喜欢我了。嘿,这件毛衣你从哪儿买的?我也想要一件!你以前答应过我……我太累了，真不想去上钢琴课……"

黛儿终于学会了怎样帮助她的女儿。

"我被你搞糊涂了，"黛儿学会了这样说，"平时你们周四第一节不是语文课吗？"

黛儿往往会发现，当10岁的梅拉尼又开始谈论其他方面的感受时，她必须想办法提示这孩子，了解她在这次交流中想要传达的关键信息。

如果梅拉尼又忘了自己正在说什么，突然转向另一片情感的海洋，黛儿一般会提出建议："啊！我知道你有很多感受。但我还没搞清楚最早的时候发生了什么，我感到有点困惑。"

起初，他们一点点取得缓慢进展。彼得发现，如果他在解决问题时间中，表现出一点困惑，同时也表现得很感兴趣，好像《神探可伦坡》电视剧中的侦探一样，就能更顺利地度过这段解决问题时间，也更容易让他的女儿不要改变话题。

"梅拉尼，我还是不太明白，马修去上体操课的路上没有和你打招呼，那之后发生了什么？"有一次他说，"你就是在那时候告诉珍妮他不喜欢你的？"

不久，他们的女儿能够更有逻辑性地讨论她自己，以及她某一天的经历，于是她的父母进入解决问题时间的下一个阶段——帮助她预先想象，在哪些状况中她尤其会感到难以应付。

为了迎接这类充满挑战的状况而事先做好准备，这是一种宝贵的技巧，一种任何人都应该学会的技巧——不仅仅是为了应对小学期间出现的情感挑战，也是为了成功度过整个人生。就大多数人而言，如果事先充分思考、做好准备，就能更好地迎接挑战。如果他们按照本能反应行事，而非在做出反应之前思考整个状况，很多人都会感到迷惘、失去方向，陷入当时的情感感受中无法自拔。帮助你的孩子预先想象充满挑战的状况，并为此做好准备，就能帮助他在真正遇到这些状况时更好地控制自己。

但黛儿和彼得发现,虽然他们努力帮助女儿预先想象可能遇到的麻烦事,他们的女儿却有些抵制这种想象。

"我不愿意想这些事,"梅拉尼告诉她的父母,"反正明天就会遇到一大堆这种事。"

"我们只要稍微想象一小会儿就好,"彼得建议说,"数学课上会遇到什么困难?巴尔老师叫了别的同学到黑板前演示长除法?"

后来梅拉尼学会了明确描述生活中会带来麻烦的各种状况——在教室里,当她感到自己不是大家关注的焦点时;午休期间,孩子们组队踢足球、玩排球时;在家里,当她的弟弟嘲笑她时。

黛儿和彼得开始注意到,梅拉尼如果感觉自己被拒绝了,比如梅根没有让她加入足球队,或者老师看见她举手却叫了另一名同学回答问题,在这类状况下,她尤其容易遇到问题。

对于我们大多数人来说,这是一种很常见的反应,但如果是一个自信不足的人,处于这种状况下往往会认为那一切都是针对他个人的。梅拉尼会推测"老师讨厌我"或者"没有人想和我一队"。在家里,如果亚历克斯一直嘲笑她,直到她终于忍不住冲着他大喊大叫,最后又让自己陷入麻烦。在这种情况下,她也可能把父母的责备太记在心里,认为"我是个坏孩子,他们更喜欢弟弟,而不喜欢我"。

现在,我们已经认识到梅拉尼的关键问题,于是我建议黛儿和彼得继续努力帮助她认识到,当她遇到这类令人心烦的状况时,会产生怎样的感受,然后预测她会有什么样的本能反应。

黛儿和彼得发现,梅拉尼很难描述自己受到的"伤害"。她会以很多方式描述受伤的感觉,她告诉他们,"我心情不愉快"或者"我感觉很糟"——但她无法表达出愤怒、悲伤或其他负面的感受,当人们觉得自己被冤屈或拒绝时会出现的感受。

这再次说明，梅拉尼的反应是自信不足的人处于挣扎中时常见的反应。他们被各种情感构成的海洋淹没——伤害、痛苦、挫败、自怜——他们无法浮出水面，无法看清当时的状况为何会使他们感到自尊受挫。无论我们自己是否愿意，我们总是要体会到很多情感。我们在这方面没有选择。然而，如果我们对自己不诚实，对自己隐瞒一部分感受，我们就无法看清这些感受，这些感受还可能会间接影响我们的行为，以及其他相关的感受和想法。

我需要指出，帮助梅拉尼"认清或了解她的感受"，并不意味着她需要在我的办公室里接受好几个小时的治疗。黛儿和彼得通过倾听和解决问题，更加深入理解他们的女儿，随着他们彼此相处愈发舒适自在，一些全新的感受开始萌芽。

"我看书看得正入迷的时候，亚历克斯抢走了我的书。"有一天她告诉妈妈，"这真的令我十分抓狂！"还有一次，她告诉父母，梅根没有让她加入足球队，使她感到有些伤心。

梅拉尼开始认识到，当她处于潜在的压力状况中时，一般会感到受了伤害，然后希望逃离这个环境。不幸的是，这种反应只会进一步伤害她的自信心，因为她会觉得自己是个差劲的人。而且，当她陷入负面感受中无法自拔时，她就无法看清周围的现实世界，也不知道怎样实现自己的目标。例如，虽然梅拉尼做了很多努力，仍然无法和梅根成为朋友。再还有，虽然她希望自己一直都是人们瞩目的焦点，但这也是不大可能的。在家里，她和亚历克斯也得想办法达成休战协议。

在人生中的这个阶段，梅拉尼的情况是非常普遍的。孩子们往往很难离开那个充满幻想、自成一体的"我主宰的世界"，进入操场上的博弈这个艰难的现实世界。孩子会沉浸于负面情感，无法抬起头来参与博弈。

梅拉尼首先必须学会，说出自己被拒绝时会产生怎样的感受，以及对于失控的恐惧。然后她就能设想自己害怕的是什么，在最糟糕的情况下是怎样一幅场景："如果我在全班同学面前大声喊叫，那就再也没有哪个孩子愿意当我的朋友了，"她告诉她爸爸，"然后我会当着所有人的面哭出来，所有的男孩，包括莱恩，都会嘲笑我。"

这确实是一幅很痛苦的画面。但如果梅拉尼能够想象出最糟糕的状况，就能利用这种模糊的恐惧，想办法控制住这种情况。随着她开始练习不再沉浸于情感的海洋，而是开始思考现实问题，梅拉尼认识到，自己往往会追赶班里最受欢迎的孩子的脚步。如果他们表现得不是很希望和她交朋友，她会觉得受到伤害、被人拒绝。如果老师没有特别关注她，或者父母没有留心听她说话，梅拉尼会担心，自己对他们来说已经不太重要了。

如果梅拉尼可以预想自己在这些情况下的自动反应，就能和她的父母一起努力，找到另一种方式来应对这些情况。她闭上眼睛想象明天的事情，就像电视画面一样，她可以明确预想出可能发生什么样的棘手状况，确定自己在这些状况中的感受，想象怎样应对可以更好地处理这些挑战。例如，随着梅拉尼认识到，梅根永远不可能成为她的好朋友，她决定和班里另一个女孩交朋友，那个女孩经常担任其他足球队的队长。

● 感受和理解孩子的观点

这第三项原则，指的是通过你与孩子之间有逻辑性的对话，理解你的孩子的目标，无论你们讨论的是什么状况，无论你的孩子此时此刻面对什么样的挑战。这一点并不容易做到。

我们父母往往会忘记，孩子做出的事情都有充分的理由。也许我们并不赞成他的理由，但我们需要理解这些理由。从孩子的观点来看，他的应对策略是将此时此刻的痛苦最小化。无论父母认为这种应对方式多

么傻、多么没有意义，他们需要尊重孩子行事的理由并为此感到自豪。

在梅拉尼的案例中，虽然她很好地应用了新的沟通方式和解决问题的方式，但仍然有很多时候会觉得自己很差劲。虽然她能够更明确地思考，哪些状况令她感到困扰，计划在面对这些状况时以不同的方式做出反应，但她仍然会逃避冲突，比如和弟弟打架时，或者在操场上争吵时。然后她会觉得自己是个坏孩子，相信别人都不喜欢她。她仍然会继续做出强求关注的行为，干扰她的父母和老师。

如果黛儿和彼得只是告诉她要努力坚持，这样做很简单，但也毫无用处。他们曾经试过这样做，没有起到什么效果。正如我们在前两步中所看到的，在这种情况下，仅仅提出建议不一定有效果。于是我建议黛儿和彼得采取这样的态度："如果你觉得自己受到伤害或者要打扰别人，你必须有充分的理由。"——换句话说，他们理解女儿要采取这样的应对方式。

在任何情况下，无论你的孩子面对什么样的挑战，你都可以理解你的孩子。如果你理解了孩子为什么要做出这样的行为，这种做法符合她对这个世界的看法，而你也理解了她的观点，那么，要改变这种行为也会变得容易得多。

最终，梅拉尼的母亲认识到，关于她的女儿，有两件非常重要的事情。首先是，梅拉尼非常非常担心，除非她能避免与朋友们发生冲突，否则她就会永远失去所有的朋友。为了拯救她眼中的每一份友情，梅拉尼觉得，自己绝对不能与朋友意见不合。

其次，梅拉尼害怕自己会失去控制发脾气。她担心，如果她坚持自己的立场，与意见不合的朋友面对面讨论，她就会失去冷静，开始发脾气，使自己陷入尴尬丢脸的状况。

梅拉尼的父母和我一起讨论过之后，我们发现，其实这两种担忧的根本原因是一样的。作为一个小孩子，梅拉尼的运动技能发育稍微有点迟缓，她比别的同龄孩子更容易在身体上失去控制。她在房子里面跑来跑去的时候，会绊到椅子、打翻台灯。她在穿鞋和爬楼梯的动作上都会遇到困难。在身体控制方面遇到困难的孩子们，会发现紧张的感觉使控制身体变得更加困难。由于孩子们最初的自我控制就是控制身体，他们很早就会开始害怕失去控制。因此，梅拉尼对其他孩子感到生气时，她有充分的理由对于能否控制住自己的身体不太自信。

她害怕失去这些亲近的人，也是有原因的。她与父母之间的关系一直建立在梅拉尼很听话这一基础上。但到了最近，梅拉尼和她的父母之间已经很少交谈。孩子们需要沟通交流。如果孩子在家里不能偶尔挑战一下父母的权威，就会变得消极顺从，只会听从命令或出于服从去做事。这样成长起来的孩子，自信心很少能比得上那些积极主动的孩子。

这些经历使梅拉尼产生了一种想法，为了建立和维持人际关系，其中一方必须占据支配地位。而她相信，自己的任务就是服从。她相信，如果她挑战黛儿的权威或朋友们的权威，他们之间的关系也就不复存在。梅拉尼从来没有经历过一段双方都能轻松自在的人际关系。

● 将挑战化整为零

一旦你能够更好地理解你的孩子是怎样看待这个世界的，以及他为什么会做出某些行为，你就能够更好地帮助他学会新的应对方式。梅拉尼需要学会"统观全局"——不会因为自己的感受难以承受压力。她需要学习怎样应对这些负面的感受，更加自信地面对朋友和家人。如果不把这项任务拆分成较小的步骤，每一步都是她觉得自己可以掌控的，这将是个很难实现的目标。同时，关键是也要继续进行其他的步骤：大量随意自由的地板时间有助于她的成长，解决问题时间将帮助她更有逻辑性地思考这个世界，感受和理解自己的世界观，这会使她产生更强的自信心以及掌控感。

将挑战化整为零，使梅拉尼能够享受取得进步的过程——无论是多么微小的进步。在比较简单的状况下，首先是在家里——这是个比较安全、不易使她受惊的环境——她开始比较能坚持自己的意见。最初，她的父母注意让改变自然而然发生。例如，梅拉尼告诉她妈妈，比起和家人一起留在家里，周六晚上她更喜欢和朋友们一起出去看电影。她也说，她更喜欢晚饭后再开始写作业，不喜欢刚放学回家就开始。同时，我也花时间和她的父母一起讨论，帮助她的母亲认识到，她可以更加尊重她的女儿，不要太专制，也帮助她的父亲与女儿进行更多的情感接触。

为了帮助女儿练习她新学到的技巧，黛儿带着梅拉尼和她的朋友一起去购物中心。梅拉尼也邀请朋友们来家里过夜，一起咯咯笑，熬到很晚才裹着睡袋挤在一起睡在她家里房间的地板上。

彼得也会参与到这个过程中。他在周末晚上带梅拉尼和她的朋友们一起去看电影，给梅拉尼的足球队当志愿教练。梅拉尼的父母也会确保，在他们安排梅拉尼接受人际关系中的"练习时间"之后，他们会后退一步，让梅拉尼亲自掌控一切。虽然他们偶尔会听说梅拉尼又退出一次讨论或一次冲突，感受到梅拉尼不断地受到伤害，这对他们双方来说都很痛苦。但梅拉尼在一点点取得进步，每次都会因为没有发生最糟的情况而松了一口气。

为了帮助梅拉尼把目标拆分成一系列较小的步骤，黛儿和彼得问她，是否愿意每周打电话给一个有可能成为新朋友的女孩，她也许会发现班里还有其他女孩愿意和她一起玩。梅拉尼有点不情愿，但还是同意每两周打电话给一个女孩。

黛儿和彼得也会花很多时间来关注梅拉尼的优点——她有很强的阅读能力，会写诗，颇具幽默感。为了培养出孩子对自我价值的感觉，一部分任务是要帮助她克服弱点，但同样重要的是，重视每个孩子独特的能力。梅拉尼的父母会听她读诗，在她表演关于小弟弟的幽默小品时欣赏并鼓掌。他们在晚上专门留出一段时间让梅拉尼演小品。

为了帮助梅拉尼应对受伤的感觉，她的父母和她一起逐步面对各种状况。有一次，梅拉妮哭着回家，抱怨梅根对她太过分，她感到羞愧尴尬。"真可怕，妈妈。"她告诉她的母亲，"所有孩子都在笑话我。"

但梅拉尼和黛儿一起讨论过这次的事之后，梅拉尼意识到，自己很可能夸大了事实。没错，梅根针对梅拉尼在运动场上的失误开了个玩笑，但围在梅根周围的十几个孩子里，只有一个人咯咯笑了起来。"整体来看，梅拉尼，"她的妈妈问，"事情还可能变得更糟吗？"

"哦，天哪！可能的，妈妈，"梅拉尼回答说，"全校同学都可能笑话我。"她突然停了下来，露出一丝笑容，"并不像我想象的那么糟，对吗？"

梅拉尼和黛儿一致同意，她应该试着每周经历一次令她感到羞愧或尴尬的状况，同时问问自己"还能变得更糟吗"，以便正确地看待这些事情。梅拉尼成功做到了这一点之后，她们把目标提高到每周两次，然后更多。

这一点很重要，就像我曾经说过的，我们需要把挑战拆分为非常非常小的部分。我们希望让孩子们在短期就能取得一定成功，这样才能有动力继续努力。如果梅拉尼做不到每周坚持一次，我很可能会建议黛儿让她只需注意自己感到被拒绝或尴尬的情况。如果一道障碍太大了，就把它分成小一点的障碍。如果每道小障碍还是太大了，再继续分成更小的障碍，直到你的孩子可以成功地实现一项目标。

为了更好地处理和她的弟弟之间的问题，梅拉尼和彼得一起讨论了这种情况。他们发现，以前梅拉尼会让弟弟一直干扰她，直到她最终对他发火，然后他就跑到父母那里去。梅拉尼做作业时，不再允许弟弟进入房间干扰她,她学会了坚定地大声警告他:"你打扰我学习了!"这样响亮的警告也可以提醒他们的父母,亚历克斯又跑来了。最初,梅拉尼一周只能做得到一次,但很快她就适应了这种方法。

● 定下规矩

即使像梅拉尼这样的孩子,几乎已经太过顺从、完全不习惯挑战权威,也同样需要规矩的约束。黛儿和彼得考虑这方面的问题时,他们意识到,梅拉尼不断打扰大人确实是个问题,她的老师也抱怨过这种情况。

显然,梅拉尼没有认识到她的父母或学校里其他孩子的需要。她深深沉浸在自己的感受中,只想谈论自己受伤的感觉以及别人的行为对她产生了怎样的影响。黛儿和彼得让她学着从学校里其他孩子的角度来思考。梅拉尼吃惊地意识到,如果她想象自己是梅根或者其他同学、老师,那些她认为"憎恨"她或者"觉得她是个笨蛋"的人,对他们来说,也许她并不像自己以为的那么重要。

"也许梅根只是根本没有考虑到我。"有一天她对母亲说。

梅拉尼的父母告诉她,不要直接打断他们或老师正在做的事,耐心等待是很重要的。如果梅拉尼打断父母的话,他们会让她等几分钟,等他们说完话,她的老师也会这样做。但如果梅拉尼完全不管父母正在做什么,坚持要干扰他们,她就会受到处罚,如当天不能看电视、晚餐后没有甜点吃,或睡觉时间要比平时早一小时。我让梅拉妮的父母不要限制她和朋友在一起的时间,因为与朋友交流对于孩子们的成长发育来说是非常重要的。我一般不建议限制这方面作为惩罚。随着时间过去,梅拉尼持续不断的干扰减少了。在学校里,干扰老师的惩罚是休息时间只有一半。如果她坚持的话,还会在放学后被留下来。但梅拉尼很快学会了把自己的干扰减少到最低限度。

起初，梅拉尼对于不得不等待感到非常生气，但黛儿对于这个问题越坚决，梅拉尼越能好好遵守规定。她学会了直接提出要求，而非抱怨。现在，她已经不会再哭泣或抱怨，然后觉得自己的行为很糟糕，她觉得更有资格坚持自己的权利（一个"把手伸进饼干罐"的孩子，不会觉得自己还可以再要一块饼干）。

当然，她的父母增加了给女儿定下的规矩，同时也延长了地板时间作为平衡。

如果我们回顾这五个步骤，可以看到，地板时间帮助梅拉妮的父母理解他们女儿的感受，也发现了她隐藏的天赋。还帮助他们看清三个人之间的关系，以及他们是怎样使梅拉尼感觉自己很差劲的。在解决问题时间中，他们学会了保持耐心，帮助梅拉尼看到宏观的整体。

梅拉尼从一个对自己的情感不知所措的孩子，变成了可以分析当前状况、选择恰当反应的孩子。梅拉尼的父母对她取得的每一项小小的进步都感到骄傲，随着他们同情理解他们的女儿，也意识到她隐藏着对于失控的恐惧。最后，当她父母定下规矩时，梅拉尼感到足够安全，可以坚持自己的要求。

这一切的目标是为了让梅拉尼体会成长发育中她可能错过了的部分，战胜对她来说曾经很困难的状况。但最后还要让梅拉尼战胜当前成长发育阶段中需要面对的挑战，才算最终完成。

你在面对自己的孩子应用这五项步骤时，从地板时间开始，然后是解决问题时间，以及其他步骤，你会看到，多年以来建立起的家庭关系模式开始产生变化。带来新的成长机会，父母和孩子可以重新定义彼此之间的关系。父母了解了孩子，孩子也了解了父母和他们自己。

第四章
学习的真正基础
—— 情感能力

学习的基础

在孩子们学会识字、写字、算术之前，他们首先需要知道怎样学习。学习不是在学校开始的，也不是只靠听课。孩子和同班同学、老师、父母交流时，会带来成千上万的学习机会，与之相比，通过读一本书、写一份报告、解答一道数学题进行的学习，只是学习中很小一部分。**首先，情感交流中的一部分就是学习，是孩子希望与其他人沟通、交流、讨论时，一瞬间采取的主动。我把这些情感能力称为"真正的基础"。**你会注意到，这一切都建立在第一章中讨论的"早期里程碑"上。

我们在第一章中讨论过，孩子们早在进入幼儿园之前就展现出（或应该展现出）的情感能力，是之后的学习的基础。所有其他的学习过程——无论是背诵、分析能力，还是解决问题的能力，无论是通过文字、音乐还是艺术来学习，都是建立在这些基础能力之上的。让我们详细讨论一下这些"真正的基础"。

● 注意力

学习需要的能力，首先就是把注意力集中在相关信息上，而不会感到过度刺激、无聊、混乱的能力。对婴儿来说，这意味着他能够观察一个有趣的活动物体，或者看着妈妈的眼睛，注意倾听妈妈的声音。对5岁的孩子来说，这意味着他能够注意看老师、听老师说话。

听起来这些只是很基本的能力，但却有数量多得惊人的孩子难以集中注意力，这种能力一般是在刚出生后几个月内发展出来的。集中注意力的能力中，一个重要的因素是某个孩子特有的处理信息的方式。例如，如果一个孩子对尖细的高频声音非常敏感，她也许很难注意听老师说话，因为她觉得老师的声音令人心烦意乱。另一个孩子也许跟不上老师说的一连串内容，或者黑板上的板书，因为她很难记住各种不同的图案（我们将在下一章中进一步探讨这些学习障碍）。

不用说，如果一个孩子对声音过度敏感，或者很难跟得上一连串话语，他肯定不容易适应嘈杂吵闹的教室。对触觉敏感的孩子，或者所谓的主动学习者，更喜欢到处动弹，而不喜欢安安静静坐着。老师可能会抱怨，"威利不看我，也不听我说话"，"贝丝不按规定做事"，"雅各布在大家围成一圈集体教学的时候不愿意参加"或者"艾德丽安做事三心二意。我无法让她集中注意力"。

● 信任

除了集中注意力的能力之外，另一种同样重要的能力是，以热情信任的方式与他人建立起联系的能力——这项能力是任何一种教学关系的基础。一般来说，我们会看到三四个月大的婴儿已经开始发展出这种能力。婴儿学会了迎接他人的笑容，也回报以笑容。她会期待令人安心的照料和值得信赖的回应。再比如一个二年级学生向老师打招呼，自豪地给他看一幅画，我们在他身上就看到了这种信任。一个12岁的孩子和好朋友一起嬉笑打闹，我们在他身上也看到了信任的存在。这些孩子以积极热情的方式与他人建立起联系，因为他们会期待人际关系中的快乐。

无法信任他人的孩子——冷漠、孤僻、多疑，或者经常感到自尊受伤的孩子，他们不会主动与老师接触，甚至也不愿意听老师说话。这样的学生可能认为只能依靠自己的想法或经验。他们沉浸于自己的感觉、情感和思想，无法从外部的学习机会中获益。

大多数学生不至于这么极端。然而学习也是通过人际关系进行的，具有一定程度的信任是必要的。如果老师或父母能够感受到孩子散发出一种热情，就更容易与他建立起联系。如果老师感觉某个学生呆板、冷淡、孤僻，也许就不会在这个学生身上付出努力，然后陷入恶性循环。

● 沟通循环

第三项基本能力是以前面两项能力为基础的（毕竟，你必须能关注他人、与他人建立起联系，然后才能沟通交流）。沟通是一个复杂的过程，幼儿在早期阶段逐渐展现出这种能力。让我们一起浏览一下这些阶段。

最初是通过面部表情或手势来传达信息——微笑、皱眉、指指点点。在婴儿学会说话之前，他已经通过面部表情、身体语言、声音的音调和节奏，与周围的人进行着丰富多彩的对话。例如，5个月大的婴儿朝妈妈伸出胳膊，表示想被抱起来。如果他的愿望得到了满足，就会发出喜悦的咯咯笑声，好像在说："真棒，这正是我希望你做的事情。"

一个15个月大的孩子，拉着爸爸的手走向冰箱。

"你想要里面的什么东西吗?"爸爸问,打开冰箱门。她点点头,指着装果汁的瓶子。

孩子18个月大的时候,这种沟通方式进一步发展。孩子们学会了以几乎不依靠语言的方式,沟通和理解一些重要问题,如接受或拒绝、安全或危险、赞成或反对。甚至连各种规定限制也通过这种方式来传达。18个月大的孩子已经开始学着恶作剧,他朝着电视机走去,但同时会抬头看妈妈,如果看到她正盯着他,摇头表示不许这样做,他就会退回来(也可能再试一次)。如果妈妈给了他一个允许的眼神,他就会继续走过去,调大电视的声音。

当然,到了后来,语言会进一步增强这种基本的沟通方式。但即使是我们这样的成年人,也会通过手势、面部表情、身体语言,再加上口头语言来沟通最基本的概念——表扬、威胁、命令、提问。

在学校里,孩子们会利用这种能力理解各种各样的沟通手势。他们能够抓住非语言线索,搞明白在班上应该怎么做。但有些孩子跳过了这个沟通阶段(或者在这个阶段中的学习并不完整),他们无法接收到这种信号。虽然他们已经能够理解很多词语,但经常会表现出漫无目的、心不在焉的行为方式。他们也缺少一种对于人际关系的基本感觉。难以破译手势的孩子,和朋友、同学,甚至老师相处时,往往都会遇到困难。例如,他们可能会误解一位教师令人不知所措的注视,心想"我让她心烦了";布雷恩可能会认为保罗"憎恨"他,虽然他其实只是没有让保罗拿走他的棒球棍。由于这些孩子不知道怎样破译手势和身体语言的含义,他们不得不依靠头脑来思考一切事情。这就使他们没有精力把注意力集中在关键信息上。

在各种不同层次的双向沟通中,手势沟通可以打开或关闭一个沟通循环的第一步: 阿米指着老师的桌子,老师一脸好奇,仿佛在无声地问:"你想要什么?"然后阿米更明确地指向老师闪闪发亮的钥匙链,关闭了这个沟通循环。如果她没有回应老师好奇的表情，而是甩着头发看向窗外，或者跳来跳去，等于没能关闭这个沟通循环。沟通交流中第一步成功之后，可以再继续补充更多的沟通循环，但如果没有这第一次的联系，就不可能继续后面更深入的逻辑沟通。

一个孩子想要学会打开或关闭沟通循环，唯一的办法就是与成人或其他孩子一起练习，通过手势交流彼此的想法。比如我们会看到，老师朝6岁的莫莉桌子上俯下身去，欣赏她的作品，这个过程中会进行很多个沟通循环。

老师：这个是什么？

（莫莉给老师看她画的草图。）

老师：哦，真不错。

莫莉：现在，你看。（她画了个正方形。）

老师（歪着头仔细看了看这个正方形）：哦，真是个不错的正方形。

（莫莉画了个三角形。）

老师（拿起那张纸，对莫莉点头赞赏）：很棒的三角形。

你可以看到，沟通循环的打开和关闭，在学习过程中起着关键作用。在下面的例子中，罗比要学习把字母的形状和发音联系起来。老师在黑板上写了个"A"给大家看。

老师：谁知道这是什么字母？

（罗比举起手，老师叫了他。）

罗比：这是个C。

老师（摇头）：不，不对，再试试。

罗比：B？

老师（微笑着鼓励，但仍然摇头）：再试试，罗比。

罗比：D。

老师（举起一根手指）：还有别的答案吗？

罗比：A！

老师（鼓掌微笑）：答对了！

如果罗比在他的名字被叫到时，无法给出回答，或者无法回应老师鼓励的话语和手势，他就不可能经历这个从给出错误答案到给出正确答案的学习过程。

想象一下，如果老师点头赞许或微笑鼓励时，罗比坐在那里看着她，心想："她是不是在告诉我，她喜欢我，或者讨厌我？"如果罗比无法读懂老师发出的信号，就会变得心事重重，担心老师究竟是喜欢他还是讨厌他，这样显然无法把全部注意力集中在学习上。

教师和学生、父母和孩子，或者孩子们彼此之间，是通过语言沟通还是只通过手势沟通并不重要。双方的相互关系才是关键所在。这种彼此沟通的能力，加上集中注意力的能力、与他人建立起联系的能力，一起构成了所有更高层次的学习过程的基础。一个孩子学会了把注意力集中在他人身上，以积极的方式与他们建立起联系，通过手势和身体语言沟通、理解，然后进一步发展到通过符号沟通。

● 情感化的思考

正如我们看到的，孩子们开始学习使用符号来组织自己的行为，提升到思考和理性的层次。幻想、创意、解决问题，都是通过情感化的想法创造出来的，并进一步带来情感化的思考。使用符号来传达意图或愿望，完全不同于纯粹地描述"那是个洋娃娃"。孩子们用词语表达出情感化的想法，进行沟通交流，他们想要什么、他们有何感受、他们打算做什么。在教室里，一个孩子开口请老师帮忙，而非调皮捣蛋吸引她的注意力，这就是应用了情感化的思考。

情感化的思考源于孩子 3 岁左右，孩子开始认识到，利用头脑可以使自己的需要得到满足。随着他开始整体运用自己的头脑、身体、情感，他面前出现了一个充满挑战的全新世界。

情感化思考帮助孩子们开始考虑未来，想象他们今天的行为会对以后产生怎样的影响。然后孩子们学会了在时间的维度上区分他们的世界——"如果我现在干坏事，10 分钟后或者明天就会挨罚。"或者"如果我努力学习，明天我会因为学会了识字感到很开心。"如果要在学校里取得成功，孩子们需要能认识到做事的后果，因为他们在学校里所做的很多事情是与未来息息相关的。家庭作业对孩子们来说没什么意义，除非他们认识到，好好做作业能带来回报：高分、老师和父母的表扬，以及他们自己心里因此产生的很棒的感觉。他们需要学会面对挫折、坚持完成任务、最终取得成果。

当孩子需要理解算术和识字这些基本的概念时，这种能力是非常重要的。当然，孩子们做功课时，首先需要有一种能够取得成果的感觉（"如果我能认全字母表上所有的字母，总有一天我能阅读书籍。"）。

一个孩子如果想要理解他正在阅读的东西，而不仅仅是看到一串毫无关联的词语，同样需要这种把思想和感受联系起来的能力。如果一个孩子无法把词语、句子和段落联系起来，构成一个连贯的整体，即使是《白雪公主和七个小矮人》这样简单的故事，对他来说也毫无意义。

● **分类和联系**

随着孩子们学会怎样把感受和信息组织起来，他们也学会了怎样区分空间，能指出下一个房间里有什么，一公里外有什么，几百公里外是什么。例如，一个孩子需要知道，他的妈妈是离他的学校只有5分钟路程，还是就在隔壁房间里，又或者是到几百公里外的地方出差。这样，孩子就不会一直感到孤独，担心妈妈在哪里，然后，他也会在心里画上一幅地图，知道自己的世界是怎样组合起来的。

在需要认识到现实和幻想的区别时，这种把思想组织起来、把各种想法分门别类的能力，同样是非常重要的——这样孩子们才能学会考虑别人的想法，认识到自己与别人的想法会有所区别。

随着孩子们的成长，他们开始认识到自己个性中各个不同部分，他们不仅仅是完成一项任务，也会在这个过程中观察自己。拥有这种较复杂能力的孩子，能够监督和评估自己的想法和行为，利用自己学到的东西做出判断。例如，如果让一个8岁的孩子给纸上画的苹果涂上颜色，他可能会说："啊哈，我有时候会涂在线条里面，有时候会涂到外面。如果这样拿笔的话，就能涂在线条里面。那么让我来试试这样做。"一个孩子如果无法这样控制自己做事的方法，在涂色的时候就很可能陷入白日梦，他只会觉得白白忙活半天，或者更糟的是，对自己究竟在干什么感到困惑。

● **真正的学习**

我们往往会错误地认为，孩子们伏在课桌上忙活的时候，就是在学习。但只有当孩子们能够观察自己的行为，会对自己做些试验的时候，他们才是在自行学习。七八岁的孩子中只有少数人可以达到这个层次，大多数学生还做不到。

幸运的是，即使某些孩子和成年人无法熟练运用这些关键技能，也可以重新学习这些基本工具，"巩固基础"。就像我和小杰拉尔德及其父母见面时，我们看到，他们学会了怎样建立起亲密关系、交流彼此的感受，最初是通过手势，然后通过语言和思想，最后则是怎样把这些思想联系起来构成一个连贯统一的整体。正如我们在本书中一直讨论的，人们可以逐渐熟练掌握这些基本的技能。

不过，如果一个孩子不具备情感基础，这些"真正的基础"，他是否仍然可以成为一个非常聪明的孩子？我认为这是不可能的。所有的智慧都需要通过个人经历逐渐累积，从各种经验中汲取精华。例如，我见过一个7岁的孩子，无法顺利应用这些里程碑式的情感技能（这些"真正的基础"），我问他，他对于别人命令他做事怎么看。

"警察会给出命令。父母会给出命令。老师会给出命令。"他机械地回答。这些回答里没有个人见解，没有解释说明，只是提出几个事实，计算机一般的机械反应。

我又对另一个已经学会了这些"真正的基础"的孩子，提出了同样的问题。他皱了皱鼻子。

"爸爸妈妈命令我做事的时候，我不喜欢他们。"他说，"但我想，如果你有时候做了他们不希望你做的事情，他们也不得不命令你。所以我觉得，有两种命令——苛刻的命令和不那么苛刻、只是想让你遵守规则的命令。"

一个11岁的孩子会做出更进一步的观察。例如，他很可能会根据自己的经历，通过更强的概括思考能力，将命令分为十种不同的类型。青春期的孩子或许会揣摩不同类型的命令，分出更详细的类别。大学生也许还会更进一步，参考其他方面，从措辞上分析命令。

这里的关键问题在于，纯粹的逻辑分析并不能带来智慧。人们必须能够将逻辑原理应用于个人情感经历——无论是命令、时间概念，还是小说的主题。这就是为什么电脑永远无法像人类一样思考。对人类来说，情感（感受）引起思考、组织思想，这就是人类身上起到决定性作用的特点。

学校里"最基本的知识"

在小学和中学期间，孩子们对于世界的看法变得越来越复杂。最初，他们有一种绝对的、非此即彼的观点，一般出现在幼儿园或一年级时。但随着孩子们升到高年级，渐渐开始经历情感变化，具备了分析推论的能力（体现在学习、社交，以及他们生活中所有其他方面），他们会调整自己的观点，以更准确地收集和处理信息——无论是关于读、写、社交学习的信息，还是关于怎样与老师、父母、朋友沟通交流的信息。

吉恩·皮亚杰，儿童智力方面的理论先驱，以儿童玩跷跷板来举例。最初，孩子只是把所有的体重都压在跷跷板的一端。但随着他逐渐长大，他学会了控制影响平衡的因素。当他把体重压在一端时，他意识到，跷跷板另一端也需要一定的重量才能平衡。孩子在学校也是这样成长的，一个孩子会意识到，小说里的角色可以感到有点生气，也有点愉快。

●"我的世界我主宰"阶段

对一个孩子来说，在这个充满了复杂美好的幻想和假象的阶段，学校和作业有时显得相当单调乏味。学习识字、写字、算数——这和精灵公主、贵族爵士、不可思议的美人鱼、会说话的海龟等构成的魔法世界相比，是多么不搭调啊。随着孩子们逐渐接触日常学校生活的新世界，他们可能会觉得这些经历一点儿都不刺激。但随着入学前冲动和消极的趋向褪去，他们会勇敢地表达和展现出对于生活的好奇心，从而感到学校生活变得非常充实。在教室里，这些孩子会热切地汲取课堂知识，在扮演角色的游戏中非常投入，他们会为这些游戏想象出复杂的故事，创造出丰富多彩的生动画面。

处于这个阶段的孩子（一般在幼儿园或一年级左右）会把自己放在舞台中央。他们希望一切都是有趣的、激动人心的，愿意去做令人愉快的事情。他们可能不太容易面对挫折。处于这个成长发育阶段的孩子可能会发现，比如说，不得不为了上学而学识字。他们已经能大概理解近期的未来，学习字母很快将帮助他们学会阅读。但即使这样，他们可能也会发现，很难为了将来控制住自己现在的情绪和欲望。

天生擅长语言、细节和记忆的孩子，很可能觉得学校里最初几年轻松自在。他们不必面对大量挑战，不至于感觉这个世界大多数时候反复发生戏剧性事件、阴谋诡计和幻想。早期的学习毫不费力。他们用新的沟通技巧（正式的和非正式的）武装自己，他们学会了写自己的名字、画画、给出简单的描述、读紧张刺激的故事。所有这一切只会进一步加强他们脑海里已经存在的栩栩如生的画面，他们可以掌控这个激动人心的世界。为了确定这一点，他们的想象力自由翱翔，结果也许反而会做噩梦，梦到可怕的巫婆藏在床底下，但新的发现又会使他们自得其乐。

不过，有些孩子会发现，这个阶段中某些部分相对更容易处理。虽然学会新的技能进一步强化了孩子的自尊，但那些做事有点慢的孩子，不得不更加努力，更加集中注意力。面对自己的局限所在，他们会觉得学校里最初几年过得比较艰难。他们很难接受自己在功课上遇到的困难。不管怎么说，国王和王后，还有精灵公主，都是不会犯错的！现实偏离了他们为自己画下的宏伟画面，要面对这个现实是一件艰难的事情。于是他们面对困难会像鸵鸟一样，把脑袋埋进沙子里假装什么也没发生。一个孩子可能会"忘记"把考卷或成绩单带回家。他可能会丢失老师给家长的信，或者在早晨去上学前突然觉得胃疼。他可能因为无法忍受困窘或丢脸的感觉，拒绝练习算数或写字，也可能对别人面对他的作业时"皱眉的表情"给出一个现成的解释。

"我之所以没有做完试卷，"凯西认真地告诉她妈妈，"唯一的原因就是鲍比一直对我做鬼脸，干扰我。我告诉他了，不要这样做，妈妈，但他根本不听。所以我没有时间完成试卷上所有题目，然后罗德里格兹老师就把试卷从我这里收走了，虽然我想跟她解释，我还没做完。"

（顺便说一下，很多教师面对低年级学生时，会使用"微笑的表情"和"皱眉的表情"作为一种比分数更加温和的评价。但即使是小学低年级学生，很多孩子已经能看透这种评价系统。"当你面对别人皱眉的表情时，你心想，'哦，不！我真是搞得乱七八糟。'"一个孩子说，她认为皱眉的表情等于不及格的分数。这个孩子建议，也许可以使用"希望下一次做得更好"的记号来代替这些表情。）

孩子在辩解时也可能把自己糟糕的表现归咎于教师。

"我想霍罗维兹老师讨厌我。"一个男孩在老师对他的阅读能力表示担忧时说，"他根本不帮助我，即使我不断地提问。"

孩子们还可能编造故事，"阿佐拉老师不让我去洗手间。"坎达丝忿忿然地告诉她的父母，但事实上，她从来没有提出要去洗手间。

如果孩子们完全陷入自己的世界中，他们可能会发现，很难从除了自己之外的其他视角去观察。他们可能会因此错过故事的主题，例如，一年级学生杰森听了一个故事，一名无所畏惧的水手跳进海里救了溺水的公主。杰森有点被这种新的经验吓到了，他也许不太能理解这个故事——例如，他可能会认为水手其实是不小心掉进了水里，而非主动跳下去救人。

孩子们的希望、愿望、想法的力量十分强大，他们可能很难理解世界中其他一些方面，比如数字，比如自身的价值和意义。

例如，六岁的艾米莉在吃点心的时候一连吃掉了五块，虽然她本来只打算吃一块。

"你吃了几块点心？"她的老师问。

"一块。"艾米莉认真地说。在可能受到惩罚的压力下，她真的会让自己相信，至少在当时相信，自己只吃了一块点心。

在这个阶段，正如我们之前看到的，孩子们已经能够或即将开始把自己的思想组织起来，从而能够把理念、感觉和行为联系到一起。（"我很高兴，社会课上所有的问题我都能回答出来，我学习得很努力。"或者"我现在有四块积木，然后又拿到两块，那么一共有六块。"）正如你看到的，解答基本数学问题或者充分理解一个故事，都需要把各种不同理念联系起来的能力。能否理解比如 2+2=4 这种数学概念，取决于是否有能力把等号两边的概念联系起来，看到其中的关联。同样的理念也应用于阅读的过程。孩子学会把字母和读音联系起来，再构成单词。一个字母及其读音，加上另一个字母及其读音，最终构成一个有意义的单词。以此为基础，孩子继续用单词构成有意义的句子，然后进一步组织成段落。

但这种把不同理念联系起来的能力，仍然是一种比较基础的能力：孩子们还没能培养出另一种更复杂的能力，处理多种不同的抽象理念和概念的能力。这种能力是在整个小学和中学期间逐渐发展出来的。最终，青少年可以解答复杂的代数题、理解几何定理，或者领悟一本优秀的小说中隐含的中心思想，因为他已经能看到各种不同的抽象理念和概念之间复杂的关联。但幼儿园和低年级的孩子们，大脑中还装不下这么多变化因素，他们还只能理解简单的关联（比如 2+2=4，或者把红色和黄色混合在一起会得到橙色）。

这种只能理解简单关联的能力，会使孩子们从极端的角度看待这个世界，其中没有灰色地带。也许你也曾经听过五到七岁的孩子这样说：

"老师说我识字成绩很好。我敢打赌,我在这方面是全世界最棒的。"

"法雷尔老师让我待在教室后面。全班同学都会觉得我是个笨蛋。"

"我一直都没办法理解这让人恼火的减法。我是全校最笨的学生!"

在六岁半的安德鲁眼中,一位老师对他的加法作业做出"皱眉的表情",就意味着"他讨厌我"。他还没能培养出更复杂的能力来思考这件事情中其他的相关因素,比如他是否理解了新的题目,其他孩子做得怎么样,更不用说老师当天的心情如何。

随着孩子们进入成长发育的下一个阶段,这种看清全局的能力也开始逐渐成熟。我们要看到,处于"我的世界我主宰"这一成长阶段的孩子,具有一种相当固定不变的、非黑即白的学习观点,同时他们也充满了热情活力,全心全意拥抱生活。

你可能会发现你的孩子对他的老师有着强烈的感情。他可能很爱很爱老师,或者相反,非常憎恨老师。他也可能对着父母取笑老师——这就产生了我们之前讨论过的三方之间的关系。

"西伯里老师允许我坐在地板上吃东西。"也许孩子会说,"那我在家为什么不能坐在地板上吃东西?"

● "世界由其他孩子组成"阶段

随着孩子们走出与原本家庭关联更紧密的世界,进入操场上博弈的世界,在他们的生活中,学校会扮演更加重要的角色。随着他们的情感生活进一步扩展到父母之外的其他重要人物,比如朋友和老师,孩子们在情感上变得更灵活,能够从更加客观的角度看待这个世界。他们认识到,自己的感受可能是有点生气、比较生气、非常生气,他们在学校里也会学到各种经验教训,无论是历史课、科学课、数学课还是语文课。例如,他们能够理解,半杯水比三分之一杯要多,比三分之二杯要少；美国南北战争的起因不仅仅是为了反抗奴隶制；乘法表、小数、分数——已经超越了加减法的简单概念——变得更加易于理解。

孩子们也开始从不同的视角看待这个世界：书籍或电影中的角色，不一定与他们自己有着同样的想法和动机。他们可以通过很多不同的方式，比较故事里不同角色的感受。

孩子们开始尝试把自我形象中的不同部分糅合到一起，在不同的状况下会表现出不同的部分（"我在数学课上很聪明，但在玩抛球游戏时就笨手笨脚。我读书很慢，但我能用积木搭出最棒的城堡。"），孩子们的自我形象中很大部分源于教室和操场。正如我们讨论的，孩子们拥有一种神秘的能力，能够针对任何方面，从学习成绩到运动技巧再到个人声望，评价自己在同龄人群体中所处的位置。当然，如果一个孩子认识到自己不如弗兰克受欢迎、不如特雷弗跑得快，会觉得有点受伤，但远远不像成年人所做的排名会带来那么强烈的伤害。当我们回顾自己的一生时，往往会生动地回忆起小时候怎样被成年人评价。

理想情况下，孩子在这个阶段会基于周围环境和自身经历，开始建立起自我形象，以及对自身能力的认识。这些将在他们的校园生活中起到引导方向、调动积极性的作用。"我是班里语文成绩最好的人之一，但也是数学成绩最差的人之一。我跑步第三快，但要说足球就是倒数第二。"不同于仍然享受着"我的世界我主宰"那种惬意生活的六岁孩子，这个阶段的孩子能够衡量多种不同因素得出结论，自己需要在某个方面进一步努力。

无论是出于什么原因，如果一个孩子无法顺利度过这个阶段，他很容易像更小的孩子一样，对学校产生极端的态度。例如，十岁的珍妮弗数学成绩不太好。如果这种情况使她受到过度压力，你可能会听到她说："我数学考试没及格。我真是个笨蛋！老师讨厌我。我不想去上学了。学习有什么用？"但如果她能顺利走过这个阶段，你可能会听到：

"我数学考试没及格。对我来说数学要比语文难。我想我最好在数学上多花点时间。"一个成长顺利的孩子能够衡量很多不同因素——她的数学能力、她的学习量、她可能需要老师给她补课,甚至会认识到,和语文或艺术方面的能力相比,自己在数学方面天生能力较差。

即使作为成年人,我们也都会对某些事情感到焦虑不安。事实上,当我们提到神经质的行为模式时,指的往往就是成年人身上仍然存在比较孩子气的思考和行为方式。例如,如果老板某天上午对待我们很冷淡,我们可能会感到担心,觉得他肯定讨厌我们。或者如果一位同事稍微表现出敌对性,我们就会相信他想陷害我们。当然,如果这种想法只局限在少数几个方面,不算什么大问题。但如果这已成为普遍现象,就会影响到我们的日常生活。

总的来说,我们希望孩子们(以及成年人)能够正确评估自身能力和当前状况,能够对学习情况做出实际评定,然后就能更加耐心、更好地做出计划和准备。

●"我内在的世界"阶段

在这个阶段中,学龄儿童继续逐渐对自己形成更加稳定、更加成熟的观点。这需要大量生活经验,观察这个世界,和家人、老师、朋友沟通交流,从更加客观的角度看待这个世界("我在大多数时候都很喜欢格思里老师,只有社会课上他用板刷使劲敲黑板的时候除外"或者"我唱歌很好听,但还比不上吉莉安")。孩子们开始从成千上万的互动和评估中,总结概括自己是个什么样的人。虽然他们在生活中面对的人际关系有起有落,但这幅画面已经不像以前那样动荡不定了。虽然在"世界由其他孩子组成"的阶段中,孩子们与老师、家人、朋友之间的人际关系对他们的影响更大,但现在,他们开始更多地通过自己的内心本质来定义自己。

当然，随着孩子逐渐长大，更加擅长同时考虑诸多因素，他们的内心画面变得越来越复杂。这种一次考虑多项因素的能力，也使他们在情感上更加稳定和灵活。比如说，杰弗里的老师因为他在社会课考试中分数很低而严厉地责备他。

"你最好注意一点，"霍索恩老师训斥他说，"再有这么糟的表现，我会让你每天放学后都留下来补课。"

杰弗里平时一直是个好学生，他充分理解了霍索恩老师的警告。但他也会衡量很多其他因素，霍索恩老师只是其中一个因素。他回忆着，自己在社会课上一般都表现得很不错，他是霍索恩老师最好的学生之一。他思考了一下自己做的什么事情激起了霍索恩老师的怒火，他知道自己是个好孩子——他的父母、他的兄弟和他的朋友都很喜欢他。他记得，自己学习很努力，但上周他生了一场病，功课有点跟不上。他也回忆起，霍索恩老师也提到过自己不太舒服。考虑了所有这些因素之后，杰弗里能够意识到，霍索恩老师这些尖锐的指责是在一定的背景下出现的。他知道自己是一个努力学习的好学生，他不会让老师的批评动摇这一自我形象。

随着孩子们逐渐长大，他们培养出所谓的"自我理想"，用于塑造和评价自我的标准。基于自我理想，孩子们能够更好地考虑未来、经历挫折、接受自己的弱点。

这种能力帮助孩子们在学习方面变得更加耐心，寻找长期的目标，也使他们有能力理解更加复杂精细的概念。例如，在阅读时，他们会通过更复杂的方式思考主题和情节。在数学方面，他们不仅学会了复杂的乘除法，也进一步理解了小数、分数和简单的代数。以代数方程 $3x+2=44$ 为例，为了解方程得到 x 的值，需要考虑等式两边的数字——思考怎样把不同的因素整合到一起。几何学也是一样，例如，他们必须能够理解，如果三角形有两个相等的角，第三个角的角度也就确定了。无论面对的是几何题还是小说里的角色，孩子们必须能够抓住其中的可变因素，或者抓住其他因素变化时的核心主题。

孩子们从前一个阶段"世界由其他孩子组成"，进入这一个阶段，主要困难在于，他们往往仍然觉得自己在日常生活中随波逐流。很多孩子还没有培养出自我价值的感觉，仍然受到同龄群体价值的冲击性影响。因为他们还没有发展出内心的道德观、是非观，他们更容易受到情绪的影响。他们不太容易好好坐下来学习，因为他们无法拒绝朋友们去玩耍的邀请。

为了能找到坐在家里学习的动力，而不要出去玩，孩子们需要产生一种自己随着时间成长的感觉——他们需要构想出自己的未来。这时候，榜样的作用尤其重要。孩子们可能会决定要成为消防员、警察或者原子物理学家——究竟是哪一种在这时候并不重要，关键是孩子们能够考虑自己的未来，否则他们就只能对日常事件、对此时此刻的需要做出反应——仅仅是为了乐趣、为了人际关系、为了获得接纳。这样的话，他们也许会变得更加脆弱，更容易在压力下滥用药物或酒精。

早慧的孩子和大器晚成的孩子

正如我们已经看到的，这些"真正的基础"绝对是孩子们为了了解如何学习所需要的关键技能。为了保证高质量的教学，学校必须把校园文化的基础——这些"真正的基础"——融入语文课和数学课的日常教学中。

但父母们需要认识到，学校往往无法达到这一目标。主要问题在于，我们的公共教育体系忽略了一项事实，孩子们的学习速度是不同的。很多学校会对不同的分数给出不同的奖励，这就意味着，孩子们很早就会被错误地贴上"聪明"或"蠢笨"的标签，而这些标签会一直牢牢贴着，在孩子们今后的整个生活中挥之不去。

小学低年级期间，我们往往只会表扬擅长语言、注重细节的孩子们。他们可以轻松背下字母表和乘法表。他们很快就学会识字看书，他们在小学低年级（一到四年级）过得很轻松。他们往往会被一脸赞赏的父母或老师贴上"天才"的标签。但如果这些孩子无法分析导向，他们可能会在升入高中时走得跌跌撞撞，高中时面对的数学和科学这类课程，比小学和初中时需要更多的解决问题的能力。这些"天才"儿童一下子变成了平庸的孩子，也许一直到进入大学前都学得很费劲。或者，他们也许会在步入现实世界时遇到困难。现实中最强大的人，是能够迅速做出反应解决问题的人。**如果我们过早地给孩子贴上天才的标签，忽略他们的弱点或不足，反而害了这些孩子。**

我们也会误解开窍比较晚的孩子。在有些孩子身上，主要处理信息的神经系统，需要更多时间发育成熟。然后，就像个子比较矮的孩子会在几个月内突然蹿高一截，这些孩子也可能在三四年级、甚至五六年级的时候，在处理信息方面突然成长起来。一年级成绩不好、读书比较慢的孩子，可能会在高中大器晚成，从勉强及格变成轻松拿到高分。当然，她并不是随着年龄的增长变得聪明了。也许她一直都拥有很棒的空间感和分析能力，只是没有人知道这一点。也许她一直都很清楚地知道，她的保姆的房子在哪里，在新的环境或陌生的房子里能够立即找到路。也许她在学校里很快就能学会使用新电脑，也许当她希望晚睡一会儿时，会巧妙地和父母讨价还价。但不幸的是，小学低年级没有辩论会。在她升入高中，接触地理、化学或微积分之前，没有人知道她有多么聪明。这样的孩子可能显得有点心不在焉，他们很难记住细节。他们读书比较慢，可能会感到挫败，变得缺乏兴趣、漫不经心，在学校和家里调皮捣蛋。他们可能会被贴上坏学生的标签，但他们其实真的是好学生，只是能力没有得到重视。

为了培养整体的学习能力，父母和教育者需要认识到，他们怎样才能帮助每一个孩子从低年级开始发展所有方面的智力。没错，我们需要教育孩子学习基础课程中的内容——识字、写字、算数。但就像很多老师已经知道的，如果在低年级只注重孩子们的短期记忆，在高年级只注重分析能力，教学效果并不好。更好的方法是在整个教育过程中都同时关注分析能力和短期记忆能力。当然，有一些很好的学校，甚至一些学校系统，可以为孩子提供更加平衡的基础课程。很多老师已经理解了这样做的意义。但另一些学校系统仍然坚持老师要注重传统课程，在这样的学校里，只能由创新型的父母和老师负担起这样的任务：为每个孩子带来更平衡的观点，创造出更平衡的、考虑孩子们不同能力的基础课程。**关键是要记住：好学生不一定所有的事情都擅长，坏学生也不一定所有的事情都不行，在一所好学校里，很可能两种类型的学生在成长发育的过程中都有机会改变。**

按成绩分班教学的弊端

由于孩子们学习进度不同，在早期阶段"按成绩分班教学"，可能会带来很大的破坏性。

美国的公民运动已经帮我们打开了一扇门，移去障碍，使每个人都有平等的机会。不幸的是，与此同时，学校系统却制造障碍，妨碍聪明、有创造力的孩子得到最佳学习机会。美国教育的道路朝向奇怪的方向发展——还借口这是为了机会均等，确保无论孩子能力如何都"得到机会"。

在五六岁时，聪明伶俐的孩子在数学、科学或语文课上按照"天才"计划、优秀成绩计划学习，或者被分进"快班"，而所谓"中等"或"中等偏下"的孩子，就被转到其他班。根据孩子们在标准化测验中取得的成绩，为他们分配不同的学习计划。初中，根据他们在小学里的表现和考试分数安排学习计划。高中，根据他们初中的表现和更多的考试分数，安排高中学习计划。大多数私立学校不会按这种方式给孩子们分班，但很多学校都会考虑智商测验分数。

很多父母并没有抱怨这种情况，我对此感到困惑。很难根据一个孩子之前成长发育阶段中在学校里或考试中的表现，预测孩子下一个成长发育阶段中在学校里或考试中的表现，除非是那些表现极端的孩子。换而言之，我们不可能根据孩子在小学的分数预言他在初中的表现，也不可能根据他在初中的表现预言高中的情况。我们认为考试分数能够完美体现出能力，如果一个孩子智商测验分数低或美国SAT考试（相当于大学升学考试）分数低，但在学校里表现不错，我们会认为他"表现得比预期好"。相反，如果一个标准化测验分数很高的孩子在学校里很费劲，就会被贴上"懒惰"或"表现不如预期"的标签。但事实是，如果一个智商测验分数很高的孩子某些课程学得不好，也许原因在于他学习模式的特点。

但孩子们被视为"发育迟缓"或"具中等偏下水平"时，他们自己也是知道这一点的。我曾经赞扬一个小女孩，她有极富创造力的绘画能力，还写了个同样很有创造力的故事，我鼓励她在这些领域中继续发展。

她对此满不在乎。"我并不像你想象的那么好，"她带着一种悲伤的微笑说，"在学校里，我语文和数学都是中等成绩，真正聪明的孩子都在'快班'。"

有些孩子早在 6 岁时就从大人那里得到了一种印象,他们在生活中被降低到底层。

关于孩子们学校表现的最新研究说明,标准智商测验、成绩测验,甚至班级表现,并不能很准确地预言孩子从一个发育阶段进入另一个发育阶段后表现如何。洛丽·谢巴德最近在文章《测验的应用和滥用》中指出,能力测验或成绩测验衡量的并不是未来的潜力,而是"已经发展出来的能力",反映的是过去的学习情况。因此她指出,这会引起"富人更富,穷人更穷"的两极分化趋向,因为测验成绩会使一些孩子在未来获得比其他人更好的学习机会。此外,谢巴德还指出,即使最完美的测验能大致区分不同的群体,也无法预言群体中的个体在未来的表现。

从学校毕业后,在现实生活的测验中表现如何,才是最难预测的。这是因为,标准化测验无法衡量很多在"现实世界"中真正重要的能力——行动能力、解决问题的能力、创造力、坚持不懈、奉献、迅速反应的能力、纵览全局的天分、依赖直觉选择正确的行为。现实世界中的表现要比纸面测验更准确。

获得信息的能力,在很大程度上取决于中枢神经系统的反应时间和发育程度。有些孩子学会识字、写字和算术要比其他孩子多花两年时间。因此,识字很慢的孩子在三年级时可能会突然进步,在五年级时对阅读充满兴趣。但如果他已经被分到阅读"较慢"的类别中,到时候就会发现,真的很难跟上别人。由于我们仓促地给这个孩子贴上了标签,仅仅根据一个孩子什么时候掌握某种技能(取决于神经系统的发育程度),就假定这个孩子长期的智力发展潜力是固定的,已经妨碍了他的能力的发展。只有当孩子们成长为少年或青年之后,才会体现出长期的智力特点。即使到了那时候,我们也经常会对他们的变化感到惊讶。

很多孩子因为阅读很慢、不太擅长拼写,在低年级表现并不出色,但他们很可能属于"在生活中很聪明"的孩子,反应敏捷。现在我们应该认识到,这些孩子应该和那些好学的、读书很快的孩子一样,在低年级时得到同样的尊重和挑战。想一想,有多少孩子在小学低年级不太好的表现,掩盖了他们的智慧、抱负、魄力,由于我们没有意识到这一点,导致他们堕落到滥用药物或犯罪。鉴于针对这方面没有可靠的研究数据,我的感觉是,很多拥有街头生存智慧的年轻人,其实很有天分。但由于我们并不重视低年级学生的创新思维能力(事实上,我们不会鼓励这些看似"自作聪明"的孩子),我们也许永远无法搞清楚,他们是否可能成为我们的社会迫切需要的发明家、企业家、科学家、教育者。

我们之所以反对按成绩分班,最强烈的理由在于,这会影响老师的态度以及学习环境。学生们会看到,老师给"快班"上课前会更仔细地备课,在课堂讨论中提出更有意思的、更有用的问题,而且并不令人意外地,老师们更喜欢给"快班"上课,对那些学生的期待也更高。形成对比的是,"慢班"更多地使用死记硬背的学习方式,要做更多枯燥的练习题。谢巴德指出,如果把考试分数接近的孩子分在不同的班级里,他们会表现得越来越接近各自班里的其他学生。

但不仅仅是成绩中等的学生或"慢班"的学生,会因为按成绩分班受到不利影响,快班的学生往往也会因为被贴上了这些标签,对自己产生不切实际的期望。他们可能会希望在一切事情上都表现完美,也许过于害怕失败。很多学习能力很强的学生告诉我,他们宁可所有的学生混合分班。他们说,周围全是和他们一样的孩子,感觉并不好。他们没有机会学习另一些学生不同的思维方式。而且,在一个完全由聪明孩子构成的班级里,他们甚至都不能偶尔觉得自己比别的孩子强。

学校是否能以更合理的方式安排分班,减少孩子们遇到这类问题的可能性?父母们需要关注并推动这方面的进展。

学校怎样帮助孩子

● 考试

根据标准化测验的成绩，或者年龄较小时、早期发育阶段中进行的测验，决定一个孩子是否进入"快班"，这是一种并不正确的做法。一个高中孩子，即使他在初中的科学课上只是勉强及格，如果他希望接着上高级科学课，不应该仅仅因为他之前的表现，就不给他这个机会。他还很年轻，在学业上并没有达到一个稳定水平。应该让孩子们接触所有的课程。但与此同时，如果一个孩子跟不上班里的课程，怎么也学不会，也不应该让他继续跟着这个班上课，而是应该帮助他在要求较低的班级里学习。当然，这个孩子可能会因此感到尴尬甚至耻辱。但孩子学习的课程如果不适合他此时此刻的能力，他会因为学习中遇到障碍产生一种无助的感觉，与这种感觉相比，尴尬甚至耻辱带来的伤害反而要小得多。如果一个孩子获得了参加篮球队的机会，在教练面前充分表现自己，但最后没能正式入选，也许他仍然会觉得教练不公平或者有所偏爱。但这个孩子至少有机会展现出自己的能力。如果一个孩子仅仅因为矮了一厘米，就没有尝试的机会，他产生的挫折感会强烈得多。

● 智力发育的里程碑

我们不应只通过考试成绩来衡量孩子，而是应该综合考虑孩子成长发育的每个阶段，孩子在特定年龄预期应达到的智力发育"里程碑"来衡量。这些里程碑就好像我们期待孩子逐渐走过的路线图；例如，从处理家人之间的关系发展到处理同龄人之间的关系，再到处理不同类型同龄群体之间的关系。在学校课程中也可以应用这一原则。我们已经根据孩子在现实世界中的表现积累了很多数据，告诉我们，孩子学习了一两年基本课程后，应该表现出怎样的能力。这些数据仿佛是一张路线图，帮助我们看到哪些孩子在哪些领域需要支持。例如，我们知道孩子们首先学习简单的加减法，然后到了三年级，用一年左右的时间理解更抽象的数学概念，如乘除法。其他方面也会观察到类似的现象，比如阅读理解的能力。

这种方法不会给孩子贴上智商分数的标签，或者人为地使父母老师产生一种这个孩子很聪明或很笨的感觉。这种方法只会告诉我们，一个孩子正处于成长发育的某个阶段中，以及他可能需要什么样的帮助。

● 综合能力

美国康涅狄格州天才儿童研究中心（于1992年1月）把一些学习比较快的学生分进普通班级，允许他们通过特殊学习计划或讨论组以较快的速度学习。例如，一个孩子能迅速指出分数和不同面值硬币之间的关联，示范给班里其他同学看。关键是，在小学一到六年级期间，孩子们应该在包括了各种各样同学的班级里学习，以便他们可以和不同的同学接触。唯一例外的是，有些孩子只能在人数较少的群体中学习。例如，在数学或阅读方面遇到特殊困难的孩子们，可能需要一对一教学，或者在只有两三个人的小组中学习。他们可以在教室的角落里或者单独的房间里接受老师的指导。但这样的课程应该仅限于少数特殊情况。在历史或社会课上，如果这些孩子的基本思考和理解能力，与班里其他同学处于同样的水平，我们应该帮助这些孩子参与到班级中，虽然有些作业可能需要考虑到他们的特殊情况。

　　显然，一些沟通困难的孩子，或者精细运动（如写字或画画）存在问题的孩子，需要特殊教育专家、语言病理学家、职业治疗师担任教师的顾问或者参与到班级教学中。一个班最好由两三个需要特殊教育的孩子和七八个普通孩子构成，由一位专业人士担任教师的顾问，或者定期进行一对一教学。这样的班级结构，不存在发育迟缓问题的孩子也能从中获益，因为这会带来额外的思考。需要特殊教育的孩子与其他孩子处于同一个集体中，更是有不少好处的。职业治疗师设计巧妙的"游戏"，比如爬过圆管以增强运动能力，或者语言治疗师带来容易理解的语言游戏，所有的孩子都能从中获益。

　　在学前班或小学低年级，这一点尤其重要，因为孩子们需要与活泼外向的孩子沟通交流，才能增强自身的沟通能力。一个不擅长沟通的孩子，"活在自己的世界中"，他刚刚学会使用语言，可能会试着与同龄人交流几个手势、一些声音，甚至一两个词语。但如果另一个孩子也无法很好地沟通，他得不到回答，很可能失去积极性。只要孩子能够得到回答，即使反馈并不是很有力，也很可能继续尝试沟通。

　　在初中和高中里，你需要将孩子身上一些少见的能力，与综合能力和入学考试的需要平衡起来。例如，我们不能压抑一位杰出的科学家，也不能阻碍普通水平的科学家与杰出的科学家一起合作，因为在将来，普通的科学家也可能成为更加杰出的科学家。我们的孩子也应该一起混合分班。但不是按照成绩好不好分班，学校应该提供不同的课程，就像在大学里一样，有些孩子比其他人需要更多的学习内容。例如，高中也应该有物理和高等物理课程。为了能学习高等物理，学生们也许需要先上数学和其他科学课程。但不应只允许在之前的成长发育阶段中，标准化测验成绩很好的孩子们，进入这样的班级。如果学生已经学过了作为前提的必修课，就应该允许他们去上那些课程。

父母怎样帮助孩子

但这些都属于学校的方针。父母们能够做些什么呢？有很多很多事情可以做。有些父母会与目前盛行的教育体制斗争，非常努力地争取让孩子进入合适的班级。他们往往都能取得成功。另一些父母对这些问题不那么关心。他们希望孩子能在大学里（如果高中不行的话）展现出真正的个性特色，最终取得成功。另一些富裕家庭会把孩子送到私立学校。不用说，很多父母希望能与学校委员会或其他教育机构合作，改变目前的教育体制。父母们需要认识到，横亘在我们的学校教育体系中的障碍，并不是以任何有根据的、客观的标准为基础的。教育上的隔离不仅仅会使孩子们失去自信，也不利于我们的社会发展。

实现变革需要时间。但没几个父母能直接搬家到另一个学区，或者如果不喜欢公立学校的教育体制就去上私立学校。**如果你觉得自己的孩子因为被指定某一条道路而受到了伤害，而你又无法做些什么来改变这个教育体制，要记住，虽然学校对于孩子的自我形象来说很重要，但父母能起到更加重要的作用。你可以在家里关注孩子各方面的能力，并帮助他继续发展这些独特的能力。你也可以帮助他看到自己的优势和弱点**（"孩子，你很难记住东西，但你有很棒的想法"）。**这样，你不仅能保护他的自尊心，也能让他一直保持创造力，对自己的想法感到自豪。**

孩子们是通过很多不同方式学习的，这一点需要反复强调，而作为父母，你最清楚孩子是怎样学习的。有些孩子主要在听课时获取信息，另一些孩子需要动手去做，还有一些孩子更喜欢亲自接触。有些孩子最适合通过实际探索来学习，另一些孩子在阅读中更容易汲取信息。有些孩子更擅长细节，他们适合死记硬背的学习方式，能十分轻松地记住大量信息；另一些孩子擅长纵览全局，他们会抓住整体原则而非微小的细节；还有一些孩子是创造性的学习者，他们喜欢接触全新的理念和新颖的方法，而非只是照原样说出死记硬背的答案。有些孩子擅长语言词汇，另一些擅长数字和数量，还有一些孩子是艺术家，歌曲、舞蹈、绘画学得最好。

一直以来都有一种趋向（目前在很多地方仍然如此），认为人们只能通过一种限制很严的、分成一个个部分的方式来学习。有时候很难认识到孩子们怎样通过各种各样不同的方式学习。我们很难认清一个孩子的优势和弱点，我们会陷入固定思维，认为一个擅长说话、注重细节、记性好的学龄儿童，每件事情都能做得很好，而一个说话慢、看书慢的孩子，虽然可能拥有很强的分析能力，但我们却会认为他什么都不行。其实，很少有孩子在所有方面都很强，或者在所有方面都很弱。

例如，有一对父母来找我，他们的儿子被诊断为智力发育迟缓，智商测验得分只有 60，他们说："他天生缺少能力，他做什么都不行。"

"我敢打赌，我们没有足够仔细地观察过他。"我说，"让我们来看看他喜欢做什么，因为他很可能拥有某些方面的能力。"

这对父母在三个星期的时间中，每天安排了很长的地板时间和儿子一起度过，他们的大女儿也会在一起，她是个天才学生。起初，他们只会被有缺陷的儿子妨碍。但随着他们开始用日记记录他每天做的事情，他们看到了一幅完全不同的画面。他喜欢把玩具放在家里不同的房间。他会把玩具车放在一个地方，玩具城堡放在另一个地方。一开始，他的父母以为他只是把玩具藏起来，然后就忘了藏在哪里。但继续观察之后，他们意识到儿子永远都能找到一开始放东西的地方，然后再放过去另一件东西。男孩的父母让玩具留在原处，看着他一样一样增加每个房间里的组合。过了一会儿，他们注意到，每个地方都成为各种各样的小社区。虽然这些社区有点不合逻辑，没有银行、住宅和商店，但都有一些动物和一些人偶娃娃，也许还有一座房子，其中一处甚至包括了一辆轿车、一辆卡车、一台推土机和一架飞机。男孩的父母无法破译这个孩子想要表达什么主题或者讲述怎样的故事，但他们注意到，他会把各种东西从一个区域转移到另一个区域，而且并不是随意而为。例如，娃娃在一个社区里从一座房子移动到另一座房子中，而轿车则在不同的社区之间移动。

我们通过这些观察得出结论，这个孩子似乎是在某种空间中创造出各种建筑物。他的脑海中似乎有一张地图，还有个游戏计划，虽然我们不清楚究竟是什么。比起用蜡笔画画或者和别人聊天，他似乎更喜欢这种活动。显然，这个孩子对于空间概念的兴趣，要比对语言的兴趣更大，从中得到的乐趣也要比涂色或绘画之类需要精细运动的活动更多。我们已经发现了这个孩子一项天生的爱好，很可能也是他与生俱来的天赋——至少与他其他方面的能力相比是这样（我曾经见过另一个孩子对于颜色和形状有着天生的感觉，在他的年龄已经是个天才艺术家——无论以任何人的标准来看都是。）。

这对夫妻曾经自然而然地认为，他们的天才女儿任何事情都很擅长。但他们注意到，如果让她独处，她会一直看书、玩填字游戏和单词游戏。她似乎不喜欢涉及空间的活动（例如用积木搭房子）以及数学方面的活动，虽然她还是会认真完成数学作业，也能得到高分。这对父母说："哦，我们敢说，比起数学和空间方面，她更喜欢语言文字。她不会用积木搭起复杂的房子，但她很喜欢读书、玩文字游戏，比如填字。"

如果你花时间观察自己的孩子，你会发现一些令人惊讶的事情。和孩子一起度过地板时间，让他来主导一切，也许会开始浮现出一幅画面。你的孩子会展现出他擅长和不擅长的领域。你看，天才并不是与其他孩子比较出来的，而是他的某方面的能力与其他方面的能力比较出来的。

案 例

杰拉尔德的故事

> **表　　现：** 完成作业有困难、从不发脾气的小男孩
> **原因分析：** • 习惯性排斥和避开自己无法掌握的学习领域
> • 无法想象自己的愤怒、难以把感受从情感层次转移到思想层次
> **重点方案：** • 改进与父母之间的关系，尤其是与父亲的亲密关系
> • 更多地利用自己的幻想，想象力是分析和思考的基础
> • 发挥绘画的本领，代替弱项——机械记忆

10岁的杰拉尔德·伯恩斯的父母前来找我。他们告诉我，据老师说，杰拉尔德在课堂上总是迷迷糊糊、无法集中注意力。他现在上四年级，数学语文都是班里最低分。但他看起来似乎挺努力。他的父母对此感到困惑，他们觉得杰拉尔德明明是个聪明孩子。

在我和杰拉尔德见面之前，先和他的父母谈了一次，他的母亲玛丽安娜，似乎总是对她的儿子表现不好感到很生气，但又不知道对谁发火："我们努力和他交谈。我们已经好几次去见他的老师。我不确定，他们是否有认真帮助他。"

杰拉尔德的父亲斯图尔特安静地坐在旁边。他很少说话，看起来宁愿在谈话中处于比较被动的角色，只偶尔点头表示同意他妻子的意见。

我们谈话时，我注意到这对父母很少与彼此交流，也不怎么表现出

情感。玛丽安娜是一位浅金色头发、身材苗条的女士，有一双清澈的蓝眼睛，看起来几乎没有表情。而另一方，斯图尔特显得悠哉游哉。他是一位重量级的男士，一头浓密的灰发，眼神疲倦。他坐在椅子上，大部分时间让他的妻子说话。

玛丽安娜告诉我，杰拉尔德"是个好孩子"，但他很容易感到灰心丧气，可以一直哭上15到20分钟。他很害羞，只有少数几个朋友。

"有时候他会忘记把家庭作业带回来，或者告诉我说作业丢了，要么就是公共汽车上有人抢走了。"他妈妈告诉我，"即使他记得把作业带回来了，也不会很用功地做作业。他很容易放弃。如果家庭作业太难了，他就直接不做。"

我请她举几个例子。她告诉我，如果杰拉尔德做作业时，面对第一道乘法题或者第一道社会知识题就卡住了，他会变得非常沮丧，拒绝继续做其余部分。他的母亲会坚持要求他继续做，而且她经常需要找她的丈夫帮忙。但在这样的冲突中，他们从来无法取得令人满意的结果。

斯图尔特第一次开了口："他一固执，我就不知道要怎么办。"他扭头看着他的妻子："每次他倔起来的时候，我就只能让他一个人待着。"斯图尔特也告诉我，他小时候也像杰拉尔德一样，遇到了学习问题。在进入高中和大学之前，斯图尔特都不算是个好学生。显然，他在杰拉尔德身上看到了自己的影子。

"每次他变成那个样子，我就走开，自己学习、看书、工作。"他耸了耸肩说。

"我想知道，你是否在他身上看到了自己的影子？"我问。

斯图尔特针对这个说法思考了一会儿，表情显得有些怀疑："我也不知道我们是不是真的很像。虽然我觉得我们两个都有学习问题，但我比较随和，不像杰拉尔德那么固执。"

我认为，斯图尔特和杰拉尔德都趋向于逃避困难的事情，我想知道，他们两人分别是怎样处理愤怒的。

"嗯，我想我们两人都会避免发怒。杰拉尔德从来不生气，他只是停下来不再做那件事。我觉得我也是这样。我们在家里会努力远离愤怒。"说到这里，斯图尔特的笑容消失了，脸上出现了一种保守的表情，仿佛他觉得自己袒露了太多内心世界。

"杰拉尔德真的是个好孩子。"玛丽安娜插进来说，"只要能矫正他的学习问题，我想一切都没有问题了。"玛丽安娜告诉我她是怎样保护杰拉尔德的，确保他不会因为家庭作业感受到太强的挫败感。她会坐在旁边，帮助他做数学题，解释阅读理解的问题。为了进一步保护他，她也会和老师们交流，写信或打电话向他们解释，杰拉尔德为什么没有完成作业。她想把杰拉尔德的问题归咎于学校。

玛丽安娜和她的儿子非常亲密。"有时候我觉得，我知道他在想什么。"看起来玛丽安娜对于承认这一点感到有点不好意思，"所以我会照料他，保护他不至于太过沮丧。"

但随着玛丽安娜的话语，我看到，她的保护使杰拉尔德付出了昂贵的代价。他没有自信，也不会发怒。如果他反抗他的母亲，她就会很生气。她一直都在矫正他的行为——告诉他怎样坐在桌子旁边；如果她不喜欢他系鞋带的方式，就告诉他怎样重系；如果她不喜欢他的衣服，会让他去换一身。

我在和这对父母的第一次谈话中，按照惯例谈到了孩子早期的成长发育。从杰拉尔德父母的描述中可以看出，他发育比较缓慢，直到两岁半才开始说话，几乎四岁才能说出完整的句子，一直到十岁都不是很擅长语言表达，据他的父母说，他说话时似乎要花费很大力气。

"但我们觉得这没什么问题，"他的母亲说，"他是个可爱的好孩子，他总是很听话。如果我让他把玩具收拾好或者关掉电视，他都会照做。"

但玛丽安娜也提到，他并不像一般小男孩那样坚定自信。她说，随着杰拉尔德逐渐长大，他和别的孩子相处时似乎很害羞，会看着她寻求保护。

我转向斯图尔特。

"杰拉尔德小时候，你和他的关系怎么样？"

"那时候我工作特别忙。但我想，可以说，我们还是相处得很友好。"他耸了耸肩，"没什么大问题。"

杰拉尔德的父母告诉我，他从来不玩过家家或者幻想的游戏，但他好像很喜欢拼图和画画。事实上，他小时候就能拼好很复杂的拼图，那些拼图原本是面向比他大得多的孩子的。据他的母亲说，他尽可能很快地把碎片拼到一起，会感到很高兴，然后给她看完整的拼图，展现出一个灿烂的笑容。他也很喜欢用橡皮泥捏汽车和小人，或者用积木搭出城堡和城市。他只有一两个朋友，经常避开人群——太过活跃喧闹的地方。他的妹妹出生时，杰拉尔德只是单纯地无视她，大多数时候假装她不存在，这样就完全避免了兄弟姐妹之间的竞争。虽然多了一个小妹妹，但他完全没有表现出对人类的身体或者孩子从哪里来的好奇。

杰拉尔德开始上学后，我们正在讨论的那些困难开始浮现出来。一切喧闹的环境似乎都会使他感到困惑混乱，他更喜欢独自一人或者只和一个朋友一起在角落里玩。他那种逃避挫折的习惯也开始浮现出来。甚至早在幼儿园，面对剪贴之类简单的任务，杰拉尔德也会说，自己不明白老师的指导，然后让老师反复为他演示怎样做。升到高年级以后，他也一直都是这样。他很难记住乘法表和各种历史数据，他会说，自己没有理解老师讲的内容，然后要么忘记测验和考试，要么不及格。无论他的父母多少次想要改变这种情况，他总是会在遇到挫折时崩溃。"这太难了，我不会做！"他会啜泣着说。

与此同时，杰拉尔德在某些领域特别有天分。他有很强的空间感和分析能力——他在雕塑和拼图中就表现出这些能力。搬家之后，杰拉尔德甚至能比他的父母更快地认清周围的路。有一天他还把妈妈带到了附近的公园；之前有一天到食品杂货店去的时候，他无意中看到那个地方，然后就记住了路线。其实这已经成为家里的一段趣闻。只要斯图尔特或玛丽安娜在不熟悉的购物中心里迷了路，就去问杰拉尔德。"嗯，指南针先生，"他们会开玩笑说，"现在怎么走？"

现在，我已经准备好和杰拉尔德见面了。

"你好，格林斯潘博士。"

杰拉尔德郑重地和我打招呼，谨慎叫出我的名字，他伸出手和我握手。这个孩子的眼神温和又一本正经，笑容羞涩，他看起来是个很用功、爱思考的学生。他坐进我对面的椅子里，双手放在膝盖上，满怀期待地等待着。他的头微微偏向一侧，明亮的眼睛一直看着我。他身上有一种鸟儿一般轻快的感觉。他回答我的问题，为我描述了他的学校、他的朋友、他的家庭。他让我主导谈话，然后很有礼貌、很努力地回答我的问题。他看上去很听话，显然很不快乐，稍微有一点迟钝、一点悲哀。他最早告诉我的事情就包括，他觉得自己"不应该抱怨任何事情"。

"我不太明白你的意思。"我说。

"嗯，有些事情令我感到困扰。"看起来他在说出每个词之前都要谨慎考虑一番，这使他谈话时显得有点不自然，"但我想，别人并不希望你抱怨。"

杰拉尔德起初有点不情愿，但他还是把那些他不希望抱怨的事情告诉了我。他在学校里被人嘲笑，他说他恨学校，也恨一切让别的孩子有机会嘲笑他的活动。他还是个小孩子，动作不怎么协调。他自我意识很强，顾虑他人的看法，如果成为大家关注的焦点，他很容易跌跌撞撞或者说话磕磕巴巴。

他说："当我去游泳的时候，或者在体育课上分队比赛，或者老师让我完成测验，我就会觉得胃里翻涌。"

"这样肯定很难受。"我同情地说，"其他孩子可能会看不起你。"

杰拉尔德点点头，因为我能够理解这个问题而显得稍许放松了一些："其他孩子经常笑话我。"

"我想知道为什么。"我温和地问。

"嗯，我在学校里，所有方面都是成绩最差的那一组。我甚至跟不上保罗或杰森，而他们已经属于智力发育迟缓了。"对于这一组比较笨的孩子，包括他在内，别人的轻视是显而易见的。

"你觉得其他孩子可能嘲笑你的那些事情，比如游泳和阅读，你是不是练习了很多次？"我问。

"我希望能练习。"他又一次叹了一口气，"但爸爸不怎么陪我玩或者帮助我。"

他停了下来，然后飞快地补充说："不过这也没什么问题。"

我们一起谈到他希望与爸爸更多地交流，他没有足够的机会练习运动之类的事情。我感觉，他需要建立自信，相信自己的力量。

杰拉尔德还希望再和我聊一聊自己。他给我讲了他的集邮，他收藏了一百多张邮票，都放在家里书桌上"一本厚厚的、几乎塞满了的棕色集邮册"里。

"这本集邮册装满了以后，你打算怎么办？"我好奇地问，想更进一步了解这个有着闪闪发亮的眼睛和礼貌微笑的小男孩。

他思考了一会儿。"我猜我会把它们扔掉，"他说，"就像扔掉我的旧玩具那样，因为不这样做的话，我的房间就会变得乱七八糟。"

我们谈到了他的生活中需要保持整洁这一点。很快，他告诉我，他面对数字会遇到困难。他很难解答复杂的乘除法，似乎关键原因在于，他无法在计算某些数字时记住另一组数字，而这种能力是长除法所必需的。

"做长除法的时候，我完全记不住数字——如果我得减去、乘以、进位那些数字、那一大堆内容，数字只会从我脑子里溜走。"

他想要告诉我，这种事情对他来说太难了。事实上，之前谈到要让一切保持整洁完美，似乎他是在以自己的方式告诉我，为什么他很难同时记住几件不同的事情。

"让我们试着做一点数学题。"我建议说。

为了测验他的短期记忆，我给了他一组六个数字，让他背下来。他试着背给我听，但很快就摇头放弃了。我们换成四个数字，还是不行。他甚至很难记住三个数字。

我们做了一些乘法和除法题，我发现，他说的完全没错。他根本没有理解乘法的概念，没有这个基础，除法也就毫无意义。他变得很沮丧，但仍然给我留下一种热情、努力、好孩子的印象。他可以全神贯注，很有条理，能够控制自己，但他仍然非常害羞、胆怯、谨慎小心。在这次谈话中，有时候他会沉默下来，盯着虚空中的一点。

我们谈了一点他的生活——除了他提到的困难部分之外，他生活中其余部分是否很完美。我们也谈了一下他的父母。一开始，杰拉尔德告诉我，他的母亲是完美的。他不愿意承认母亲同时具有好的方面和不那么完美的方面，但经过深入思考，他最后说，她"有点专权"。杰拉尔德告诉我，他的爸爸"总是忙着在电脑上干活。他非常不喜欢玩耍"。

"你希望能有多长时间和他一起玩？"我问。

"一周两三次，或者四次最完美了。"他轻轻耸了一下肩回答，感觉并不指望这个愿望实现。看起来，他对父亲的感受是正面的，只是有些伤心不能经常和他相处。

我们也谈到了杰拉尔德的朋友。他很难交到朋友，但也有几个亲密的朋友可以缓解他的孤独感。

"鲍比、雅各布、米切尔——都是我的同学——有时候会到我家来玩。"他沉默了一会儿，思考着，明亮的眼睛盯着我肩膀后面的什么地方，"但有时候我忘了叫上他们，那就没有人和我一起玩了。"

我想，当杰拉尔德对什么事情感到紧张时，他会变得健忘。他对于怎样度过学校生活、怎样和朋友相处，表现出一定程度的羞怯和恐惧。

"我很高兴你能告诉我这一切。"我温和地对杰拉尔德说，"我能理解，你不喜欢抱怨，但你能把这些对你来说很重要的事情告诉我，这样很好。"

谈话转向了杰拉尔德擅长的方面。他带着骄傲的笑容告诉我，他跑步很快。我在心里记下一条备忘，要建议他的父母带他参加田径俱乐部，这样可以帮助他建立作为跑步选手的自信。

我们一起画画，杰拉尔德的绘画天分给我留下了深刻的印象。他画出一些细节精美的漫画。当他画小孩子时，能够表现出栩栩如生的动感。

随着我们第一次谈话的结束，我觉得自己对于杰拉尔德已经留下了一定的印象。他有着我期待在十岁孩子身上看到的大多数能力：他能够与人们建立起情感联系；他是个热情的孩子，能够很好地控制自己的冲动；他可以集中注意力；他情绪稳定，但他要比大多数这个年龄的孩子更加害羞和压抑。显然，他更适应生活中服从、依赖的部分，而不知道怎样处理生活中更具攻击性、竞争、愤怒的部分。他对于挑衅和攻击的不安，导致他害怕冒险。他面对复杂数学题时，比如需要先进行一种计算，然后转向另一种，再回到最初的题目，本来就容易出现认知障碍，而他的恐惧和压抑使这方面的问题更加严重。他不喜欢模棱两可的世界，因此，如果脑海中同时存在几种概念，他会比一般的孩子遇到更多的困难。他应对这种困难的方法是尽量让自己的世界保持简单，而非冒险进入危险的状况。而这种策略，显然无法帮助他战胜学习中的挑战。

杰拉尔德还要面临更多的挑战，因为他在短期记忆、语言能力、关注细节等方面都遇到了困难，而这些都是小学期间最重要的能力。他很难理解基本的数学概念，在数学课上总是感觉茫然。随着他在学校里越来越落后，被分到"慢班"，他感到很沮丧——自己"是个笨蛋"或者"智力发育迟缓"。

他的天分主要体现在精细运动和空间感觉方面（表现在绘画中），而他的分析能力很难得到正确的评价。由于他在数学方面和听觉/语言处理方面（也就是倾听理解的能力）遇到了困难，人们会认为他分析能力也比较差。但我并不这样想，我们有必要把他的记忆困难与分析能力区分开来。

在我们的第二次谈话中，我和杰拉尔德谈到了他的朋友。

"有时候我被米切尔气得发疯。"他有点不情愿地承认说。

"为什么呢？"我问。

"因为他都不肯让我玩一玩他的任天堂游戏机。他真是个疯狂的家伙，而我有时候多少会生他的气。"

"我想知道你生气时是什么感觉。"我说。

他耸起瘦弱的肩膀，然后又松懈下来："也不是特别生气。"

"有些人说，如果对别人气得发疯，就会想象打他、骂他。"我说。

杰拉尔德摇了摇头，但随即他说："那种感觉就像一座火山，我觉得就在我身体里面，仿佛火山马上就要爆发了，但最后还是会平静下来的。"

这里没有像他这样年龄的孩子应该出现的想象画面，我请他描述一下会使他产生这种感受的其他状况。

"有时候，如果父母不让我玩电子游戏，我也会生他们的气。"然后他又再次提到他的朋友米切尔，"不过我每周只能和他玩一次，其他时候我就自己玩，或者和别的孩子一起玩。米切尔真是个疯子。"

杰拉尔德一直反复提到这个问题——他无法长时间和米切尔相处。我认识到，杰拉尔德无法承受过于强烈的激烈紧张的气氛。他需要安静的时间，以便恢复沉着平静。过度紧张会使他的神经系统无法承受。我想，这种对于紧张的恐惧，至少部分是来源于他无法想象自己的愤怒，无法把愤怒的感觉从身体层次提升到思想层次。如果孩子们（以及成年人）难以把某些感受从情感层次转移到思想层次，他们会觉得这种感受就像火山一样。

杰拉尔德告诉我，他在社会课和数学课上觉得自己很差劲。他也提到，自己阅读文章"不像其他孩子那么快"，但他觉得能够理解读到的内容。我们一起做了一些阅读题，他说得没错。虽然他读得很慢，但能够很好地理解内容。他在这方面也有一些问题，他能够理解中心思想，但没有抓住文章整体结构，从而很难回忆起多少内容。我们一起做了更多的数学题，他还是会做错简单的除法题。问题在于他缺少数学思维，做题主要靠猜测。杰拉尔德告诉我，只要他在做数学题时感到困惑茫然，注意力就变得无法集中。

"做数学题时，我会看着天上的云，想到外面去玩捉人游戏。"他微笑着说。我能够理解，与无法理解数学题产生的紧张感相比，这样做做白日梦要快乐得多。

杰拉尔德和其他遇到学习困难的孩子一样，面对困难时会从教室里逃走——可能是真的动身离开这个环境，也可能是通过做白日梦的方式。很多孩子会排斥和避开自己无法掌控的学习领域，因为只要一思考数学题（或者阅读、艺术、体育），他们就会觉得自己很差劲。像杰拉尔德一样，他们觉得自己是笨蛋。（这些孩子中很多人被错误地贴上了"学习障碍"的标签，或者被误诊为注意力缺陷障碍。在下一章中，我们会进一步研究这些错误的标签和诊断。）

我们谈到了杰拉尔德怎样放松自己，盯着空气中的一点发呆，就是他自我放松的一种方法。除了数学之外，做其他事情时，只要无法理解正在讨论的内容，他就会对着空气发呆。

"如果你开始想天上的云，为什么不想象这些云朵是在提醒你回去做功课？"我建议说，"云意味着你可以放松几秒钟，但然后还是得回到数学、社会、英语这里来。"

他也同意这一点，我再次觉得，他是个多么可爱、亲切、听话的孩子。

我和杰拉尔德的父母一起讨论了他的优点——他的精细运动能力和空间感，证据就是他能画出细节精致的图画。我们也谈到了他相对比较弱的方面，语言能力、记忆力，不擅长阅读和数学。他的主要困难在于，做数学题时很难记住某个变量，这一点似乎对他遇到的很多困难产生了强烈影响。我向斯图尔特和玛丽安娜建议，可以为他请一位家庭教师，帮助他克服学校中遇到的困难。

"他真的是个好孩子。"我告诉斯图尔特，"但他需要与父亲更加亲密，一种男人之间的关系，这样能够帮助他建立自信心、体会竞争的感觉。让他多说说话——不仅仅说他做了什么、去了哪里，也要让他说出自己的感受和想法，无论是关于他的朋友米切尔、他的老师，还是学校里其他人。"

"至于妈妈，"我转向玛丽安娜，"如果是我，我会尽可能支持他。帮助他尽情幻想生活的可能性。发展想象力可以帮助他在学校表现得更好。如果他告诉你学校里或家里遇到了什么事情，如果他说对米切尔很生气、在学校里感到不安，问问他'如果让你尽情想象，情况会变成什么样子？'帮助他创造幻想的世界。你们会创造出一个令人安心的地方，这样可以帮助他开发大脑中一个以前没怎么用过的部分——运用想象力的能力。"

我也建议他的父母鼓励他发展艺术才华，和他一起画画，也许可以让他参加艺术兴趣班。

"我敢打赌，"我说，"杰拉尔德在高中后期和大学时，会迅速成长起来，就像斯图尔特一样。但我们需要帮助他度过早期这几年，这样他才不至于沮丧到极点。"

"关注他的优点，"我建议斯图尔特和玛丽安娜，"让他在学校里把一半时间用在他擅长的事情上。你们很可能需要亲自陪他做一些学校里没有的活动。雕塑、绘画、涂色——他可以通过自己擅长的事情建立起强大的自信心。"

我和杰拉尔德以及他的父母一起，列出了实现几项目标的计划。

首先是改进他与父母之间的关系，他们现在的关系使他产生了这种消极、顽固、逃避的行为。 杰拉尔德在听觉记忆方面显然存在问题，也就是说，他无法好好记住课堂上讲的知识和数字，而他那种个性也无助于克服困难。于是他就把自己埋得更深一点。

其次，我们需要帮助他更多地利用自己的幻想。杰拉尔德是一个很容易受到过度压力的孩子，从刚出生时就有这种趋向。他一旦觉得无法承受压力，就会避开那种环境，或者逃进"天上的云"里。在这种艰难的情况中，杰拉尔德可以把他的想象力作为武器。如果没有想象力，大脑就没办法描绘出情感和想法，而没有这些，你也就无法分析事物。**所以，想象力，以及描绘情感和想法的能力，是分析和思考的基础——面对数学题和面对生活都会需要的能力。**

首先，想象力可以帮助他描绘自己的感受，尤其是当他感到愤怒时，他不必像座即将爆发的火山一样，而是可以在脑海中重放当时的情况，然后想象自己，譬如说，责备某个人伤害了他的感情。其次，想象力也可以在学业上帮助他。孩子们在学校里都需要想象力——尤其是数学课上需要想象力才能理解数量的概念。运用想象力可以帮助杰拉尔德把以前难以理解的概念可视化。在我们帮助他更好地理解这些概念时，他的艺术天分也可以成为一种工具。我们还不知道他的分析能力究竟有多强，因为他无法理解某些概念，总是回避困难的任务，这样就掩盖了他潜在的分析能力。我们必须克服这些基本的困难，才能看到他真正的潜力。

同时，一旦杰拉尔德能够更好地描绘自己的想象，我们就能帮助他看到更加宏观的画面。从整体的角度看待这个世界，会使他更自信，更

能看清问题（比如乘法或长除法）的各个部分是怎样结合起来的。例如，在长除法做到一半时，当他在用一个数字减去另一个数字然后进位时，他不会像以前那样容易忘掉最初为什么开始做这道数学题。

为了进一步帮助他更好地描绘感受和概念，我们也会让他迎接生活中竞争和挑战的部分。我们希望能通过加强他与爸爸之间的联系，使他认识到，他也能与别人亲密相处，也能信任依赖别人，但同时也要认识到，竞争和挑战并不会对人际关系产生威胁。女孩们会从父母双方的认可中获得积极自信的个性，而男孩们需要与父亲之间形成亲密关系，才能发展出这样的个性。

最后，我们打算帮助他一起扩展他的朋友圈子，从而使他可以在人际关系中探索不同感受。我建议他的父母，如果他希望在放学后带其他孩子来家里玩，要支持他，也要帮助他加入俱乐部，参加各种不同的活动。幸运的是，杰拉尔德是个讨人喜欢的孩子，他愿意和大家交朋友，别的孩子也喜欢他。

● 地板时间

这是五个步骤中的第一步，你会回忆起来，这一步是要在父母和孩子之间建立起一种亲密、安全、温暖的关系。如果一个孩子要迎接全新的挑战，尤其是学习方面的挑战，可能带来强烈的受伤和羞愧的感觉，首先建立起这样的关系，能够奠定必需的、至关重要的基础。地板时间可以帮助一个孩子感受到爱、自我价值和自豪。

我们的第一步，是斯图尔特和杰拉尔德在地板时间中谈了半个小时。杰拉尔德敬佩和深爱着斯图尔特。显然，他心里比起母亲更崇拜父亲，杰拉尔德觉得母亲对他太严厉了。斯图尔特天性比较被动，他听从妻子的安排，不怎么干涉杰拉尔德的生活。我建议他和杰拉尔德更亲密一些，和他一起画画、雕塑，他可以帮助杰拉尔德发展在设计和外观方面的兴趣。这大概花了六个月的时间，他确实也为杰拉尔德带来了很多的支持和鼓励。斯图尔特学会了让杰拉尔德主导地板时间，帮助他的儿子进一步应用他的创造性和想象力。

他们很喜欢一起玩的一种游戏是，杰拉尔德用一大块黏土塑造出形状，让爸爸猜这是什么。有一次，杰拉尔德做出来的东西，看上去是不成形状的一团，上面满是坑坑洞洞。

"这是一块月球岩石吗？"斯图尔特猜测。

杰拉尔德咯咯笑着摇头。

"我知道了！"斯图尔特高兴地说，"这是木星的卫星！"

杰拉尔德咯咯笑得更厉害了，摇头做出点嘲笑的模样："不是的，爸爸，你看不出来么？这是来自泽维尔星球的怪物。"杰拉尔德给他的爸爸解释，为什么泽维尔来的怪物和地球上的怪物不同，它们要危险得多，"它们可以发出毒气，一下子就能杀死很多很多人。"

幻想这些发出毒气的怪物，使杰拉尔德产生某种坚定自信的感觉。更重要的是，这说明杰拉尔德已经开始应用他的想象力，他以前可做不到这一点。

对于杰拉尔德的母亲，我们主要帮助她了解，怎样温暖地鼓励儿子，建立起更加积极、更加彼此尊重的关系。我们希望她与杰拉尔德之间的关系不要定性为批评、紧张、焦虑和过度保护。玛丽安娜日复一日生活在充满了担忧和焦虑的现实世界里，可以理解她和儿子之间的关系为什么是那个样子。她更加注重与杰拉尔德之间实实在在的联系——让他吃饱、批评他、告诉他要做什么——而不怎么注重思想交流。她和她的孩子不怎么会想象，用约翰·F.肯尼迪的话来说，"不是现在怎样，而是可以变成什么样"。这句话不仅适用于政治，也适用于个人。

玛丽安娜花了点时间才习惯与儿子沟通交流，因为她一直以来只是告诉杰拉尔德要做什么，并不和他讨论。我也觉得，玛丽安娜隐藏着一种信念，认为自己可以通过批评和过度保护，把杰拉尔德变成她想要的那种孩子——可爱、亲切、完全不具攻击性。如果她从来没能听到儿子的心声，她会一直抱有这种幻想。

在我们的谈话中，我们发现，她多少有些害怕杰拉尔德会变成她哥哥那样具有强烈攻击性的人。

"我还是个孩子的时候，他一直欺负我。"玛丽安娜在我与她和斯图尔特进行的一次谈话中回忆说，"他会扭我的胳膊，打我，拉我的头发。我从来不知道他之后又要做什么。我的父母也不怎么管这些事。我想他们觉得这只不过是兄弟姐妹之间的竞争。"

所以，很自然地，玛丽安娜让杰拉尔德主导地板时间时，感到有些紧张，她不知道会发生什么。

起初，当杰拉尔德表现出攻击性的一面时，玛丽安娜会急着让他冷静下来。

有一次，当杰拉尔德抱怨"我的老师真是个混蛋"时，她说："你并不是真的那么想！"

"你必须尊重大人。"她责备道，"还有，在我们家里可不能用那种字眼。"

但随着她意识到自己说了什么，她发现自己没有遵循地板时间的第一原则——让孩子来主导谈话。她也开始看到，自己对于攻击性是多么恐惧。玛丽安娜依靠我的鼓励，逐渐能够在地板时间中与杰拉尔德放松地相处。渐渐地，她不再告诉他怎样坐好、要说些什么、做些什么。

玛丽安娜试着理解杰拉尔德和他的世界，听他讲他喜欢的一部电影，或者抱怨一位老师对他太严厉。一开始，玛丽安娜不知道怎么才能"什么也不做"，她觉得自己在地板时间中最初的目标就是做到这一点。而且，她补充说，地板时间还使她感到非常紧张。但我们谈到，这样与孩子一起相处的时间是非常宝贵的：能够培养出一种亲密感，帮助杰拉尔德感到自己是宝贵的、受到重视的。通过打开和关闭沟通循环（和她的儿子谈论他感兴趣的话题，温柔而坚持地让他回答她的问题和意见），她帮助杰拉尔德改进沟通能力。

很多孩子像杰拉尔德一样，存在这种我们称为"听觉语言处理能力发育迟缓"的问题（也就是说，难以处理他们听到的信息），这些孩子会觉得倾听自己的想法要比理解别人的话语更加容易。但通过打开和关闭沟通循环这种简单方法，你可以帮助孩子更好地倾听别人说话，使沟通交流成为一个彼此协作的过程。沟通循环每天都会出现几千次，这是一种强大到令人惊讶的方法，帮助这方面存在困难的孩子处理他们听到的信息。事实上，与一般针对这类学习困难使用的读书矫正法相比，我相信这种方法要有效得多。

玛丽安娜让杰拉尔德来主导地板时间，她注意到，随着时间的流逝，他变得更能理解老师和同学，而他以前对待别人是完全不耐烦的。**杰拉尔德正在学着理解别人的想法——不是因为别人告诉他要这样做，而是因为感受到母亲对自己的理解。只有亲身体验，才能学到这些生活中的课程。**

● 解决问题时间

建立起信任和温暖的感觉之后，我们也研究了杰拉尔德的各种应对策略，于是我们开始进入解决问题时间。你能回忆起来，在这段时间中，父母和孩子之间会更有逻辑地交换意见，一起评估遇到的各种麻烦，然后研究现实的解决方法。这不需要特定的时间地点，杰拉尔德的父母一般是在接他放学时来做这件事。

我鼓励杰拉尔德的父母从宽容的角度看待他面临的挑战，和他讨论他一般是怎样面对麻烦的。在杰拉尔德的情况中，我们的目标是帮助他看到，他可以避免这些令他感到羞耻的状况，也可以让自己在这种环境中不再感到无助。当然，让一个孩子看到并解决自己的个性问题，似乎是不可能的。这很难做到，而且需要很多逐步渐进的方法才能实现。但即使只有一点点进步，比起几个小时泪眼汪汪地拼命做家庭作业，或者没完没了的家长会，总会令人感到不那么挫败。

在解决问题时间中，我们首先需要帮助一个孩子预料自己会在什么状况中面临挑战、想象自己会产生什么样的感受，然后，帮助他找到最喜欢的应对方式。这意味着，要从尊重、欣赏的角度看待这些应对策略，即使你并不赞同，因为这个孩子通过自己的方式才能避免不愉快的感受。这种方法对杰拉尔德也很有效。

杰拉尔德很擅长逃避，他很容易让自己感到无助和难以承受压力。因此，在解决问题时间中，斯图尔特和玛丽安娜谈到了他总是逃避令他不舒服或感觉很糟的状况。

"知道吗？你是个很棒的逃避专家。"有一天，玛丽安娜告诉他。

杰拉尔德微笑起来。他觉得当个逃避专家很有意思，但他沉默不语地玩着，后来问："妈妈，这是什么意思？"

"嗯，你知道的，"他妈妈回答说，"一个孩子坐在班里时，他可能会看着窗外的云逃避，这样就不用担心老师因为他跟不上功课而让他难堪。"

杰拉尔德立即意识到，自己就是个经常看云的孩子，在数学、写字、阅读、历史课上，他都会这样做。他举了几个例子。

"就好像我们学美国独立战争的时候，"他说，"阿萨里老师告诉我们一大堆日期，我忘了把它们写下来，因为我正看着窗外。"

"你在云里看见了什么？"玛丽安娜问，心里牢记要尊重他的应对方式。

杰拉尔德想了一会儿："一些形状和一些东西，圆圈和方块，天上的云看起来好像人、动物和其他东西。我看到一朵圆形的云——仿佛天空中有个篮球。昨天我还看到了一片很像奔马的云，它的鬃毛都飞了起来。"

杰拉尔德说，有时候他会用橡皮泥捏出自己看到的形状。他在研究云彩时显然很有创造力。

他的父母尊重他的应对方式，也让他说说其他的逃避方法。他供认了自己"假装去上洗手间"的逃避法，这是另一种离开教室的方法，也承认了"我什么也做不到"逃避法和"困惑"逃避法。他会告诉老师，他已经完全糊涂了，甚至不知道应该看哪本书，更不用说班上正在讲的是什么了。他的老师们的反应总是很体谅他，如果他感到困惑、承受不了压力，他们还怎么期待他能做些什么呢？事实上，这是杰拉尔德的一种应对方式，是为了避免理解不了某些内容（比如说一道乘法题或除法题）带来的尴尬。有意思的是，杰拉尔德并不会因为自己不知所措感到丢脸，只会因为做不到某件事情而感到丢脸。杰拉尔德完全清楚，自己能找到正确的课本，翻到正确的一页，但他也知道，如果让老师产生误解，他就能逃避使自己更加尴尬的状况——做不出老师教给他的一道乘法题或除法题。

杰拉尔德坦白了这些之后，他的父母开始进一步解决问题——帮助他思考自己会逃避的状况，预测这些状况会使他产生怎样的感受，他又会怎样做。斯图尔特和玛丽安娜第一次陪他一起思考这些遇到麻烦的状况时，杰拉尔德说，他不知道自己有什么感受。

"那就让我们假装一下，"斯图尔特说，"我来扮演老师，我正在解释长除法中怎样把余数进位。"斯图尔特开始飞快地讲课，假装在黑板上写下题目，而杰拉尔德看上去越来越困惑，只是在旁边看着。他们把这个小品演了四五次，杰拉尔德懦弱地看着他的爸爸。

"我觉得你是在拿我取笑,也让其他所有孩子笑话我。"他说。尴尬和羞愧,这就是杰拉尔德产生的两种感受——就像其他很多陷入自暴自弃的恐惧的学龄儿童一样。

"老师曾经这样做过吗?"斯图尔特问。

"没有,"杰拉尔德承认,"但她总有一天会这样做的。"

在这个时候,他的父母已经认识到,他们的目标并不是让杰拉尔德克服这些感受,而是帮助他了解自己会产生什么样的感受。

斯图尔特挨着杰拉尔德一起坐在起居室的地板上。"可怕的感受,就像可怕的人一样,"他温和地说,"如果你能更好地了解它们,就不会那么怕它们了。"

后来,当我们讨论杰拉尔德的这些情感时,他谈到了自己感到尴尬时会多么生气,而这些像火山爆发一样的感受又是怎样出现的。我们看到了一种模式:在任何时候,只要班里学习杰拉尔德不懂的内容,他就会开始感到尴尬,火山酝酿着喷发;然后,他需要利用某种逃避方式,让自己离开这种状况。杰拉尔德最简单的方法就是转头看云,因为这样他不必亲身离开这个环境。

杰拉尔德描述了一种又一种状况,他开始学着预测会遇到的麻烦,他的白日梦不再只是偶然发生的事情,而是一个他可以明确描述出来的模式中的一部分。对一个小孩子来说,这种认识能帮助他进一步了解自己。一旦孩子意识到自己正在做什么,他往往就无法再使用同样的逃避方式。当然,他必须靠自己看清自己的行为,不可能只靠父母"让"他看到。

然后,杰拉尔德和他的父母一起思考,在这些遇到困难的状况中,他还能采取怎样的行为。他怎样才能避免尴尬和痛苦,而不至于把自己埋进一个深深的洞里,然后逃避得越来越多,学得越来越少。

关键是要记住,我们选择的任何方法,必须在一定程度上能够实现

以前的做法的效果。换而言之，如果最初的方法是为了避免痛苦和尴尬，新的方法必须也能够让这个孩子避免痛苦和尴尬。否则的话，这个孩子根本不会采取新的做法。

有一种方法在很多案例中达到了很好的效果，即找到这个孩子擅长的事情，让他为此感到自豪，并把这种能力应用到使这个孩子感到尴尬羞愧的挑战中。这并不像听起来那么难。就杰拉尔德而言，他有雕塑、绘画的天分，擅长创造外观和形状，也为此感到自豪。而对于自己的弱点，无法描绘数量、无法记住简单内容，他感觉很糟。

"你们为什么不能帮助他，把这种描绘形状的天分应用到做数学题中。"我向斯图尔特和玛丽安娜提出建议。如果他可以使用自己感到自豪的能力，也许就不会再用到逃避的方法。

杰拉尔德认为这值得一试，但他也感到怀疑。"画画怎么能帮助我学习数学呢？"他问。

起初，无论是我还是他的父母都找不到答案，但经过几次集思广益的讨论之后，小时候也遇到同样问题的斯图尔特，终于找到了解决办法。他建议杰拉尔德画出形状和物体帮助自己想象数量。例如，既然杰拉尔德喜欢画动物，斯图尔特发明了一种驼峰数量可以变化的骆驼。杰拉尔德画笔下的驼峰或出现或消失，用来练习加法、减法和乘法。例如，骆驼有十个驼峰，减去五个，还剩下五个。如果杰拉尔德要计算 10×5，他会想象十只骆驼，每只有五个驼峰，然后计算驼峰的数目。他也会使用斑马的条纹或豹子的斑点。这种方法使杰拉尔德能够把自己的视觉能力应用到数学中。

● 感受和理解孩子的观点

你也能回忆起来，在这一步中，**父母尝试用孩子的观点来看待这个**

世界，也帮助孩子确定，哪些情况会使他们产生某种感受或者做出特定行为。与杰拉尔德一起解决问题时，他的父母开始理解儿子的感受，而不只是批评他。

令杰拉尔德烦恼的感受是羞怯和尴尬。他学习困难，部分原因也是为了逃避面对难题时出现的这些感受。

"我感觉自己就像一滴水，太阳正在把我晒干，最后什么也不剩。"度过了特别艰难的一天之后，杰拉尔德伤心地告诉他爸爸。班里最近开始学习分数，杰拉尔德尤其感到不知所措。整数和小数已经够他痛苦的了，可是分数四分之一、二分之一、三分之一，甚至更糟糕。

杰拉尔德感到低落的时候，斯图尔特没有忽视他，而是告诉他的儿子，自己也有很多次感到尴尬和焦虑。斯图尔特在运动方面相当笨拙，他有很多这类经历。

"我记得有一次，"斯图尔特停了一下，扯出一丝痛苦的微笑，把手放在儿子肩膀上，"午餐后还不用回到教室的时候，麦克·鲍德温和比尔·奥布赖恩打算来一次短时间的篮球赛，分别挑选两边的队员。他们轮流选人，麦克坐在午餐桌边把名字记在他的笔记本上。当然，没人选我。于是麦克转向我说'没什么，斯图尔特，就算没别的队伍要你，我也会让你一起玩的'。"

玛丽安娜也尽可能理解她的儿子，她不再像平时那样尖锐地说："不要有那种感觉，不要可怜你自己。"她认识到，应该允许杰拉尔德感到尴尬。以前每次杰拉尔德感到尴尬，她就会自动觉得自己是个坏妈妈。但在我的帮助下，她不再有这种感觉了。

很多父母不知道怎样面对孩子产生的羞愧、尴尬、不安之类的感受。他们内心中似乎有一个谴责的声音窃窃私语："如果你是个更好的父亲或母亲，你的孩子就不会有那种感受了。"但所有的感受都是人生经历中的一部分。坏的感受伴随着好的感受——爱、自豪、喜悦、快乐——孩子们内心中的感受，并不会贬低我们作为父母的能力。

多亏了父母的同情理解，杰拉尔德能够进行各种想象。例如，他假装自己从来不会感到羞愧，一直都能成功。这样也带来了双方互相关联的进展，杰拉尔德否认自己会产生羞愧的感觉，玛丽安娜也就能否认"坏妈妈"的感觉。现在，我和他们的讨论中，以及地板时间和解决问题时间中，玛丽安娜和杰拉尔德会一起讨论这些假设。我们也会谈到一项事实，如果人们不在某些时候产生糟糕的感受，没有对比，也就没有良好的感受。杰拉尔德发现，他一直认为羞愧、尴尬、耻辱都是坏的感受，他应该远离这些感受。现在他认识到，人们一生中要经历各种感受，糟糕的感受也是其中的一部分。

● 将挑战化整为零

专注于较小的步骤，使孩子们有机会体验成功的感觉，这样可以真正帮助像杰拉尔德这样在学校里总是经历挫折、感到沮丧的孩子。对杰拉尔德来说，关键的挑战是，要把生活中影响人际关系和学业的重要感受和问题可视化。因此，我们最初的目标之一就是，利用他对于外观、形状、颜色的兴趣，帮助他描绘自己的感受。斯图尔特和玛丽安娜首先和他一起描绘简单的感受，比如失望或尴尬。

"很好，现在让我们画出这些感受，"玛丽安娜或斯图尔特会建议说，"我们要怎么画？你打算用什么颜色？什么形状？"

杰拉尔德决定，稍许的尴尬应该是一种橘粉色。"而非常非常尴尬的话，就是鲜红色。"他说。

"尴尬是什么形状？"

"就像我在科学书里看到的变形虫，"他带着一点微笑大胆地说，"大概是圆形，还有这些半圆形的小突起，而且它还会长大，就像尴尬一样。"过了几周的时间,杰拉尔德也确定了其他感受的形状和颜色,愤怒是蓝黑色,有很多尖锐边角的尖峰形状,悲伤是浅蓝色的圆形,快乐是浅黄色的云朵形状,厌倦则是深褐色的方块。

下一项挑战是在杰拉尔德出现某种感受时,比如感到有点尴尬或有点羞耻的时候,帮助他确定这是什么感受。进行这些练习的最初几周中,他放学回家会谈到今天有"粉红色的感受"或"蓝黑色的感受"。他很喜欢用颜色和形状来描述自己的感受。

我们也开始帮助他理解数学概念,他很喜欢使用物体代表数量,比如有不同数量的驼峰的骆驼。不过,要把文字概念可视化就比较困难。怎样才能把文字概念转换为外观、形状、颜色呢?有一天,杰拉尔德班里讲了个故事,是关于一个男孩丢了他的小狗。他要怎样描绘出故事情节或者意义呢?这样做也是为了使这个故事对他来说更有趣。就杰拉尔德的能力来说,一个故事只是一系列的词语,没有外观或形状。

于是我们为故事的每个元素都赋予形状、颜色、结构。当男孩因为小狗丢了急得发疯时,杰拉尔德为故事的这部分加上他用来代表激动愤怒的颜色——蓝黑色。然后,男孩因为小狗不见了而感到伤心时,变成了一种暗淡的浅蓝色。杰拉尔德画了一片森林,也许小狗跑进去了,他还加上了进入里面的道路。

换而言之,为了帮助杰拉尔德理解一个故事,他需要利用一系列的图画。如果故事写得很有文采,包含了各种栩栩如生的描述,杰拉尔德会用到这些形容,或者他也会自行创作图画来理解这个故事。他通过一幅画来记住男孩和跑丢了的小狗的故事,画上有一条道路、森林里的小狗,还有那个男孩,一开始脸上的表情很生气,涂成蓝黑色,然后是悲伤的表情和浅蓝色。

当他的老师问:"这个故事讲的是什么,杰拉尔德?"他一开始会回答:"这是个蓝黑色的男孩,还有一只小狗、一条路,然后是一只小狗和一片森林。"

老师看起来迷惑不解,她无法理解这个可视化的故事:"但这个故事的主题是什么,杰拉尔德?"

这时候,杰拉尔德需要从图画中重新演绎出这个故事,以他的老师和同学都能理解的方式讲出来。

他再次努力:"这个故事是关于一个男孩的小狗跑了,男孩急得发疯,然后又因为小狗丢了很伤心。"

他的老师微笑起来,这是杰拉尔德第一次充分理解了阅读作业:"杰拉尔德,做得好!"

我和杰拉尔德的父母,以及他的数学和语文家庭教师,继续帮助杰拉尔德利用他理解得最好的概念,建立起学习的基础。也就是说,用他的强项(想象和回忆画面)代替弱项(机械记忆)。

这样的练习,主要目标在于把各种任务分成足够小的步骤——完成每一步,都能带来成就感,令人产生兴趣。这样才能鼓励孩子继续努力。如果他在某一步里面临了太多的挑战,就把这一步拆分为更小的部分。例如,如果杰拉尔德无法理解怎样使用颜色和图形来记住男孩和小狗的故事,我们可以先帮助他只记住一种颜色(比如蓝黑色的男孩),然后再逐渐记住其他颜色。无论一个孩子最初的进步多么缓慢,任何变化都是一项重要的成就。如果你觉得孩子的进步极其缓慢,要保持耐心。我经常遇到的一种情况就是,当一个孩子掌握了某项挑战的最初几个步骤,并建立起一定信心之后,随即取得极大的进步。

● 定下规矩

虽然杰拉尔德在地板时间中得到父母的支持,在解决问题时间中找到各种方法激起兴趣，把挑战分为他可以掌控的步骤，从而为自己取得的成功感到自豪，但他仍然会陷入之前那种消极逃避挑战的模式。杰拉尔德仍然会感到难以承受压力、困惑茫然，于是他在洗手间和教室之间来回穿梭。在这里就需要定下规矩。

他的父母定了一条简单的规矩：只要他声称忘记了什么事情——比如忘了家庭作业、忘了应该去哪个教室、忘了这门课要用哪本书，他当天或者第二天就需要做一些额外增加的家庭作业。这些作业会在他的家庭教师或者父母的监督下完成。此外，他还会有两天不能看电视。他的父母总是很同情杰拉尔德要多做作业，而且不能看电视。但他们还是坚持贯彻这些规矩。

这两项处罚大多数时候能起到效果，但玛丽安娜会忍不住批评他又忘了家庭作业——认为他是故意犯错，就好像杰拉尔德蓄意破坏我们为了帮助他做出的努力。

"如果他想要破坏我们的努力，他有权那样做。"与玛丽安娜和斯图尔特进行的一次讨论中，我告诉她，"但他之后要为此付出代价。这不是一项权力斗争，也不是对你个人的蔑视。"我对她说："杰拉尔德是一个人，有时候他可以选择遗忘，但我们需要让他有动力在下一次试着记住。"

玛丽安娜忍住不再批评杰拉尔德以后，她也可以和他一起思考，下一次怎样更好地记住事情。他们一起想了个办法，每天在他放学前把需要记住的事情列个清单。杰拉尔德开始带上一张卡片，每天放学前都会看一下。他在卡片上列出了一系列问题："有家庭作业吗？是什么作业？"这种简单的方法为他带来了很大帮助。

随着时间的推移，杰拉尔德不仅对自己更加自信，也更加享受在学校中取得的成功。他的父母把更多的时间用在彼此相处、陪伴孩子上，也感到一家人之间的关系变得更加亲密幸福。

这里描述了一个在"真正的基础"上遇到明显困难的孩子,怎样克服其中一些困难(在杰拉尔德的情况中是他的沟通能力——处理信息、记住内容和画面的能力)。如果是在一个不亲密、不支持他的家庭里,杰拉尔德会变得非常沮丧消沉,持续不断的失败会使他极为羞愧,他很可能再也跟不上学业。我们为杰拉尔德带来量身定制的学习方法,这种方法也可以更加普遍地应用于所有的孩子。父母要首先为孩子带来温暖的支持鼓励。要理解,不是所有的孩子都以同样的速度成长发育,这样做有很多好处。

第五章
学习中的挑战

想象一下,你拿着一张纸,上面画着一个迷宫。你的任务是从迷宫的入口走到出口,在这个过程中笔尖不能离开纸面。也许这项任务并不是很难。也许你只花了几秒钟就看明白应该怎么走,笔尖轻松画到迷宫的出口。

现在再想象一下,有人在你对面放了一面镜子,里面映出迷宫的镜像。你的任务还是从迷宫里走出来,但不能直接看迷宫,只能从镜子里看着自己的动作。这次感觉就完全不同了。很不"自然",很别扭,与你自己的感觉相悖。即使你能画出路线,也是缓慢而扭曲的。而且,你控制铅笔反复尝试可能的路线,这种混乱感觉不仅很讨厌,甚至令人感到难受,好像头都开始痛了,你觉得自己笨手笨脚,无法再相信自己的身体和情绪。你的铅笔总是画错,一连失败了三次,也许第四次终于找到迷宫的出口,也许在不断尝试之后,铅笔仍然一直画错,你仍然一直失败。

如果孩子具有一定的身体能力,能够轻松完成一项任务,这将为他带来身心两方面的愉悦感,就好像在网球或高尔夫球场上击出完美一击,或者跳出优雅的舞步时的感觉。这种愉悦感会使孩子觉得这项任务非常值得去做,以后也愿意再次尝试。然而,想象一下,如果你是一个孩子,你所生活的世界里有很多任务就像镜子里的迷宫一样。控制铅笔走出迷宫、解答一道数学题、读一个故事、抄下黑板上的内容、理解老师说的话、写出一个句子，你完全享受不到这些事情带来的愉悦感，而且，你也无法产生完成任务带来的满足感、成就感。你体会不到平时其他人怎样从中获得动力和支持而获得身心成长。

学习困难的类型

一个存在学习困难的孩子，即使只是生活中简单的日常任务——听、说、读、写、算——对他来说也十分复杂。有些孩子记不住自己看到的内容（比如黑板上的信息），我们称之为**知觉动作困难**。另一些孩子也许难以辨识和理解他们听到的内容，我们认为这属于接收语言困难或**听觉语言处理困难**。还有一些孩子也许很快就能记住乘法表之类的知识，但如果需要应用这些知识来计算，他们就会感到不知所措。有些孩子如果需要从视觉上辨识几何图形，就会遇到困难——我们认为这与广义上的**空间关联困难**有关。当然，我们知道不同孩子的能力水平各有区别。但如果一个孩子在一种或多种能力上与其他孩子相比落后得太远，或者，如果一个孩子在某些方面明显发展不均衡，我们就会认为，这个孩子存在学习困难，或者用我更喜欢的说法是，在学习中面临挑战。

在学习中面临挑战的孩子似乎越来越多，原因还不清楚。也许是因为我们现在能够更好地分辨出存在这类问题的孩子，因为我们已经重新定义了学习困难的构成因素（过去三十年中，学习困难这个领域整体上高速发展）。也许是因为，由于各种各样未知的原因，与以前相比，现在有更多的孩子出现了学习困难。有些专家推测，周围环境中更多有毒的化学物质——杀虫剂、塑料制品以及其他污染物会影响我们的中枢神经系统，这也许会导致出现学习困难的孩子越来越多。

我并不认同"学习障碍"这个术语，因为我们往往会武断地划下一条标准线，决定一个孩子遇到的某种困难，是否已经严重到学习障碍的程度。例如，评估了一个孩子的标准智商测验分数之后，有些人会把不同技能之间差距超过 20 分的情况定义为存在障碍。但如果一个孩子在某个领域是天才，而其他方面只有一般水平，也可以说他存在学习障碍吗？

我更愿意认为，一个孩子各方面的学习能力本身就存在差异，这就是为什么我会使用"在学习中遇到挑战"这个术语。有些孩子只是与其他孩子相比发展得更不均衡。成长发育的不均衡（例如阅读或计算），不仅会影响一个孩子的学校生活，也会影响他儿时和成年之后的一般生活。在我们的生活中，很多细微的、一秒一变的、每天发生几千次的日常活动和交流，对于某些人来说很困难，另一些人却觉得很简单。一位才华横溢的数学家，也许很难理解人们话语中的含义、很难解读人们的面部表情或手势，也许她虽然听到了你表示厌烦的声音，看到了你摇头无奈微笑，却仍然认为她给你讲了个很棒的笑话。一位天才作家也许无法很好地判断距离，谈话时会把面庞凑近到令人不快的程度。一位成功的律师，虽然很擅长解读人们的表情和身体语言，但在步行或驾车时也许很容易迷路，因为他的空间感有问题。我们需要从更广泛的角度思考学习过程，不仅仅包括阅读、书写、计算。

很多学习障碍也许并不完全是身体原因。例如，父母和孩子之间交流互动的方式，在很大程度上决定了一个孩子是否会出现学习问题。比如，有些孩子虽然神经系统和语言能力发展得很好，却无法把行为提升到思想的层次，这仅仅是因为没有人教过他们怎样做。如果孩子的父母不怎么和他交流，不会和孩子一起坐在地板上玩假扮各种角色的游戏，那就有可能发生这种事。有些父母只行动而不沟通：如果孩子做错了事，父母会打骂他或者把他带走；如果他表现很好，就能得到奖励。但这种胡萝卜加大棒的做法，仅仅局限于行为的层次，缺少彼此之间的沟通。如果父母和孩子之间没多少言语上的交流，孩子处理思想可能就不如做出行为那样得心应手。

我们可以通过这种方式来考虑学习的过程：接收信息、处理信息（理解），再与他人交流信息。很多成年人面对在学习中遇到挑战的孩子时，会表现得好像这些孩子无法顺利地接收和传达清晰的信息，好像这些孩子无法很好地思考。例如，成年人可能认为，存在运动规划困难（这使他动作笨拙）或者语言困难的孩子都很愚蠢。但事实上，虽然孩子也许在信息的接收和沟通中存在困难，但他的心智并没有问题。本书前面提到的杰拉尔德的例子证明了这一点。这些孩子往往聪明而富有创造力，但我们需要帮助他们理解沟通，或学习如何沟通。我们不应该认为这些孩子是愚蠢的，虽然大家都会觉得能够轻松与人沟通的孩子很聪明。

让我们来了解一下，学习中哪些领域可能突然面临挑战。

● 接收和处理信息

在信息输入过程中遇到困难的孩子，会发现他们很难接收和理解自己听到和看到的内容。这就使他们难以完成思考，或者关闭我所说的"沟通循环"——沟通循环是在他人提供信息的基础上建立起来的。在这方面面临挑战的孩子们，可能会表现得难以集中注意力。他们觉得学习或信任他人都是很难做到的事情，有时候会被误诊为注意力缺陷障碍。

有些孩子也许对噪音或其他外部刺激过于敏感，例如声音、触摸、明亮的光线，或这些因素的结合。他们可能会对刺激做出过度反应，变得焦躁、神经质、容易分心、受到惊吓。他们可能具有声音处理障碍，很难记住一系列声音或词语。由于他们理解不了其他人正在说什么，会显得不听大人的话，记不住学校里的课程或电话号码。如果不擅长把声音和文字联系起来，阅读能力也会发展缓慢。就像之前提到的，他们可能会感觉很难从其他人的角度思考，因为对他们来说，考虑自己的想法要容易得多。他们看起来似乎沉浸在自己的世界中。

还有一些孩子会遇到视觉空间方面的困难，影响感知空间物体的能力。存在视觉空间障碍的孩子们，如果需要在一张纸上找到某个字，往往就会遇到麻烦。他们在陌生的房子或环境中容易迷路，也不擅长使用小型工具。

● 沟通

孩子们在学习上遇到的挑战，原因也可能在于沟通困难，或者沟通反应困难——包括生理和心理两方面。正如我们已经看到的，有些孩子之所以会出现学习困难，是因为他们与父母之间缺少交流互动。**他们没有机会练习人与人之间通过语言、音调、身体姿势、表情和手势进行的复杂沟通。**

沟通也包括通过运动行为进行的沟通，可称为运动计划。在这方面遇到困难的孩子，无法计划一系列的运动，比如画画、系鞋带、敲鼓。例如，一个孩子可能会伸出手把老师桌子上的一个相框碰到地上，但他其实只是想指着这幅照片问老师一个问题。

存在运动计划障碍的孩子，可能无法做出明确的手势，而且，如果同时存在声音和视觉交流的困难，可能也无法理解别人的手势，从而无法通过身体语言关闭沟通循环。前面的章节中也提到，我们之间很多重要的沟通交流并不是通过口头语言进行的，而是通过身体语言——简单或复杂的手势，孩子们甚至在开始说话之前好几个月就学会了这种沟通方式。即使在我们学会说话之后，这种非语言的互动方式仍然是沟通交流中不可缺少、难以分割的一部分。

例如，乔休尔看着老师在黑板上写下一道除法题，然后转向班里的同学们，解释在除法中怎样用到小数点。老师对着黑板上的数字做了个手势，指着小数点："谁知道在这道例题中，小数点应该在哪里？"他指了下乔休尔："乔休尔？"

乔休尔看起来一脸困惑，心不在焉地抓着头发，看向窗外。

乔休尔的同桌凯瑞举起手使劲挥动："我知道！"其他孩子也一起举起手来。

老师摇了摇头，向凯瑞和其他孩子做了个手势，让他们先把手放下去。他再次转向乔休尔，带着微笑说："我敢肯定，乔休尔知道答案。小数点应该在这里（他指向黑板上的数字中一个位置），还是这里（他指向另一个位置）？"

这时候，可怜的乔休尔已经完全混乱了。他努力想跟上老师飞快的手势和解释，同时也试着想搞明白老师是在鼓励他还是厌恶他。教室里嘈杂的噪音更加使他分心。

孩子们可能会因为无法轻松说出词语，很难表达自己的想法，也可能存在词语检索困难，无法在恰当的时间找到正确的词语。例如，一个孩子放学回家后，找不到适当的话来描述这一天，除非她的父母能够推动她、提示她。

父母：在学校里过得怎么样？

孩子：我想还不错。

父母：让我想想，今天是星期四，所以你应该上了体育课。你们踢球了么？

孩子：是的，但没多长时间。

父母：为什么？天气不好？

孩子：不是，之前礼堂里演了一场音乐剧，所以休息时间只剩一半。

父母：音乐剧？那个怎么样？

此外，通过书写或绘画交流也会出现困难（精细运动困难），这是更广泛的运动计划问题中的一部分。还有一些阅读或数学方面的困难，目前尚不清楚是否与知觉方面的挑战有关。对于孩子们在学习中遇到的挑战，我们最大的错误是混淆了学习困难与信息的接收（"输入"）或沟通（"输出"），以及分析和思考的能力。在一个孩子能够很好地掌控自己输入输出的能力之前，往往很难知道他究竟有多少天分。如果太早就想确定一个孩子的"潜力"，有时候会带来负面效果，破坏成长发育的过程。

孩子们怎样应对学习中的挑战

我相信，对于孩子们在学习中遇到的挑战，最严重的风险并不是这些挑战本身（例如运动计划困难、词语检索问题），而是自我认输的应对策略。很多在学习上面临挑战的孩子，对自己的问题会产生负面的感觉。他们觉得自己表现很差、"令人讨厌"、尴尬、焦虑、消沉、无能。因此，每个这样的孩子都会发展出一种应对策略，不仅仅是为了弥补自己遇到的困难，也是为了避免这种羞愧、无能、消沉的感觉。很快，孩子越来越习惯于应对策略，主要的问题反而不再是学习困难本身，而是这些策略。这种策略的一个例子就是逃避困难的任务：孩子可能"忘记"她的课本或者"丢失"她的作业本。孩子可能会把一切搞得"乱七八糟"，把作业本弄乱，或者在书上、本子上瞎画。其他应对策略还包括马马虎虎地飞快做完，以及过度整齐或强迫症（例如，不断地反复检查一道数学题），以至于规定的作业只能完成一小部分。孩子也可能因为过度焦虑完全不知所措，无法完成作业。

孩子们长大之后，如果这些问题变得更加严重，我们会看到孩子身上出现沮丧、消极、自我认输的态度等问题。这类人在家庭或工作中也会遇到困难。当我们追溯问题的起因时，往往会发现，**根源在于当年没有正确对待学习困难**。所以，对于在学习中遇到挑战的孩子，我们面临着**两项任务**：首先，帮助他们练习不擅长的方面；其次，帮助他们发展出合适的应对策略，找到解决办法，使他们不再把自己埋进一个深深的洞里。

就大多数人而言，如果让他们自行发展出应对策略，往往无助于弥补他们的弱点。这是因为，我们更喜欢自己表现良好的部分。例如，一个协调性很好的孩子，很擅长把篮球投入篮筐，毫无疑问他会经常去打篮球。而一个协调性不太好、篮球也打得一般的孩子，就不太可能在篮球场上投入很多时间。就好像如果你是左撇子，不会经常用右手写字。

为了发展出积极的应对策略，一个人必须首先找到个人优势。孩子遇到的每一项困难，很可能都拥有相应的优势，父母和教育者们可以帮助他利用这些优势面对和弥补学业中的挑战。我们在身边也能看到这种积极的应对策略。例如，有些人不擅长机械记忆，他们多少会发展出更强的概念化和创造性的能力，因为他们只能记住作为"整体"的一部分、有逻辑地联系在一起的事物。有些人在处理信息方面会遇到困难，他们可能会变成求知欲旺盛的读者和作者。很多突出的个性特征都是为了弥补特定困难而发展出来的。

虽然很多学校系统，在诊断和治疗不同类型的学习挑战中，取得了很大进展，但他们往往没有注意到这些不恰当的应对策略。我们希望孩子们抛弃不恰当的策略，鼓励他们找到创造性的方法，利用自己的优势（每个人都既有优点也有缺点）应对遇到的挑战。对于在学习中遇到挑战的孩子，我们不应感到灰心失望，而是要鼓励他们想办法解决问题——学会有条理、有创造力、坚持不懈、贯彻到底——这些个性特征将帮助他们克服现有的弱点。

而更重要的是，我们需要帮助孩子们学会忍受这些痛苦、尴尬的感受，这样他们才能正确评估自己的能力，发挥个人实力。 例如，一个阅读很慢的孩子也许无法阅读足够的材料，满足学期论文中要求的十种参考文献。但她可以提出只需三种参考文献就能证明的论点。例如，詹姆斯·米契纳的小说里引用了大量的参考文献，但这一点并不会使他的作品比杰罗姆·大卫·塞林格的《麦田守望者》更优秀。

父母和老师应该怎样提供帮助

针对孩子们在学习中遇到的挑战，下列建议也许能够帮助他们应用自己的优势，学会发展出积极的应对策略。

● 主动学习

面对一个存在学习困难的孩子，需要确保所有的学习过程都是积极的、互动的。这一点再怎么强调也不够。太多的被动机械练习，是存在学习困难的孩子们面对的最大问题之一——我们往往让他们背诵乘法表、反复抄写词语、读识字卡。**我们应该让学习变得积极主动，成为一个充满自我发现的过程。最佳学习方式是运用你的全部感官和整个身体，以积极互动的方式了解你打算学习的材料**——无论是数学、语文等学校中的课程，还是生活中的学习。比如怎样更加独立、怎样处理自己的愤怒、怎样交朋友。一个孩子不可能只靠站在一边旁听就能学会这些东西。这远远比不上全身心投入的效果。一般来说，在学习中遇到的挑战越大，越需要多进行积极互动的学习。一个在数字方面遇到困难的孩子，可以和爸爸玩买东西的游戏，他拿到一些分币、角币，然后仔细数钱确保爸爸没骗他。同样，孩子面对同龄人时遇到的困难越多，越需要多找机会和大家一起自由自在地玩，有必要的话同时对他加以指导。

● 保持灵活

有时候，孩子们会错误地认为一种机械能力（比如书写）的局限，代表了他们整个智力都有局限。如果父母和老师不能在教学中保持灵活，也许就无意中加强了孩子错误的负面感觉。孩子可能会认为自己是个笨蛋。比如，我曾经遇到一个孩子不喜欢书写。当他需要把思想转变为纸面上的文字时，就会遇到困难。放学回家后，如果家庭作业需要写一篇文章，他花了半小时时间也只凑出两个字的答案。

他的母亲说："亚当！已经过了半个小时了，你应该写满两页纸才对！"

"没错，"亚当回答说，"但我想用两个字来回答。"

不用说，他的英语老师对他这篇两个字的文章也不怎么满意。有一天，英语课要求交一篇自我传记，我建议他不妨试着用用录音机。

于是亚当一边在院子里走来走去，一边对着录音机口述了四页纸的的内容，然后再用文字记录下来。这是个又慢又费劲的过程，但他得了个A——这是他第一次在涉及书写的课程中拿到高分。这也是他和他的父母第一次认识到，他其实有很多东西要说。

我几乎无法告诉你，有多少聪明的、富有想象力的孩子面对学习中的挑战苦苦挣扎，但只要我们能找到一种创造性的方法处理他们的学习挑战，他们的表现就会有很大进步。例如，如果写作阻碍了一个孩子表达自己的思想，他有很多想法，却无法落在纸面上。也许他写东西时无法思考，因为他的精细运动技能（控制写作等行为）发展比较缓慢，无法把思想表达出来。但如果是一边思考一边说话，他就能轻松做到。换而言之，思想从他的大脑传达到嘴巴，然后录在录音机上，这个过程与思想传达到手指再落在纸面上相比，效果要好得多。我也属于这类人，当我撰写一本书的时候，我会口述初稿，然后转换为文字。有多少的小作家，是因为我们要求他们用笔写作而被扼杀在萌芽中？

即使一个孩子用录音机"写作"要比用钢笔写得更好，她仍然可以练习用钢笔写字的能力。她可以倾听自己录下的内容，然后全部写出来。不妨让她自己写满三页纸，然后你帮忙把文章剩下的部分打字出来。也可以让她学习自己打字。不应该助长懒惰的习惯。你需要保持灵活，关键在于使思考和沟通更加方便。避免让发展较慢的方面，比如写作，拖累了学习中其他方面。这有点像一条六车道的高速公路，因为只有一个收费站而变成了单车道，从而使交通陷入停滞。我们不能让思想陷入停滞。

● **教导概念**

帮助在学习中遇到挑战的孩子时，另一项基本原则是，要注重教导他们概念，而非事实。这是因为有些存在学习困难的孩子无法很好地描绘出概念。例如，数学能力有问题的孩子往往不擅长描述数字。有些这样的孩子在语言方面极具天分：他们很聪明，擅长阅读，言辞流利——他们的语言中隐含着大量微妙的情感变化，但他们无法很好地描述数量和空间。虽然对于擅长数学的孩子来说，熟记加减法或乘法表很有用，但对于无法描述数量的孩子，这些毫无帮助。例如，大多数孩子就算记不住 6×7 等于多少，至少也知道大概是 40 左右，然后以此为基础计算出来（也许他们记得 $6 \times 6 = 36$，然后心算加上 6，得到 42 这个答案）。

但没有这种数学感觉的孩子，就会不知所措。

如果要帮助一个在数学上遇到困难的孩子，我不会只用具体实物当教学工具，例如，摆出 10 个苹果，拿走 3 个，然后让这个孩子计算余下几个。我会让这个孩子闭上眼睛，在脑海中想象出苹果。我们反复来往于真实和幻想的世界之间，直到他能够在大脑中做加法和减法。在内心中描绘画面，能够创造出内在的数量感觉。你也可以通过短剧（比如让他想象自己是个苹果，和其他孩子排成一行）或绘画帮助一个孩子把概念转化为行动。我们的目标是在他心里创造出某种符号，让他可以控制大脑中的思想和理念。

在小学低年级，教育者和父母们一般会很高兴看到孩子具有优秀的记忆力。比方说，如果一个 5 岁的孩子能数到 100 或者背下字母表，我们提到这个孩子的学习能力时会为他感到骄傲。但现在也有很多教育者提倡，更好的做法是首先指导孩子学会基本的概念，而非依赖孩子的记忆力。存在词语检索障碍的孩子，往往会在短期记忆方面遇到问题。最好不要在教会这样的孩子学习加法、减法、乘法之前，就让他学习数到 100，更有效的方式是，把所有的数字分成一个个部分，首先集中于 1 到 5 这几个数字——教他这个范围内的加减法，然后再学习下一部分数字。要确保他能理解这些概念的含义并加以运用，从而不至于一开始就面对记住一百个数字这样困难的挑战，而是着眼于更重要的目标：理解数字。

● 自信和条理性

很多在学习中遇到挑战的孩子，会得到注意力不集中或容易分心的评价。但在临床上来说，这种分心在某些方面来看也属于一种障碍，可称为"自我提示"障碍，也就是说，这些孩子不会在心里向自己提问、反省，虽然我们大多数人都会自动这样做。例如，放学后他们不会问自己：“今晚我必须把哪些东西带回家，以便做家庭作业？”他们只会看到外面有个朋友，或者有一棵他们很感兴趣的大树，于是他们跑到朋友或大树那里去，然后就忘了把课本或作业本带回家。

  与其让老师提醒孩子家庭作业的事，或者因此奖励或惩罚他，不如由父母通过创造性的方式帮助孩子学着养成自我提示的习惯。孩子必须认识到，学会自我提示本身就是一种奖励。如果是需要“自我提示”某个目标，而非记住这个目标，你可以通过很多创新的方式来实现这一点。例如，让孩子在每天放学时去找老师，告诉老师当天晚上的作业是什么。不是由老师来提醒孩子做作业，而是等着孩子提醒他自己，也许可以通过暗示来帮助他。“先别走，”老师可以说，“你没有什么事情要告诉我么？”不仅要奖励孩子记得把作业带回家，也要奖励他记得和老师说话。老师可以挂起一个大纸板来帮助他，比如说一个大问号，孩子要推开它才能出门。孩子还可以和老师一起讨论这个问号代表什么意思。

  对于一直忘记课本和作业本的孩子，关键是要帮助他们找到一种新的方式思考和组织自己的行为。有些孩子擅长以各种方式反抗父母和老师想要帮助他们的每一次尝试。“可是我正在和朋友说话，没有想到课本。”“我肯定已经交了报告，因为我记得在上学前看见了字母 R，然后我就想起了报告（report）。”“那天风很大，老师打开了窗户……没错，一定是被吹走了！”“你总是指责我，这不是我的错！”比较宽松的父母可能会开玩笑说：“不，我想不是因为风。那天不是有个马戏团来到城里，然后大象跑了？我想是它觉得你的作业看起来好像花生，很好吃。”

  关键是，父母要避免为了维护自己的权威而大喊大叫，然后又因为自己“反应过度”而产生负疚感。不妨考虑下面列出的策略。首先，要确保与孩子一起度过没有特定安排的“消遣”时间或地板时间。然后，每天都与孩子一起展望一下第二天放学时或孩子准备回家时会发生什么：嘈杂、混乱、想和朋友说话。帮助你的孩子想象这种情况，体会他在这种情况下有何感受，想一想他一般是怎样做的（"只是和朋友说话"），又应该怎样做（"问问自己家庭作业是什么，然后和老师确认一下"）。

其次，如果需要的话，规定一些惩罚以及奖励。但奖励和惩罚应该针对孩子使用的方法或方式，而不仅仅是把作业本带回家这件事。例如，你希望孩子每天自我提醒一下关于作业、报告、下次考试等一系列问题。在一个"自动防止故障"的系统中，他会在离开学校前和老师一起检查这些问题的答案（然后老师会在他的作业本上签个字）。晚餐前后，他必须和父母一起检查当天晚上的作业或学习计划，尽量不依靠笔记或者其他方式提醒。不要期待一下子就取得很大进展。刚开始不妨把目标定为每周五天有两天完成任务——超过这一目标就算惊喜。几个月后，再把目标定为五天。

在这个过程中有两个关键。首先，父母或教育者绝对不能失去冷静，或者失控发怒。成年人就像一名微笑的交通警察，虽然有时候很遗憾必须开出罚单，但是会帮助孩子一起讨论，找到更好的驾驶路线或停车位置。你要永远站在孩子的一边，和他一起集思广益，一起展望怎样更好地完成明天的目标。

其次，当你们在解决问题时间中讨论以后的规定时，奖励和惩罚都必须注意坚持。如果孩子违反了规定仍然可以看电视（即使只有一分钟）、玩电脑游戏（即使只有五秒钟）、吃饭后甜点，惩罚措施就贯彻得不够严格。要记住，即使你的孩子没有电视、没有电脑游戏，他仍然拥有你！你会陪伴他一起度过地板时间，度过每一天，你耐心地帮助他不要再挖个洞把自己藏起来。你也希望他能看电视、玩游戏，你永远都是站在他那一边的。此外，你也可以安排一些任务，确保孩子至少可以取得一部分成功。例如，最初的目标定为每周一天中一门课的家庭作业，比方说数学，渐渐进展到每一天所有课程的家庭作业。让这个过程尽可能逐步渐进。帮助你的孩子产生一种自己能够掌控这一切的感觉。注意避开以下这些陷阱：大人向孩子发火、缺少确定的目标、地板时间和解决问题时间过短。

父母和教育者们会观察到，很多发展不平衡的孩子度过小学时期之后，变得很擅长数学、阅读甚至写作，主要目标变成了怎样帮助孩子做事更有条理。耐心投入时间和精力克服这一挑战。如果孩子能在高中之前掌握这种能力，你就顺利完成了这项任务。

此外，对于"健忘"的孩子来说，安排一个专门的"学习教室"，让一位老师积极帮助他们检查所有的家庭作业和其他日程，能够带来很大帮助。

● **简单、集中的目标**

在学习中面对挑战的孩子，往往容易分心、感到不知所措。有时候你需要帮助他们为自己设立一组比较简单的、更有条理的目标。例如，一个名叫托米的学生在学校和足球队里遇到了问题，因为他很容易不知所措——他会晕头转向、漫无目的。他的父母、老师和教练都知道他是个聪明孩子，也是一名优秀运动员，可是一旦忙碌起来，他就无法集中注意力。

我们讨论了一下，他真正想做的是什么。他说："踢到球。"于是我们一起定下目标，在每半场时间里，他应该有八次踢到球。如果能做到这一点，他妈妈会给他一颗金星。收集到四颗金星后，就可以去他喜欢的比萨店吃饭。这样，他就不会在足球场上同时思考好几件不同的事情——他应该在哪个位置防守、从哪里进攻、应该用脚的外侧还是内侧触球、怎样关注对方的进攻或防守，所有这一切会使他不堪重负。现在托米只需要记住,他必须在每半场时间里至少有八次踢到球。当然,为了做到这一点,他必须紧追足球、跑位正确。人们曾经认为,虽然托米是一名优秀的运动员,但他似乎对足球不太感兴趣,总是做白日梦,而现在,他在足球场上变得始终充满活力。他会使劲把球踢远,踢向对手球门的方向,因为现在,即使身处复杂混乱的环境中,他也能把注意力集中在自己那个简单目标上。而且还有实实在在的激励——四颗金星,去比萨店——而不是展望遥远的未来,比方说16岁时会成为一名优秀的足球运动员。要记住,对于某些孩子来说,踢足球(或者做数学题)就像你用左手投球一样。这些活动本身并不能带来充分的回报,使人产生内在积极性。不妨设置一些去比萨店之类的外部奖励作为中间步骤。最终,这项活动本身,以及相应的掌控感,将带来回报。

在教室里,我们也帮助托米想办法集中注意力。如果他旁边的孩子窃窃私语,后面的孩子扔小纸团,同时校长还在喇叭里发布通知,托米就很难把注意力集中在老师身上。(对于某些难以集中注意力的孩子来说,这种典型的教室环境会带来很多困难。)所以,如果托米的老师给全班同学发了三页加法、减法和乘法的题目,并要求大家在30分钟内完成,然后老师会来到他身边,要求他自己订个计划。如果他在30分钟内能完成十道加法题、十道减法题、十道乘法题,他会告诉老师自己每页题目需要多少时间。如果无法完成全部三页题目,他会对老师说:"对不起,我只能做两页,因为每页都要花15分钟时间。"如果老师比较灵活变通,就会告诉他:"好,你可以周末在家里完成另一页。"关键在于:由他自己对自己负责。他可以主动设置一个合理的目标,而不必感到消沉、难以承受压力。

这个方法也能帮助孩子更明确地集中注意力。很多在学习中遇到挑战的孩子,都不知道怎样通过制订计划来完成任务,无论是踢足球还是上课。把较大的任务(赢得一场足球赛或完成三页算术题)拆分为较简单的事项(八次踢中足球或者给两页题目各分配 15 分钟时间),并在这上面集中注意力,这样我们就帮助孩子制订了行动计划。不仅要因为孩子完成了目标奖励他,也可以因为孩子制订了自己的计划而奖励他。我们帮助孩子通过简化目标来集中注意力时,也就帮助他走出了面对复杂的学业、社会、家庭世界的第一步。

● 支持孩子的优势

父母和教育者们往往太过关注孩子的学习"问题",反而忽略或低估了这个孩子的很多优势。想象一下,如果你把 90% 的时间都花在对你来说很困难的事情上,会有什么结果。例如,如果你协调性不太好,每天打上几个小时的篮球会怎样?如果你必须用左手打网球,会是什么感觉?每天花好几个小时用左手写字呢?这肯定不是什么愉快的事情,事实上,会令人相当沮丧。

对你的孩子来说也是一样。把不超过 50% 的"练习时间"花在孩子的弱点上,另外 50% 则用在你的孩子天生的长处上。你家的小艺术天才不应该把大多数时间都用来计算除法题。小数学天才不应该主要花时间练习阅读。

有创造力的父母和教育者会找到各种各样的方式,利用孩子天生的优势和才华,在一定程度上弥补他的弱点。例如,我们的小艺术家可以通过画出半个苹果或三分之一个橘子,练习分数的概念;一个天才小作家可以写个故事,描述一名会计师试图通过分数和百分数之间的转换来愚弄别人,增加自己的银行存款余额。

● 避免形成固定看法

正如我们在第四章中看到的,父母和老师容易犯下一种常见错误,给小学低年级记忆力很好的孩子贴上好学生的标签。这些孩子通常也擅长阅读、能够保持专注——他们把注意力集中在权威人士告诉他们的内容上。有些孩子受到表扬,获得奖励,感觉他们好像在学校里任何方面都表现很好。相反,有些孩子比较喜欢沉浸在自己的世界里,不擅长记东西,不愿意把注意力集中在权威人士身上,他们有时候就会被贴上"头脑不好"、"反抗期"或"学习障碍"的标签。

但这些能够保持专注的孩子,也许过于注重满足其他人的期待,或者希望能让身边的成年人高兴,他们没有学会怎样发挥创造力。这种取悦别人的习惯,也许一直到他们上大学或者进入社会后,都会一直纠缠着他们,如果最初就能采取解决问题的方法面对各种状况,终将会带来回报。也因为这些孩子在刚上学时表现得太好,老师和父母往往不太关注他们的弱点,也许是在综观全局方面,也许是在解决问题方面。沉浸在自己世界里的孩子,也许曾经被贴上学习障碍的标签,但到了后来可能会迅速成长起来,并不是因为他们突然变得更聪明了,只是因为学业成功的标准变化了。

因此,我们需要谨慎注意这两种固定思维,它们是彼此联系的。**每个孩子都需要平衡各种能力,才能创造性地独立思考,同时也能体会到其他人的期待。能够保持专注、听话的孩子也许需要学着更加注重自我,考虑自己的想法。而比较沉浸在自己世界中的孩子,需要学着更好地融入周围环境。**

理解注意力障碍

当孩子发现自己很难集中注意力、保持专注时，父母们往往并不确定怎样才能更好地帮助孩子。越来越多的难以集中注意力的孩子，被贴上了"注意力问题"（例如注意力缺陷障碍）的标签。经常会有人建议采用医疗手段改善一个孩子的集中力和注意力。

但父母们需要认识到，人们在选择恰当的诊断和心理治疗方法时，有时候会忽略很多因素。**而恰恰是这些被忽略的因素，能够告诉我们怎样以最佳方式帮助一个孩子。**其中一个因素是，孩子的注意力和思想，在理想情况下和现实环境中有所不同，例如，孩子和鼓励支持他的成年人一对一相处，或是在一间喧闹嘈杂的教室里与二十五个孩子及一位忙碌的教师在一起，这两种环境中他的表现是不同的。

另一个因素是，孩子的注意力问题与他成长发育的各方面情况有关，可以从哪些方面着手改善？需要考虑孩子对不同的感觉和运动模式的反应和处理方式。孩子对于声音、词语、视觉信号（例如明亮的光线或鲜艳的颜色）、气味、陌生地点、其他人的动作和感情等，是过度敏感还是不敏感？孩子是难以理解声音或话语，还是难以理解图案、字母或书面文字，又或者所有这一切？孩子是否无法完成复杂的运动（动作）模式或行为（也就是运动计划）？这属于沟通能力或行为管理能力中的一部分。孩子在运动计划方面遇到的困难，是否是导致他无法做出计划、坚持一项任务、转换目标（也就是组织一系列行为）的重要原因？有些孩子数学和阅读能力明明很强，却很容易变得茫然失措。

还有另一项因素是，孩子在家里是否会感觉到压力。他是否感到担忧、心事重重、害怕，或者受到过度刺激？

在给出恰当的诊断和心理治疗建议之前，必须全面研究这些因素，以及孩子当前在家里、学校里、邻居环境中的整体表现，还有他的思想、感受、能力、个人和家庭以前和现在的行为模式。一般需要由训练有素的专业人士进行多次会议讨论，才能拿出合适的解决方案。

孩子难以集中注意力可能有很多原因，帮助孩子学会集中注意力思考的方法同样也有不少。下列指导方针可以帮助父母选择对他们的孩子来说最好的方法。

- 如果一个孩子在理想环境中与人一对一交流时能够专注思考，但在人数较多的群体中就难以集中注意力，说明这个孩子已经具备这方面基本的能力。我们可以试着根据这个孩子的学习能力，为他量身定制学习环境，再逐渐帮助这个孩子随着成长发育能够更加灵活地适应环境。我经常听到父母们说，他们的孩子具有严重的注意力问题。而当我看到那个孩子时，我发现他在一对一的环境中能够很好地集中注意力，能够有逻辑性地思考。这样的孩子使我开始反思，我们是否考虑到了不同孩子的个体差异，要求所有的孩子都能在嘈杂拥挤的环境中学习，是否过于死板。

- 如果孩子对于感觉和动作难以做出反应、不知如何处理，我们可以采取很多措施来改进孩子的注意力、思考能力和学习能力。例如，语言治疗师针对听觉处理障碍带来帮助。职业治疗师针对动作或感觉反应处理障碍带来帮助。特殊教育者可以为各种各样的处理障碍带来帮助。心理治疗师也可以帮助孩子们找到新的应对方式，以弥补语言方面的困难，比如说"着眼全局"而不要迷失在细节中。

- 恰当的心理治疗方式（如洽谈），可以帮助孩子处理在家庭中或情感方面遇到的困难。

- 如果心理治疗师能够理解一个孩子特有的应对策略,往往就能找到办法帮助这个孩子发挥自己天生的优势克服困难。例如,有些孩子对自己缺乏信心或感觉自己是个失败者时,就会"逃避"。他们面对混乱或者不确定的状况,会采用"鸵鸟主义"的策略。例如,如果压力过大、感到混乱,他们会自动分神置身事外,而非加倍努力集中注意力。孩子们如果能认识到自己喜欢采取逃避或回避的模式,就能发展出新的应对策略,比如说,向自己提出一些"确定方向"的问题。这样扪心自问也是一种自我提示。每个问题都让孩子更加集中在任务上,激励他走出下一步。例如,孩子读了一个关于一匹小马的故事后,可以向自己提问,他觉得这匹小马怎么样,他是不是也想养一匹,他会不会像故事里那个人一样骑着小马,等等。一个孩子学会了怎样问出这种类型的问题,也就学到了一种终生从中获益的分析工具。

- 发现注意力的问题后,往往会提出医学治疗。但我建议,在认真考虑医学治疗这项选择之前(作为整体解决方案的一部分),首先确定以下几点:

1. 这个孩子即使在一对一的理想环境中,也难以集中注意力和组织自己的思想;

2. 这个孩子特有的应对方式无法为他带来有效的帮助;

3. 已经充分探讨了家庭和情感方面的因素;

4. 已经进行过合理的心理治疗(8到12个月),但效果不完全令人满意。心理治疗的目的应该是帮助孩子发展出新的、有建设意义的应对策略,理解和改变他那种逃避和回避的应对模式和相关感受。

5. 如果打算尝试医学治疗,必须同时定期进行心理治疗,使这个孩子能够继续不断改进自己的应对策略,也许他最终不需医学治疗也能学会集中注意力、有逻辑地思考。心理治疗也能帮助需要医学治疗的孩子处理自己的感受。

日常饮食

让我再谈一下这个有争议的话题：孩子们周围环境中的各种物质，如食物、化学物质、环境污染，是否会导致学习障碍或行为问题？科学研究对其中的联系给出了不同的回答。一些研究称：没错，各种化学物质会造成学习障碍；而另一些研究却给出了否定的回答：并不会，或者，即使会，也只是在非常少见的环境中。这个科学难题很可能多年以后都不会有确定的答案。

你很容易盲目相信最近见过的医生，或者刚刚读过的科学文献。而更加安全的方式是，在孩子身上做个"饮食试验"自行探索这个问题。如果你怀疑某种食物会导致学习障碍或行为问题（例如巧克力、油炸食品或小麦），就让你的孩子在 10 至 14 天之内完全不要吃这种食物。在这段时间内，不要在他的学习或行为中寻找任何进步的迹象。但再次把这些东西加入孩子的饮食之后，如果他确实对这种食物敏感的话，他的行为或学习问题会变得更糟。还有一些家庭用品，比如杀虫剂、油漆味、清洁产品，还有霉菌，也需要随时注意。注意观察你的孩子是否存在某种模式——好的日子和不好的日子——以及这与当时使用的某种产品有何关联（如果可能的话）。如果你对这方面更多的细节感兴趣，我在另一本著作《婴儿期和幼儿期》（纽约，国际大学出版社，1992）中进一步讨论了这个问题。

案 例

马修的故事

> 表　　现：容易遗忘、容易逃避挑战的聪明的 9 岁男孩
> 原因分析：•经常从自己感觉有压力的场景中溜走
> 重点方案：•营造更加温暖、放松的家庭氛围，理解他的"消沉"
> •学习预测和观察自己的行为和感受
> •发挥擅长言谈和讲故事的本领、帮助记忆

九岁的马修之所以会来见我，是因为，用他的老师的话来说，他总是"看向窗外、和其他孩子说话、在上课时玩小游戏和玩具、就是不肯做功课"。马修偶尔能拿到中等分数，但大多数时候只是勉强及格或干脆不及格。他的父母告诉我，他对于家庭作业总是稀里糊涂，而且经常忘记把作业带回家，还会编个故事，比如"回家路上，我看见狮子从动物园里跑出来了，我大吃一惊，就把作业给丢了，然后有只鳄鱼把它带走了"。没有做完作业的时候，他也会对老师编故事："来自外太空的外星人把我带到了另一个星球，所以我没有时间做社会课的阅读作业。"马修这种情况已经持续了很长一段时间，可以一直回溯到幼儿园时期，他对作业感觉"一片混乱"，总是说自己搞不明白功课或作业。

同时，他的老师和父母都觉得，他是个可爱的、讨人喜欢的孩子，可这孩子不仅会欺骗他们，还总是给人一种他马上就会开始做作业的错觉，当然最后还是老样子。他的老师说，他似乎很有空间感——也就

是说，他擅长涂色、绘画、雕塑——同时他趋向于逃避与书写有关的事情，他的字迹更像是二年级孩子的乱涂乱画，而不像四年级孩子相对工整的笔迹。如果需要记住某些知识，比如 $9×9=81$ 或"哥伦布于1492年来到美洲"，他也会遇到困难。不过有时候，他会编出极富创造力的故事，虽然因为不擅长书写，他很难把故事写下来。他的父母说，他喜欢夸大，像是："我会在学校里死掉的，因为我没做完作业。"然后别人就会向他保证，即使作业晚一点做也没关系。

"马修真的要把我逼疯了，"他的母亲丹妮丝告诉我，"他总是不愿意回答我的问题。他从来不肯去做我让他做的事情，我一直都只能亲自把他的玩具收拾好。"她是一位会计师，看起来属于那种容易担忧、有自制力的人。她挨着她的丈夫，僵硬地坐在座位里，说话的时候手一直不停地动。她告诉我，马修一直逃避做家务，就像逃避学校作业一样。即使让他干点简单的活，比如喂猫，他都会绊倒，把猫粮打翻。他经常找借口拖延上床睡觉的时间，还会自称很懒。

马修的父亲保罗，抱有一种更加自由放任的态度。他对于儿子身上出现的问题有点恼怒。在我与他们两人谈话的过程中，保罗一直想把话题从儿子身上转到自己身上，谈论他自己的世界。比如他说，他能记住很多事情，完全不像他儿子记性那么差。

"马修太轻松了，"保罗带着一丝怒气说，"白天上班时，我一整天都忙于商品交易、买卖选择等。我承受着很大压力。而他只不过是要背下四年级的历史课本，不应该给他带来那么多问题。当然，我在四年级的时候也觉得这很难。但我还是做到了。"

随着马修的父母继续谈下去，我越来越清楚，虽然他们都是认真负责的父母，但他们都喜欢避开一些挑战性的行为，他们的儿子从刚入学就开始出现这类行为。我在谈话中发现，保罗是个工作狂，不想管这种事，而丹妮丝不愿给孩子们制定规则，因为她自己的工作和保罗的工作已经导致他们和孩子相处的时间很少。

"我知道孩子们年龄已经够大了，可以照料自己了。"丹妮丝说。马修上高中的哥哥18岁，姐姐15岁，妹妹6岁。在最后一个孩子出生之前，丹妮丝一直做兼职工作，但五年前，她重新回到了能力要求很高的职位上。"但我会产生一种负疚感，他们放学回家时我都不在家。我陪伴他们的时间太少了，所以我更加讨厌因为不得不惩罚他们，而破坏了这仅有的时间。所以，如果我回家时屋子里乱七八糟，我也只会自己收拾。"

丹妮丝和保罗确信马修存在学习障碍——这一点已经很清楚了。"我们到这里来是因为，学校说，他在书写和精细运动方面存在问题。"保罗说。

我请他谈一下马修小时候的情况。从我听到的内容来看，马修的成长发育很顺利。丹妮丝说，他是个安静随和的婴儿，比起用耳朵听，更喜欢用眼睛看。丹妮丝和保罗回忆说，他迫切希望获得别人的关注。不过他们也说，很难记起马修小时候更多的细节，因为那时候他们身边还有另外两个孩子。但他们还记得，马修从来都不喜欢被束缚。早在三四岁的时候，他就喜欢自由自在地在房子里和院子里转悠。

"如果我把他抱起来带到餐桌旁边，或婴儿房里，"丹妮丝回忆说，"他就会尖叫，用指甲抓我。他讨厌受到限制。"

马修热爱骑自行车，喜欢在户外玩。他很享受与哥哥之间磕磕碰碰的手足之情。他开始说话比较晚，但学会说话后很快就能说出一个整句子。

当然，他不喜欢幼儿园和小学带来的限制和命令。只要遇到对他来说比较困难的挑战，比如画画，他就会朝门口走去，而如果老师想让他坐回座位上，他会激烈地反抗。随着他逐渐长大，在家里或学校里都习惯于"直接认输"，他会跑进洗手间，三四十分钟都不出来。在家里，如果作业使他感到恼怒，或者爸爸妈妈对他发火，他会躲到后院或附近的公园。据他父母说,虽然他在学校里有很多朋友,但似乎只有一两个真正亲密的朋友。而且,他喜欢自由自在地和大家交往。

在父母的回忆中,马修在幼儿园时不怎么玩假扮角色的游戏,虽然偶尔他也会穿上超人的衣服玩。除此之外,他总是一个人遨游于自己的幻想世界。马修是个友善可爱、讨人喜欢的孩子,但他的父母说,他们从未真正接触到马修真实的内心世界。

马修的妹妹莉莉安出生时,他表现出一点嫉妒。"他妹妹还是个婴儿时,他曾经想用玩具汽车从她身上碾过去。"他的母亲回忆道。但她也说,自己并不记得马修曾经说过讨厌小妹妹。尽管如此,如果马修和莉莉安待在同一个房间里,保罗和丹妮丝会更加留神照看他们。

马修的成长背景与杰拉尔德有一定的类似性。就像杰拉尔德一样,马修与他父亲的关系并不是非常亲密,两个孩子的父亲都不会经常和儿子接触。而两个孩子的母亲都容易感到焦虑,思维方式比较固定,不太擅长发挥想象力,或者鼓励儿子尽情想象。她们都和儿子很亲密,在某些方面弥补了男孩们缺少父亲陪伴的缺憾。但这种亲密性仅仅体现在为孩子做事或者对着他们唠叨,她们与孩子谈话的时候并不能应用想象力。

与马修的父母会面之后,我第一次和他见面。他是个强壮、英俊的男孩,一头棕发剪得很短,眼睛是黑色的,他的笑容很灿烂,但笑意并没有抵达眼底。他穿着厚卡其布衬衫、蓝色牛仔裤、高帮帆布鞋,显得故作轻松。我们互相打量对方的时候,他双臂交叠,脚尖抵着地板,椅子微微前后摇晃。他虽然咧嘴笑着,身体举止却传达出一种"不要来烦我"的感觉——手臂抱在胸前、紧张地来回摇晃、眼神小心谨慎。

我问他,他觉得自己为什么会来到这里。

他做了个鬼脸。他也知道为什么。"学校里的问题。"

"为什么你觉得是因为那个呢?"我问。

他叹了口气,显得有点火大:"我没有完成作业。"

我进一步问:"我想知道这又是为什么。"

"老师给我留了太多的作业,"他似乎有点自我辩护的意思,"我努力了,但总是没办法全部完成,尤其是,一直都得写这些长长的报告。写作对我来说太难了。"

之后他开始变得热情一点。我请他详细描述一下平时有多少功课,以及他为什么觉得写作很难。

"好吧,我真的努力试过了,但我总是忘记把作业本从学校带回家,或者忘记带回学校,反正就是这种乱七八糟的事情。"他眼睛一亮,身体前倾,改变了话题,"我们需要一些新的发明,使生活变得更加容易。比如说,可以帮助你阅读和写作的发明,可以为学校里必须做的所有那些无聊事带来帮助的发明。比如说,可以代替你写作的自动机器,这样你就不用亲自写了。"

"你觉得自己在写作方面需要帮助?"我问,跟着他的话题,让他进一步说明自己的观点。

"没错,我不太擅长写东西,而且我总是因为这个与老师们,还有爸爸妈妈起争执,因为他们觉得我不够努力。但我真的努力了!可是我一激动起来就容易忘事。比如有一次,我和一个要加入我们足球队的孩子聊天后,把背包忘在了图书馆。还有一次我放学后去游泳。我真的很喜欢游泳,后来把数学笔记本忘在了那里。等我第二天回去找的时候,它已经不见了。我还可能因为巴利推了我这类事而忘记作业本。"

在我们会面的最初几分钟里,马修给我留下的印象是,他是个热情、有魅力的孩子,情绪相对平稳。他能很好地集中注意力,善于表达、思路清晰。他可以集中在一个话题上,组织语言给出复杂详细的解释,来说明为什么丢失东西或忘记事情不是他的错。

但在"不要来烦我"的外表下面,我感受到一丝悲伤,他大概经常处于压力下不知所措。他经常忘记东西,而这些事例中有很多隐隐约约的共性。随着他说话越来越快，告诉我一件又一件的事情，我可以感觉到，他变得紧张起来，因为他也意识到，自己的逻辑不怎么说得通。他飞快地抛出解释和借口时，会身体前倾、语速加快，声音也不知不觉变得单调紧张。这些事例也许并不完全是真实情况。不管怎么说，难道每一次丢失课本或忘记家庭作业，都能归咎于其他孩子或周围环境？

我们改变话题，不再讨论学校以及他一直忘记东西的情况，而是开始谈论他的朋友，这时浮现出另一个问题。他给我讲了几位朋友的事情，然后悲伤地补充说："我和学校里很多孩子并不熟。"他停了下来，飞快地补充说，"但这也不是什么大问题。"

他谈到朋友时，一直带着这种"让我们保持冷静、不要对这一切感到不安"的态度。我注意到，其中隐含着很多被拒绝和被轻视的感受。他告诉我，自己曾经邀请一位朋友来家里过夜，但对方拒绝了，我问他对此有何感受。

他谨慎地耸了耸肩，故作冷淡地说："这其实也不重要，我是说，谁会在意呢？"

马修很在意，我确信这一点。他就像大多数孩子一样，并不能很好地掩饰自己的失望和悲伤。

我对他强调，不要对某些事情感到太过困扰，因为这些事并不是什么大事，这一点很重要。我能感觉到，他那个繁忙的大家庭，也使他感到不知所措。他一直没有详细讲述自己与其他家庭成员之间的关系，只大概描述了一些表面印象。

"我忘记东西的话，有时候爸爸妈妈真的对我很生气。他们会冲我大喊大叫。"但他很快又补充说，"这也没什么，不是什么大事。如果他们太冷静，我就会被惯坏了。"他不想太多地谈论他的父母，或者他希望父母做出怎样的改变。（我经常向孩子们提出问题，他们是否希望父母做出什么改变。这个问题可以告诉我，他们从父母那里没有得到什么。)显然，马修希望他的父母能够更冷静、更温和地对待他，但他担心，如果父母太完美，自己可能会被惯坏。

他也告诉我，姐姐有时候也会对他生气。

"她会大喊大叫，朝我扔东西，比如说一本书，或者当着我的面摔门。但我不在乎。"他再次表现出故作冷淡的态度，"反正她也是个讨厌的家伙。"

他说，哥哥"老是捉弄我"，而小妹妹没完没了地哭。"她会撒谎说我拿了她的书，或者她那个画着小美人鱼的枕头。我很不喜欢她。她总是让我陷入麻烦。"

马修身上有一点令我印象深刻，他有着强烈的拒绝态度。对于任何他感到难以处理的情感问题，他都会持有一种"让我们保持冷静"的态度，或者采取遗忘和逃避的策略。在隐含的悲伤下面，我感受到一些愤怒的迹象。

马修显然是个聪明的孩子（我从他详尽的解释和理由中能看到这一点），但我希望了解他的学习能力如何。于是我们一起做了几个游戏。我让他记住几个数字，顺着和倒着背给我听，以此来观察他的听力短期记忆（他听到某样东西并记住的能力）。就这个岁数的孩子而言，他的能力大概处于平均水准，但整体来说，他的聪明程度远远不止于此。我让他把一张纸上的图形照着画下来，以此来观察他的视觉记忆和精细运动能力（他看到某样东西并记住，再画下来的能力）。在这方面他明显处于平均线以下，他很难回忆起之前的图形并画下来。我不需要通过任何测验或游戏来确定他的分析能力——从之前的沟通交流中就能看到，他的分析能力非常棒。

这些情况完全符合他在学校中的表现，他很难处理需要视觉记忆的概念（例如形状和角度），通过语言给出很多信息时（例如社会课或阅读课上，老师会通过语言解释很多事实和概念），他也会遇到一点困难。

就像很多这些机械能力相对较弱的孩子一样,小学这几年对马修来说很艰难。这也解释了他为什么会逃避学校功课,以及他的老师为什么会抱怨他不好好听课。在一些需要思考、分析和创造能力的任务中,他的表现要好得多,例如创作一个故事或者构思一个科学实验,但这些能力在高中和大学之前并不重要。对于马修这样的孩子来说,小学低年级令人痛苦。事实上,这是他们最艰难的一段日子,遇到的困难远远比大学或研究生时更多。

我们第二次会面时,马修首先给我讲了上次谈话后他过得怎么样,然后我们开始着重讨论,对他来说记住事情(比如说作业或家务)有多难。

"让我们来看看你都是怎么忘记东西的,"我建议说,"一步一步来。"

马修回忆了一系列自己忘记东西的情况和场景。他描述了家务劳动和很难的家庭作业(他上了一家作业很多的学校)。一开始他只是说,有太多东西要记了。

"那些东西就好像不断堆积起来,直到必须做的事情已经堆成了一座小山。"他说。

我表示同情,同时也表现得更加好奇,他为什么很难记住东西,他突然绽开一个笑容。隐约带着一丝骄傲说:"有时候我只是放弃了而已。"

"放弃了?"我问。

"我只是在某种意义上放弃了——忘记了。我只不过是把所有这些垃圾丢到了脑后,你明白的。其中很多东西根本不是什么重要的事情。"我脑海中浮现出这样一幅画面:几百张纸,其中包括家庭作业、老师给父母的信、爸爸妈妈的提醒便条,都被他扔到了脑后,被风吹到了幻想大陆。

"我想你也许说到点子上了,"我说,"放弃。那就是关键所在。"放弃——遗忘或者无视——这就是马修在学习中遇到挑战时采取的应对方式，而这种应对策略只会使他的学业负担更加繁重。

我们一起集中注意力想象这样一幅画面，压力逐渐积蓄起来，堆积在马修身上。"然后你就会说'放弃吧'。"我说。

马修微笑起来，他那种紧张、悲伤的表情消失了。我们谈到这种放弃的策略，以及随之而来的轻松感时，他脸上绽开一个大大的微笑。

我告诉马修，我刚才注意观察他。"我想，事情变得太棘手时，你就会放弃。我敢打赌，你并不是因为自暴自弃才这样做，你就是喜欢这样做。"

马修点点头："你是说，就好像我希望那些事消失？"

"我想没错。"我说。然后我们谈到，他对于各种感受也是这样处理的。

"就好像有些感受会使我感到尴尬，于是我就会远离这些感受。"

"我想你说得没错，"我说，"你对这种情况怎么看？"

他想了一下。"我不喜欢生气，所以如果我产生这样的感受，我就会放弃。我喜欢沉着冷静。"

"你的意思是，虽然你不愿意承认，但有些事情真的令你非常厌烦？"

"差不多是这样。"

我进一步推进这个话题："哪一类的事情？"

"嗯，学校里的老师，他们比起男生更喜欢女生。比如，我们玩足球的时候，老师很保护女生，他们不让我们尽力击败女生。"

我希望进一步谈谈这个话题。"在别的地方也会发生这种情况吗？"

他说："在家里，我妹妹总是对我发号施令，而妈妈也站在她那一边。"

马修告诉我，妈妈和六岁大的妹妹总是保持一致，简直就好像他有两个妈妈，都要控制他、命令他。这使他感到生气。

"爸爸怎么样？"我问。

"哦，我想他比较公平，但他很多时间都不在家。"也就是说，他在家里见不到男性支持者。然后他又按自己的性格补充说："但这也不是什么大问题。"

我敢说，他不喜欢把注意力集中在这些感受上，他宁可"放弃"，或者只是说"不是什么大问题"。

然后我们一起谈到，如果某些状况可能使他觉得想要放弃或者说"不是什么大问题"，他怎样才能把注意力集中在这样的状况上。因为这意味着有些事情使他感到困扰。

"你可以注意一下，自己希望放弃的是什么。"我建议说，"然后，如果你打算放弃，先特意做一下这件事。偶尔放弃，甚至永远放弃某件事，都没什么问题，但你至少应该在做这件事的时候注意观察一下自己。这样，如果希望重新开始，也知道自己是在哪里放弃的。"

很多孩子之所以会来见我，都是因为他们在学校里遇到困难时，采取了和马修类似的应对策略，他们身上存在某种弱点，导致他们对别人的各种要求感到不堪重负。他们面对这一切的方法就是以某种方式"放弃"——遗忘或者逃避（身体上或精神上）很多状况。但这种方法有一个明显缺点。如果孩子没有意识到自己正在做什么，会带来真正的危险，他们会感觉不到自己是谁、周围发生着什么，看不到自己的消极和自我欺骗。

我感觉，马修个性中很多重要因素，已经成长发育到一定程度，符合人们对他这个年龄的男孩的期待：他可以与其他人交流、吸引别人、把注意力集中在他人身上；他可以理解别人的手势和表情；他可以描述自己的感受，在不同的情感之间建立起桥梁，这是理解现实、控制冲动、在一定程度上集中注意力的基础。但与此同时，他面对某些情感时缺乏灵活性。例如，他会逃避愤怒、竞争和悲伤。如果他因为朋友、妹妹、爸爸、学校而遇到挫折、感到愤怒或悲伤，他只会直接放弃。为了应对这些感受，他常常会逃避、拒绝，这不同于他这个年龄的孩子一般使用的应对策略。换句话说，如果把生活视为舞台上的一场戏，上演着马修生活的舞台并没有很大的裂痕和危机，但这出戏的范围过于狭窄，不像我们认为他这个年龄应该有的样子。

马修这种逃避推脱的行为，是否与他学习上某些弱点有所联系？正如我们看到的，他的分析能力很好，短期机械记忆的能力就不太强。所以，小学里的六年对他来说，要比高中和大学更加困难。当创造力、解决问题的能力和分析能力变得更加重要时，对他来说，生活也就变得更加容易。但就像很多在学习上遇到挑战的孩子一样，马修用来弥补这些弱点的应对策略并不是很灵活。于是他反而给自己挖了一个更深的洞。在帮助马修改进学习弱点之前，我们需要先调整他的应对策略。

● 地板时间

马修在地板时间中遇到的挑战类似于杰拉尔德：两家父母都需要与儿子进一步交流，不仅仅限于衣食住行、学习作业等日常生活问题（顺便说一下，生活方面两家父母都做得很不错）。

我们的第一项任务是，改善保罗和丹妮丝之间的关系，使这个繁忙的大家庭能够带来一种更加温暖放松的感觉。为了帮助马修改善学习问题，首先需要改变家里的气氛。事实上，我总是会把一部分时间花在孩子的父母身上，因为在他们改进与孩子之间的关系时，改进父母彼此之间的关系也是非常重要的。我与保罗和丹妮丝会面时，谈到为什么保罗总是晚上八点以后才回家。

"如果我回家比较早，"保罗说，朝着他妻子的方向点点头，"她只会朝着我抱怨，说我对孩子们的帮助不够，说我无视她的工作，或者家里一团乱而我从来不收拾。"保罗觉得，他加班到很晚是为了让家里保持和平。这样的话，等他下班回家后，保罗说，她已经"累得顾不上来烦我了"。

丹妮丝对保罗的说法感到吃惊。"你把孩子、家庭和其他所有事情的责任全都丢给我，"她说，"我无法独自一人处理这一切。所以，你回家以后我当然得把这些告诉你，你总是不在家。"

保罗和丹妮丝按照我的建议，在孩子们上床睡觉后，安排了两人一起相处的地板时间，集中讨论彼此的需要和愿望，而非孩子们的需要和愿望。令人惊讶的是，很多家庭会觉得，如果没有安排好话题，就不知道怎样一起度过一段时间。但丹妮丝和保罗试着不要刻意安排话题，把这段时间用来放松——倾听并体会彼此的感受。

一段日子之后，这对夫妻开始认识到，保罗越是避开丹妮丝，她对于自己必须负起一切责任，越是感到生气，而当他晚上回家后，她也更需要对他倾诉。这种模式意味着，无论是保罗还是丹妮丝，在家庭生活中都不可能感受到他们希望获得的温暖、放松。于是我们商量决定，保罗早一点回家，而丹妮丝会把她的抱怨推迟到每天晚上孩子们上床睡觉后半个小时的地板时间。

重新安排过婚姻生活之后，保罗开始更多地与孩子们相处，尤其是与马修——起初他觉得这没什么意思。

"我真的不擅长这个，"保罗和儿子一起尝试了几次双方都不自在的地板时间之后，保罗告诉我。他们不知道要做什么，要向对方说什么。他们没有共同的兴趣，不像杰拉尔德和他爸爸都喜欢雕塑和绘画。

"即使感到紧张、不自在，这也会带来亲近的感觉。"我向保罗保证，"忍耐一下，迟早会有效果，帮助你们两人产生一种更加舒适自在的温暖和亲密的感觉。"

果然，到了秋天，在另一次尴尬的地板时间中，保罗坐在儿子卧室里的地板上，试着想和他谈谈足球，马修觉得非常不自在，他决定到后院去。

"好，"保罗说，"我们一起去。"

马修看起来很吃惊。"没事的，爸爸，"他说，"你不用非得一起来。"而且，他对于爸爸的陪伴真的不感兴趣。但马修出去的时候，保罗还是穿上运动鞋跟他的儿子一起来到室外。马修起初怀疑他爸爸是想利用在大自然中散步的时间责备他，于是他一直距离爸爸三步远。后来他指着一个鸟窝给保罗看，保罗大步走过去，踮起脚尖仔细看了看，佩服地说马修眼睛可真尖。这段时间中不会出现责备。

一起"在大自然中散步"，渐渐发展成马修和保罗的固定活动。保罗发现，只要他不提那些棘手的事情，比如学校和家庭，让马修只把注意力集中在散步中看到的东西，他们就能产生一种更加温暖、安全、放心，以及更加理解彼此的感觉。

"看，爸爸！"马修指着一群加拿大野雁，它们发出叫声，排成V形飞过天空。保罗和马修欣赏着野雁的优雅和速度。

"我在想，鸟儿是怎么找到迁徙路线的？它们是否能像人类一样思考？"保罗大声说。

马修双臂抱在胸前，仰起头看着那些鸟。"也许它们在想，我们为什么不会飞。"他说。很快，他开始把自己的一些幻想告诉爸爸。

"如果有一只鸟可以连做三个后空翻，那不是很酷吗，爸爸。"有一天他问道，"其他的鸟儿都会羡慕它。它就好像鸟群中的国王。"马修提到的另一些幻想和故事，往往也是关于一只动物怎样被同伴们羡慕。保罗感到吃惊，因为马修从来没有提过他被朋友们羡慕。

丹妮丝开始与马修一起度过地板时间时，也遇到了一些障碍。就像保罗一样，起初她完全不知道要说什么。她试着想问问马修家庭作业怎么样，或者谈谈马修的房间里使她产生兴趣的东西。但这些谈话不可避免地变成指责，丹妮丝会责备他，学习是多么重要，保持他的房间整洁是多么重要，而马修会感到厌烦，又一次躲到后院或者附近的公园里，他会在小树林里玩，或者在篮球场上投篮。丹妮丝开始认识到，如果在地板时间中仅仅关注马修作业做得怎么样、房间是否整洁，地板时间不可能起到作用。从更广泛的意义上来说，她注意到，自己一直都在催促和唠叨所有的孩子，一心想要让他们在生活中取得成功，成为律师、医生、学者。我们一起谈话时，她开始意识到，这种对于成功的执着很可能是因为，她与保罗之间的关系使她在情感上感到空虚。丹妮丝也注意到，马修在这个大家庭里感到迷茫。

她不再责备马修，态度变得更加柔和。她不再仅仅是倾听儿子的梦想和抱负，也开始给他讲讲她自己。

"他是个很好的倾听者，"丹妮丝告诉我，"我会告诉他工作上的事情，或者给他讲我参加的社会组织。我也会谈谈家里的事情——我想把哪个房间粉刷一下，打算购买什么新家具。"

有一天，丹妮丝没有急着说话来填补静默，马修自发地开始和她谈起住在街角的一个女孩。他怀疑那个女孩布瑞怡特可能喜欢他。

"我们一起等公共汽车的时候，她好像完全无视我，妈妈。"马修告诉丹妮丝，"但她和她的朋友到学校去的路上都一直盯着我看。她们还经常窃窃私语，我想她们是在议论我。"这种想法似乎令他感到很愉快。

丹妮丝对于马修以这种方式对她敞开心怀，最初感到有些吃惊。但随着我们继续谈下去，她意识到，自己和马修一直很亲密。"他会和我谈到这种事也是合乎情理的。"丹妮丝说，"而且，因为我也是女性，他可能觉得我会比其他人更能理解那种感受。"

马修的主动交流，使丹妮丝相信，忍受两人相处时沉默的时间是值得的。她学会了闲聊，会给他简单讲讲她一天的生活、她的想法，但关键是要给马修留出一段时间——让他说出自己想说的话，或者说让他展现出自己的想法。丹妮丝和马修都开始期待晚餐后的这段谈话时间，大部分时候是马修给她讲学校里的其他孩子。马修很受欢迎，他友善、易于相处的个性吸引了别的孩子——包括男孩和女孩。马修开始告诉妈妈，谁对他很友好，谁跟他合不来，这个或那个女孩是不是喜欢他。

"比如，我觉得瑞吉喜欢我，妈妈。"一天晚上，马修告诉他妈妈，"她写纸条给她的朋友米切尔这样说的。而马克斯，体育班上的一个人，看到了纸条，然后他把这个告诉了我……"马修主要把注意力集中在女孩们身上，而非他妈妈身上，这一点对他是有好处的，使他有更多的时间探索自己的想法和感受。

丹尼斯和保罗都试着帮助他们的儿子运用自己的想象力，丹妮丝的做法是鼓励他谈谈学校里的女孩。"你觉得瑞吉或布瑞怡特是怎么想的呢？"她会这样问。

马修喜欢幻想这些女孩对他的想法。"我敢打赌瑞吉喜欢我，因为她知道我很喜欢动物，"他告诉妈妈，"有一天她在社会课笔记本后面画了好多小猫小狗，还有马。我们把作业交给佩尔斯坦老师的时候，她假装不小心把笔记本掉了。我知道她是想让我看到。所以我觉得，她可能想和我一起去动物园之类的地方。"至于布瑞怡特，马修幻想她会绑架他，把他关进学校的小房间里，然后从家里带食物给他吃。

丹妮丝和马修一起用更多时间幻想和推测这些女孩，马修越来越喜欢探索自己的想象世界。

保罗也开始在散步时和马修一起幻想，讨论他们看到的各种动物。蚯蚓在地下爬行时会想些什么？鸟儿从头顶飞过时在想些什么？马修开始想出一些关于蚯蚓和鸟儿的小故事。当他们开玩笑地推测鸟儿会在谁头上拉屎时，马修忍不住咯咯笑个不停。

● 解决问题时间

与马修一起度过解决问题时间，遇到了一些困难，因为他不愿意讨论现实的问题，尤其是学习方面的问题。如果父母提到这些问题，他就会逃避。如果保罗问他"今天在学校过得怎么样？"或者"和朋友们相处得怎么样？"马修会给出含糊的回答，"学校很讨厌"或"我想还不错"。他会迅速转到别的话题上，分散爸爸的注意力："你觉得这周日华盛顿红皮橄榄球队能赢吗？"如果他们正在外面散步，他会说："地很干，我们是不是该浇水了？"如果和妈妈在一起，他会小小奉承一下："这双鞋真棒，妈妈。"

马修很聪明、很讨人喜欢。他可以言之有物地讨论很多话题——体育、自然、政治，成年人很容易跟着他改变话题，忘了坚持最初的谈话主题。例如，他可以针对乔治·布什在1991年海湾战争中的策略展开一次复杂的讨论。

保罗和丹妮丝对马修这些深入的问题印象深刻，他们经常会跟着他把话题扯远。在解决问题时间中，与地板时间相反，他们的任务是坚持讨论几个固定的问题，比如马修在学校里"放弃"的态度，并且以合理的方式切实解决这些问题。我们也希望，在这个过程中能够理解他潜在的孤独、空虚、消沉的感受，从而帮助他面对这些不愉快的感受，他现在只会采取逃避的做法。但要接近马修，必须逐步渐进。他脑子转得很快、很狡猾，他很擅长改变话题。我们首先需要改变这种逃避的趋势。

马修把话题扯远时，保罗和丹妮丝会赞扬他真擅长改变话题，而不仅仅是坚持让他回到最初讨论的主题上。因为马修是个可爱的孩子，他的父母真心为他感到骄傲，他会成为一名很棒的推销员。于是保罗想了个主意，假装他家有一位祖先名叫"银舌头萨姆"，他是个推销员，向深信不疑的顾客们兜售各种各样的假药丸和药水。马修被这个角色迷住了。他兴致勃勃地听爸爸讲银舌头萨姆的故事，萨姆可以把任何东西卖给任何人。保罗告诉马修，银舌头萨姆是改变话题的专家。无论别人正在谈什么，萨姆都会把话题转到他想说的事情上：无论什么病痛、什么苦恼，只要用了他"绝妙的、百分之百有效的、美味的、奇迹般的药丸"，就会感觉更好／变得更有钱／活得更久。

"银舌头萨姆面对他的妻子和孩子时，也经常利用这种销售技巧，"保罗继续讲下去，补充各种细节，"如果他的妻子抱怨他总是和朋友们一起出去鬼混，不回家陪伴家人，萨姆就会打断她，把话题转到她感兴趣的事情上。例如，因为她喜欢烹饪，他会告诉她，自己在旅行中发现了一种很棒的烹饪方法。"

马修很喜欢这些故事，保罗每次讲起银舌头萨姆，他都会快活地笑起来。没过多久他就理解了这个故事的含义。

"这是你编出来的，对吗，爸爸？"银舌头萨姆的故事开始之后没几周，马修问，"我们家没有哪位祖先名叫银舌头萨姆。"

保罗笑了："好吧，谁也不知道我们家谱上都有些什么人。"但他利用这个机会让马修注意到自己的行为模式。

"我之所以会想出银舌头萨姆这么个人，是因为你有时候真的很擅长改变话题。比如当我想和你谈谈学校时，你会把话题转到华盛顿红皮队或者花草上。"

马修一开始微笑了一下，但随即变得紧张起来："不，我并没有这样做。"

保罗扬起眉毛。

"好吧，可能有时候是这样吧。"马修承认说。

保罗指出，说服别人跟着自己想谈的话题走，这种技巧，或者说能力，可以成为马修的优势。"也许我们可以叫你'银舌头马修'。"他建议说。但保罗又补充说，马修也必须知道，他有时候会利用这种方法来逃避。

如果马修没有准备好面对什么事情，就会逃避。但他很高兴地发现，自己说服别人的能力也是一种宝贵的天分。

"我很擅长运用语言，那是肯定的。"他说，不过他不怎么喜欢被叫做银舌头马修。

保罗和马修换了个词——"马修的超级说服能力"，如果马修以一种很聪明的方式改变话题或者瞎扯荒诞的故事，比如说一头大象使他分心忘了做作业，或者外星人烧掉了他的成绩单，他们就会提到这个词。

之后几周中，如果保罗和马修谈到学校的事情或马修的朋友，而马修开始把话题转到自然或政治上面，保罗会说："哦，又来了……"而马修会回答："……是的，我知道，爸爸，马修的超级说服能力。但我现在真的不想谈学校的事，爸爸。"

按照我的建议，保罗不再继续这个话题。"好的，"他回答说，"我们知道，你现在不想谈学校。"

对马修来说，认识到学校是个很难谈论的话题，已经是个不小的进步。至少现在马修会在谈话中实事求是地说"我不想谈这个"，而不仅仅是假装因为别的事情分心。这样能够帮助他认识到自己正在做些什么。

以前，马修会飞快地自动转变话题，以至于他自己都还没有意识到的时候，就已经在谈另一个话题了。例如，如果他因为要和老师谈到考试结果而感到紧张，在马修本人意识到之前，他的心思已经从这个话题上溜走，开始思考别的事情。

接下去的问题就很明显了：马修为什么这么不愿意谈论学校、家庭作业，有时候甚至不愿意谈论他的朋友们？有些东西是他不愿意触及的，显然这就是马修的问题核心所在。但现在他至少已经知道，自己不愿意谈论这些事。

"肯定有什么事情使你感到不自在，"保罗同情地说，"使你心情不快。"

"我想并不是这样。"马修不情愿地说。但之后两个月里，他多多少少开始间接提到孤独、空虚、消沉、失落的感受。这些感受往往与他不擅长的事情联系在一起。最初是因为体育运动。马修在体育上表现一般，但比很多朋友都差。朋友们邀他一起踢球时，马修会拒绝。

"为什么呢？"丹妮丝问，"听起来会很好玩。"

马修耸了耸肩，双手插进口袋里："我更喜欢旁观而非亲自上场。其他孩子总是跑得比我快。"

渐渐地，在保罗和丹妮丝的帮助下，马修进一步扩展了话题，谈到他对写作的感受。

"我永远无法按照自己的想法把词语排列起来。写出来的东西总是很可笑。"马修有很多想法、很多关于植物和动物的故事，但落到纸面上往往一团糟。而且他认为"问题出在我身上"。随着时间过去，马修决定承认事实，学校里某些事情，比如书写、历史知识、社会课，对他来说很困难。其他孩子做这些事情要比他轻松多了。

"我想我的大脑有点问题。"他告诉我。他这样说的时候，几乎冒出冷汗，显得非常痛苦。但至少，他终于意识到这一点。随着他开始认识到自己这些弱点，这些"不好的地方"，他和保罗开始预测在哪些情况下可能发生问题。马修在数学课上或者需要写字的时候，会感到消沉。而在他阅读一本书、讨论主题和中心思想的时候，就不常出现这种感受。这种感受在课堂上要比做作业时出现得更多。有意思的是，这种感受往往与体育运动联系到一起，甚至中场休息时间也一样。

认识到这一切之后，马修就可以预测这类状况。他变得很擅长预测自己会出现什么感受。他和保罗一起预测自己什么时候会决定"放弃"或改变话题。马修坐在课堂上时，往往会发生这种事，开始想象自己走在田野上，也就是"放弃"了课堂。这就是他逃避老师、数学课和数学知识的方式。他也可能离开教室到洗手间去，或者在走廊上闲逛，朝窗户外面看上15分钟，临近下课时才回到班上。马修有很多办法来"放弃"。

既然保罗和马修已经确认了这类状况，以及类似的行为和感受的存在，他们开始一起思考，马修怎样才能不那么消沉，不需要逃离那些场景。马修开始认识到，这些感受源于他在数学、书写和记忆方面遇到的困难，而如果他没有完成作业或考试成绩不好，第二天或者下一周，这些苦恼只会变本加厉地缠着他。马修看到，"逃避"只会使事情堆成一座越来越高的小山，很快就会把他淹没。马修开始预测会为他带来挑战的状况，以及相关的感受、做法，原来的反应方式（"逃避"），然后改变自己的做法，这样的步骤使马修不会过于内疚。他不再每天身不由己，对自己的做法感到吃惊。（"我又做出了这种事！"）现在，他可以预测和观察自己的行为和感受。

但即使马修已经可以谈论这些感受，他仍然不知道应该怎样处理。

尤其是数学和历史，仍然使他痛苦不堪。他记不住数学知识或历史上某一天的日期。显然，他描绘画面的能力很差。他努力想完成不可能的任务——记住所有的事情——而不是在大脑里描绘出图案，帮助自己梳理信息。

"我在想，你能不能应用那种'超级说服能力'来帮助自己？"在一天晚上的家庭讨论中，保罗建议说。

马修颇感兴趣，但也有些困惑，不知道这种平时用于逃避的工具，怎样才能起到积极正面的作用。

"爸爸，我脑子里记不住日期和人名。我也没办法记住那些傻透了的社会课知识或数学题。"他一脸挫败地说。

丹妮丝提了个主意。"你很擅长言谈，"她建议说，"也许你可以在大脑中用文字创造出数学题或社会课的画面。"

马修看起来十分困惑:"我不明白,妈妈。"

刚开始丹妮丝也不知道怎么做。但随着时间的流逝,马修自己找到了答案。

"比如说,如果我在阅读社会课本的时候,把那些重要内容'说'出来告诉自己,会有什么效果?"他说,"也许我能更好地记住那些内容。"

马修不再仅仅是阅读课本,希望知识自动进入他的大脑,这个愿望从来没有实现过。他开始在阅读的时候一遍又一遍把内容说出来。他分析,这种做法会使知识通过他的眼睛,经由他的嘴巴,进入他的大脑。他首先把这种方法应用于社会课,班里正在学习美国南北战争。他一边读书,一边不断地对自己低声重复某些内容:"亚伯拉罕·林肯总统在1862年取消了麦克莱伦将军指挥联邦军队的权力"或者"罗伯特·E.李将军于1865年率南方同盟军在弗吉尼亚州阿波马托克斯向北方投降"。这种方法明显降低了他的阅读速度,但也非常有利于他记住阅读的内容。

马修还找到了另一种方法,能够更有效地帮助他记住知识。因为他很擅长讲故事,比起纯粹的事实,他更擅长记住故事。于是他开始编出一些傻乎乎的故事来记住关键事实。为了记住美国南北战争开始的时间,马修编了一个故事:"林肯总统1861年4月12日在汤里发现一条虫子,这也是在萨姆特堡开战的日子。"他很喜欢这些故事,社会课对他来说终于多了一点乐趣。这些故事也帮助他创造更广阔的画面来描绘"事实"。如果某些事属于一个更长的故事中的一部分,大多数人都会更容易回忆起这些事实。也许最重要的是,马修现在能够自己想办法帮助自己,而非直接"放弃"。

但数学是个更困难的问题。马修试着用苹果来帮忙。我们甚至在我的办公室里排出了20个苹果,比如说,拿走9个,计算剩下11个。然后他试着闭上眼睛想象这个数量。但无论我们尝试了多少次,马修就是没办法在大脑中形成数量的概念。

最后，丹妮丝在一天晚餐时想出个办法："不如这样，不要直接想象苹果，而是想象'苹果'这个词语一个接一个排列起来。然后拿走了9个，你能算出答案吗？"

马修发现这种办法要容易得多。他不再想象一个个苹果，而是把A-p-p-l-e（苹果的英文）这些字母一组接一组排起来。然后，他学会了只用一个字母A来代表苹果，想象排列出一行"A"。通过在大脑中描绘出很多个字母，马修第一次能够形象化地思考数量。这也利用了他在文字方面的能力，用文字（字母）来代表实物。马修渐渐培养出数学感觉，分数也提高了。

这两种方法——利用他讲故事的能力来记住知识，在大脑中描绘词语或字母使数量变得更加形象化——帮助马修认识到，即使很难做到什么事情，他也不一定要感到消沉、空虚，或者自己很差劲，马修还没真正搞清楚自己大脑这些特点的时候，已经取得了很大进步。最重要的收获是，马修能把注意力集中在他以前会逃避的困难任务上，分辨自己会逃避什么样的感受，了解在哪些状况下会出现这些感受。他会产生空虚和消沉的感受，部分原因是他在繁忙的大家庭中感到不知所措，而当他觉得自己无法取得家里重视的成功时，会感到自己很无能。

地板时间和解决问题时间对马修来说十分重要，使他能够与平日经常批评他的父母相处、获得支持。我们需要改变他这些年建立的行为模式：如果他有什么事做不到，就会感到消沉、空虚、孤独，然后又会因为这一点对自己感到生气，随即变得更加空虚和孤独。

关键在于，要改变家里的相处模式，并且帮助马修认识到自己存在逃避的趋向。他能够利用自己的语言天分，至少在一定程度上找到解决学习困难的办法，这种能力当然很重要，但仅仅是锦上添花。我们首先需要让马修和他的父母之间建立起一种温暖、彼此理解的关系。

● 感受和理解孩子的观点

马修在解决问题时间中与父母一起讨论时，开始思考自己的一些想法。他认为感到消沉是错误的。所以当遇到困难时，他宁愿"放弃"也不愿感到消沉。对马修来说，消沉意味着他不再是家里的一员，不再被家人爱着。过去，他的父母只会批评他逃避挑战，而不会感受和理解他的消沉。

对于保罗和丹妮丝来说，体会孤独、不知所措、消沉的感受是一种全新的经验。保罗必须认识到自己内心的消沉。

"我想有时候，作为一个父亲，我觉得有点不自在。"保罗在只有他和丹妮丝参加的一次讨论中告诉我。他说话时俯身前倾，手肘支在膝盖上。"我知道，我是个很好的投资分析师。但我不是个很……"他暂停了一下，想找个合适的词，"……很有直觉的爸爸。我和孩子们在一起经常感觉很棘手。你知道，我会担心自己是不是做了爸爸应该做的事情。我花了足够的时间和马修一起玩任天堂游戏机吗？我要求凯特练习篮球时，措辞合适吗？我给孩子们的拥抱是太多还是太少？"

和丹妮丝谈话时，我们谈到她经常觉得自己对每个孩子的付出都不够。

"我有四个孩子，同时还在上班，我总是对孩子感到亏欠。"她告诉我。为了摆脱这种感受，丹妮丝平时很注意照料孩子们，关注各种细节——确保他们完成了家庭作业、为他们做饭、他们穿的衣服要整洁、卧室也要干干净净的。结果，她面对孩子们时往往抱有一种批评的态度，以至于她无法分辨自己是因为什么感到遗憾——其实是因为她觉得对孩子们照料不够。

"你的孩子们已经够大了，他们不需要你像对待婴儿一样照料他们，"我告诉她，"但除了给他们做饭和帮助他们做作业之外，你还需要花时间陪伴他们，理解他们的感受。"

丹妮丝很快认识到，她与孩子们之间的关系还可以达到更好的平衡。她开始感受和理解马修空虚消沉的心情，而不会觉得这是因为自己没有照顾好他。这样，她对马修的批评也减少了。

● 将挑战化整为零

就像前面提到的，我们首先利用马修在语言上的天分，帮助他掌握数学概念和知识。我们也帮助他逐渐认清自己的感受，尤其是消沉的感受，而非只是逃避。马修无法像杰拉尔德那样通过颜色和形状来描述自己的感受。但马修很擅长讲故事，他可以围绕自己的感受创造出一个故事，从而记住和分辨这种感受。简短有趣的故事帮助马修分辨各种不同的感受，尤其是他最难以处理的感受——不知所措、尴尬、消沉。马修编了个关于一只孤独的小龙虾的故事，帮助自己体会这些麻烦的感受。

"他真的很饿，但他找不到鱼吃，他心里感到空虚寂寞。"他继续讲故事，"后来，他的虾钳折断了，龙虾足也受伤了，无法在海底行走，他心里感到更难受了。"

这样描绘一只孤独的龙虾，并不能帮助马修记住某种感受，但他会记住这个生动的故事。马修晚上大多数时间与妈妈在一起讲故事，编出一些关于激动、快乐、幸福的故事。

他仍然觉得数学概念很难。虽然他可以利用"苹果（Apple）"这个词语想象数量的概念，但他还需要更有效的工具。我们找到另一种方法帮助他进一步理解数学，把每道数学题，比如3+4=？这种简单的问题，用口头语言描述出来。于是马修会看着3+4=？这道题问自己："3个苹果加上4个苹果等于多少？"为了算出答案，他会编出一些小故事，比如一个男孩拿着3个苹果,试图说服另一个男孩再给他4个苹果。有时候,他会给数学题加上有趣的小细节——男孩咬了苹果一口,发现半条虫子。

然后是更大的挑战——乘法。编出关于加法和减法的故事,要比乘法容易得多。很难把5×8的概念放进一个故事里。对于怎样将挑战化整为零,这就是一个很好的例子。我们尝试了几种方法。

"你可以编个故事,八个人来到拉斯维加斯,每个人拿着5美元去玩老虎机。"我向马修提出建议,"如果玩一次1美元,他们可以玩多少次?"

马修试着想了一下这个故事,但最后还是摇头放弃。他仍然无法想象出这个数量。

最后,我们利用不同长度的英文单词,帮助马修慢慢理解了乘法。比如说,三个字母的单词,but、end、out、got等。面对3×4=?这道题,他可以在想象中列出4个三字母的单词。

"一共有几个字母?"我问他。

这次变得简单多了。马修短暂地闭了一会儿眼睛,发现自己能够利用字母和简单的单词描绘数量。他靠着字母和单词慢慢学会了乘法表。

● 定下规矩

但马修一直保持着"放弃"的习惯,他仍然时不时忘记东西。因此好几个月里,他必须把每周的作业记在笔记本里一个固定的地方,每天放学回家前看一下,是否带上了做作业需要的课本。丹妮丝也和老师商量好,马修每天离开学校前,要和老师一起检查一下家庭作业的安排。老师会对照当天的作业,检查他带回家的作业本和课本,然后签个名。他必须完成这件事才能离开学校。如果马修心不在焉地往外走,老师就会提醒他:"马修,你忘了我们还要谈一下。"但他很快意识到,如果他能在放学时迅速地让老师看到他已经带好了作业本和课本,就能更快地出门,在公共汽车上抢到自己喜欢的座位。他会等在老师桌子旁边,拿到签名后赶紧跑出门。

丹妮丝或保罗下班回家后,会有一个人检查马修的作业,确保他完成了全部内容。为了保持他的积极性,也定下了一定的奖励和惩罚。父母允许马修每周借两盘录像带来看,但如果哪天晚上他忘了作业,这周就不能借。如果一整周都好好完成了作业,他可以在周末和保罗一起去宠物店,给他卧室的鱼缸里添一条小鱼或一株水草。

正如我们在每一章中都提到的,定下规矩的同时,必须在地板时间中培养足够的温暖和安全感。也许你甚至需要增加地板时间,保证自己也能感到安全,不会产生负疚感,能够坚持家里的规矩。规矩不应该变成父母和孩子针锋相对。一个孩子,尤其是在学习中面对特殊挑战的孩子,需要感受到父母的支持,才不至于觉得自己在学习上的问题也会带来情感上的失败。与孩子们一起度过温暖、随意的地板时间,他们会对自己的力量更加自信,体会到无条件的安全感,确信自己属于家庭中的一员。

第六章
平衡幻想与现实

"就在那儿。"彼得镇静地说。

"哪里,哪里?"

"就是所有的箭头指向的那个地方。"

确实有100万支金箭为孩子们指明了这个岛的位置,这些金箭都是他们的朋友太阳放射出来的。在茫茫的黑夜来到之前,太阳要让孩子们认清道路。

温迪、约翰、迈克尔在空中踮起小小的脚尖,第一次眺望这个岛。说起来十分奇怪,他们第一眼看见,便立刻认识了这个岛。这时,他们大声向岛上欢呼,一点儿都不知道害怕,并把眼前的这一切看作是一件梦想成真的东西,就像放假回家时遇到的老朋友一般。

——《彼得·潘》

詹姆斯·M.巴利

还有什么能比孩子们的幻想更美妙呢?一整个世界从他们的脑海中飞出来,里面住着可怕的怪兽、奇特的外星人、骑士、恐龙和公主。操场上的秋千变成了温柔摇晃着小美人鱼的摇篮,滑梯带他们进入充满恐惧的太空之旅,攀爬架是高不可攀的山脉,暴风雨和野兽不断袭击勇敢的探索者。典型的儿童故事就像《彼得·潘》一样,为孩子们描绘了生动的幻想世界,整个世界如此栩栩如生,孩子们完全沉浸于其中。当然,到了最后,在大量激动人心的探险之后,孩子们还是会回到家里,回到现实中。孩子们的想象确实充满了创造力,不仅仅来自他们看到和听到的东西:父母们往往会因为这些天马行空的想象力大吃一惊,很多内容并不是来自电视,或者孩子们以前看到或听到的故事。

幻想和逻辑的根源

幻想和现实这两个不同而又相似的世界,都起源于 2 岁孩子的大脑,那时候,婴儿开始意识到情感经历之间的联系。随着他们逐渐长大,变得更有条理,他们的大脑也开始变得更有组织性。例如,2 岁的孩子知道梦里可怕的女巫和一个打扮成女巫的人是不同的(虽然他可能对这两种都感到害怕)。3 岁和 4 岁的孩子能告诉自己,打扮成女巫的人只是假装而已。

在这个过程中,孩子们开始在更复杂的层面上组织自己的情感概念。他们会玩假扮角色的游戏,但他们也更充分地认识到什么才是现实。例如,你的孩子可能会说:"这不是一根真的魔杖,因为它变不出我想要的冰激凌。"

孩子们在三四岁的时候会更多地考虑现实,我把这个阶段称之为情感思考的阶段。三四岁的孩子在不同的想法之间建立起情感的桥梁,他们开始感受到现实世界是什么样子,进一步区分虚幻的世界和现实的、逻辑性的世界,在后面这个世界中,各种想法是通过因果关系联系起来的,必须符合时间和空间的规则。而在虚幻的世界中,当然,孩子们可以暂时忘掉时间、空间、原因、结果,享受此时此刻美妙的愿望和幻想。

孩子们内心的感受和想法在幻想的世界中自由飞翔的时候，孩子与父母之间的关系成为他们与现实联系起来的基础。这是因为父亲和母亲是孩子生活中最早出现的代表现实的人物。孩子们会关注外部世界，关注他们爱着的人，这就是孩子们关注现实的最初迹象。

成长顺利的话，孩子们上小学时不仅已经建立起丰富的幻想世界，也能够分辨什么是现实，什么不是。随着时间过去，他们评估现实，掌握逻辑的工具以及在幻想和现实之间适应转换的能力，也更加成熟。

●"我的世界我主宰"阶段

在这个阶段，我们会看到孩子的幻想世界迅速扩展。故事情节更加复杂详细，不再只有一对一的冲突（比如说怪兽追逐无助的动物），而是开始出现竞争、阴谋诡计、来自第三方的挑战。我们当年处于这个年龄段时，多半喜欢玩牛仔和印第安人的游戏。我们会编出情节复杂的西部牛仔故事，牛仔们有时候和比较友好的印第安部落结盟，从敌对的印第安人那里夺回城堡，有时候和狡猾的牧场工人交易，偷偷占领城堡周围所有的土地。现在，我们的孩子更加热衷于太空人和电视英雄的故事。但故事的情节和主题就像我们那时候一样复杂。比如说，六岁的阿尔瓦罗想象超级马里奥兄弟与库巴魔王战斗。两边团队的成员都知道，如果能找到并控制住秘密发明家藏在山顶的魔法发明，他们团队的力量就能比其他团队强六倍。但两边都不确定秘密发明家会支持哪一边，超级马里奥兄弟希望能赶在库巴魔王之前找到秘密发明家。最后，超级马里奥兄弟首先抵达山顶，库巴魔王发动攻击时，超级马里奥兄弟利用魔法机器打败了他们。

我们也看到，伴随着这些丰富的幻想，孩子们的逻辑思维和对现实的理解力，也在不断成长。虽然在这个阶段，理性不像幻想那样迅速发展，但也会比前几年变得更复杂成熟。现实并不是指"我想吃块饼干！"或者"你不让我晚点睡觉，我很生气！"现在，孩子已经能够区分父母双方或者兄弟姐妹中某个人。他争论时变得更有针对性。

"为什么我不能晚点上床睡觉？"本恩会提出要求，"吉娜（他的姐姐）可以比我晚一个小时睡觉。"

"但你比她小。"爸爸提醒本恩。

"嗯，那没什么关系，因为我几乎和她一样强壮。"本恩这样回答。

如果孩子们顺利地成长发育，这时能更好地分辨什么是现实、什么不是，并且在幻想和现实之间转换。例如，道恩在一年级课堂上玩洋娃娃，假装邪恶的王后想吃掉一个婴儿，婴儿拼命逃跑。这时候道恩的老师宣布，集体讨论的时间到了。

"放下你们手里的玩具。"老师告诉孩子们。

道恩很快结束了这段情节——一位国王杀死邪恶的王后，救下了婴儿，她把娃娃们塞回平时放玩具的架子上，参加集体讨论。

"谁能告诉我今天是什么日子？"老师问。

道恩举起手："今天是星期二。"

"我们在星期二会做什么，道恩？"老师问。

"星期二我们会跳舞，还要放音乐，这次轮到我把磁带放进录音机里。"道恩说。她在几秒钟内就走出复杂的幻想情节，进入教室里的日常生活。

但你无疑也注意到了，你的孩子在这个阶段还无法确定，在某种环境下怎样描述现实比较恰当。例如，道恩的老师问她回家后会做些什么。

"妈妈会来接我，我会告诉她，今天是我把磁带放进录音机里，然后我们跳了舞，很开心。"道恩回答说，"但妈妈星期二总是很累，心情不好，因为她很早就要去上班，所以，也许我还没来得及告诉她，她就已经去睡觉了。"

也许等道恩长大成为青少年或成年人之后，她才会认识到，坦率说出自己对于现实的看法有时候并不恰当。

孩子们不断适应现实世界，但他们的幻想世界如此强大，有时会压倒现实。你会注意到，这个阶段的孩子往往不愿意关闭沟通循环。他们会从一个想法跳到另一个想法，完全不管谈话时话题的转换一般要有逻辑上的联系。这种情况也许相当烦人，你只能拼命追赶不断改变的话题。也许这表现得比较微妙，你只是感到苦恼，自己和孩子仿佛不在一个波长上——"说的不是同一种语言"。例如，你想谈谈"今天在学校过得怎么样？"而你的孩子说了一声"玩具车"，就开始全神贯注地玩面前的小车，发出各种声音，却不告诉你在学校里玩具车究竟怎么了。

幻想带来的感觉可能过于强大，压倒了孩子的逻辑性。孩子可能会被噩梦吓坏，相信床底下真的藏着一只四头恶龙，想要开着灯睡觉，或者让爸爸妈妈留在房间里陪她。

"哎呀，房间里真的有怪兽吗？"爸爸妈妈会问。

"不，并不是真的有，"孩子回答，"但感觉就像真的有一样，所以请陪陪我！"

如果她正在看电视上的恐怖片，即使知道那不是真的，也会紧紧抓住你的手，或者一两天都因此做噩梦，要求开着灯睡觉。

● "世界由其他孩子组成" 阶段

在前一个阶段中，孩子们的幻想达到了一个高潮，然后，他们会进入"游戏场角力"占据主导的阶段。他们的个性中现实的、逻辑性的

部分继续加强：理性、逻辑的自我现在已经追上了幻想的自我。 孩子大脑中理性的部分不断加强，不再受到幻想的威胁和挑战。孩子们开始在新的层次掌握逻辑，以便更好地理解这个世界。他们已经超越了低年龄时非黑即白的想法和简单的因果关系（"如果我干坏事，就会受到惩罚"或者"如果我用锤子敲桌子，桌子就会裂开"）。随着他们个性中理性、逻辑的方面更加成熟，他们能够看到生活中更多的灰色地带、微妙含义、细微差别。他们能够区分不同的类别和层次，并且评估这些类别和层次。例如，他们开始了解有点生气、比较生气、相当生气、非常生气以及暴怒之间的区别。他们能够更充分地意识到通过语言表现愤怒和通过行为表现出愤怒有何不同。他们学到了"如果我只是稍微晚一点睡觉，妈妈只会对我有一点点生气。但如果我很晚还不睡，她就会非常生气！"他们开始认识到，和朋友相处时、面对父母时以及见到父母的朋友时，可以表现出不同的态度。

正如我们看到的，孩子们和同龄人相处时，也开始应用这些经验。例如，他们开始认识到，自己同时和很多人保持着不同类型的关系。比如，九岁的黛博拉和道恩关系很好，黛博拉把道恩视为朋友；但是虽然道恩和克丽丝特尔关系并不好，黛博拉仍然把克丽丝特尔也视为朋友。

孩子们的逻辑感加强了，这些复杂的想法，这种掌握不同类型人际关系的能力，一下子进入他们的大脑。现在，他们已经可以从不同的层次看待现实世界——以后（比这个年龄大不了几岁的时候）还会发展出更多层次。

在一定程度上，现实始终是由以前体会到的感受决定的，同时对于这个阶段的大多数孩子来说，现实在很大程度上是由某个群体决定的，要么是家庭，要么是同龄人群体。如果同龄人群体或家庭告诉一个孩子，她很笨（或者聪明、强壮、是书呆子、漂亮），她就会（至少在一定程度上）相信自己确实是这样。

有些孩子，随着现实导向的一面逐渐发展，他们会害怕幻想压倒现实。他们的想法和行为可能会变得更死板、更实际、更不知变通。为了努力抓住现实，他们在某种意义上会后退到年龄更小时非黑即白的想法。表现出一点点这种趋向是很正常的，例如，孩子可能在做作业时坚持一道题只有某个答案是对的，或者坚持只能用某种方法来解题。（"不，妈妈，你不能把余数放在那里，应该在这里，巴卡姆吉安老师是那样说的！"）也可能拒绝接受你对小说里某个角色的解释。

"不，爸爸，"内尔可能会说，"斯蒂尔老师没有说这本书里杰克是正直的。她说他是诚实的。爸爸，你完全搞错了。"当然，对内尔的爸爸来说，诚实和正直差不多是一个意思。但内尔看不出诚实和正直之间的关联，不明白这是一个概念的两种说法，也许这是因为，任何不确定的事物都会使他感到威胁。

幻想和想象越是丰富多彩的孩子，越容易轻松度过这个阶段（这也是我认为孩子们的想象力非常重要的原因之一）。通过探索想象世界，孩子们的思想会变得更加复杂，甚至能更老练地做出现实中的决定——关于朋友、学校课业或家庭的决定。他们不需要逃离幻想世界，思想和行为也不必变得过于死板，他们可以从幻想中汲取更多的才华。

●"我内在的世界"阶段

在这个阶段，孩子们开始建立起内心的现实世界，与日常生活的现实世界有所区别、互相独立——内心的现实世界基于他们感觉自己是个什么样的人，而非其他人在日常生活中怎样看待他们。例如，足球队的成员对9岁的弗林感到很生气，因为他没有参加一次重要的比赛。（他去看望了生病的奶奶。）他们认为他是个坏人，或者是个讨厌的家伙，因为他没有把足球队放在第一位。他们在学校里对他冷眼以待。如果弗林正常地成长发育,他就能正确对待队友的看法。因为他在内心中已经建立起"我是个好人"的观点,他对小动物友好、对弱者和蔼。他内心的世界不仅仅基于现在发生的事情,也基于过去遇到的事情。

"我是个正派的好人,他们对我生气只是因为我让他们失望了。"他会这样想,而不会像一两年以前那样,让群体来定义他的自我形象。当然,这并不是说弗林不会受到社会现实的影响。如果他被大家排斥,仍然会感觉很糟糕。但幸运的是,现在他可以依靠自己内心的现实世界来抵抗群体的影响。

十几岁的孩子能够进一步构建自己内心的现实世界,更主动地思考未来。他们会全面考虑各种不同的职业。例如,弗林长大一点后,开始考虑自己数学和其他理科学得怎样,愿意向计算机还是医学方向发展。他开始考虑上哪一所大学——比如说弗吉尼亚大学还是普林斯顿大学。在学校里要下多大工夫,才能得到足够的分数,申请大学时满足自己的第一选择。

虽然10到12岁的孩子还不太能以这种方式思考未来,他们内心的现实已经足够强大,可以与日常生活的现实相抗衡。如果没能建立起内心的现实世界,孩子们面对现实的压力会更加脆弱,譬如早期性行为、滥用药品,以及当今时代孩子们面对的其他不健康但又不可避免的压力。当我们看到孩子们受到压力的伤害时,往往趋向于责备最直接的家庭压力或环境压力。我们没有意识到,孩子们基于之前的经历在情感方面的成长,也是一项重要因素。例如,10岁或以上的孩子如果行为还是像8岁的孩子一样,在生活中就会遇到麻烦。

区分现实和幻想时遇到的问题

关注孩子建立内心现实世界的能力时,我们需要注意两点。首先,他是否能够把自己的思想组织起来,从一定的深度和广度上考虑某个问题?抑或他的思想仍然比较缺乏组织?有些孩子可以零零碎碎地谈论现实。他们会提到一些具体的事物,比如"我想要一杯橘子汁"。但如果要谈论学校的事情或者和朋友相处得如何,他们就会沉浸于幻想中。

其次,这个孩子能否把自己对现实的认识应用于一系列的感受和状况?比如说,他能否从现实的角度思考或谈论他的朋友、家庭、学校、老师?

我发现,很多学龄儿童在培养区分幻想和现实的能力时,以及之后几年需要建立起更强大的内心现实世界,避免因为日常感受和事件产生严重动摇时,会突然遇到两类困难:

● **始终留在幻想中**

有些孩子(本章后面会提到一个例子)很难从幻想主导的生活中进入日常生活的现实世界中。也许他们可以讲述生活中的具体细节——比如早餐、午餐、晚餐吃了什么,但在情感方面,他们不容易区分现实和幻想,而这一点在面对生活的挑战时,是很关键的。**孩子们需要能区分自己和他人的感受,区分主观感受和客观事实,区分内在和外在。如果一个孩子无法区分这些方面,无法客观评估日常世界,可能会导致难以预测的、对他人来说无法理解的行为、思想、感受。**如果一个女孩嫉妒班里一个同学很受欢迎,她可能害怕那个同学会伤害她——就像美丽的灰姑娘那两个很坏的异母姐姐伤害她。如果一个男孩很羡慕朋友的空手道服装,自己也想要,他可能会相信那件衣服已经属于他了——就好像在幻想中,他是城堡的国王,拥有一切。无论是害怕会发生什么事,还是希望拥有什么东西,都会使孩子产生一种过于强烈的感受,这种愿望压倒了孩子保持现实的能力。这样的孩子会活在幻想世界中,尤其是当遇到强烈的感受时。父母会看到,这样的孩子很难区分虚构的世界和现实的世界。他可能害怕幻想世界中的怪兽会伤害他。他可能相信自己想要什么就能拥有什么,因为在幻想世界中就是这样。如果他非常紧张不安,甚至会害怕狗或鸟这样普通的东西。他可能会害怕夏天蟋蟀的鸣叫,觉得那些虫子是在和他说话。

● 逃进幻想中

我也经常遇到另一种模式,孩子们可以建立起现实的感觉,但他们会从中逃离,逃进自己的幻想世界中。他们往往觉得长时间留在现实中很难受——某些感觉、某些人或某些事件使他们感到紧张不安。

下面就是一个例子。妈妈问八岁的米切尔:"在学校过得怎么样?"

"我想还不错。"米切尔说,把书包扔在地板上。

"你都做了些什么?"

米切尔耸了耸肩:"我在课间和尼尔斯一起玩。"

妈妈继续问:"你和尼尔斯做了什么?"

米切尔再次耸耸肩:"没做什么。"

他拿着小兵人模型趴到地板上。

"砰!砰!你死掉了,大怪兽!"他开始了一场关于军队和怪物的、节奏很快的短剧。

每当米切尔的妈妈想要把谈话拉回学校生活的话题上时,米切尔就会回到厨房地板上的小型战争中。

造成这种情况的原因,部分在于关闭沟通循环的困难。孩子可以按照自己的想法打开一个沟通循环,但之后无法基于父母的回应关闭这个沟通循环。就好像有两段对话同时进行,即孩子的对话和父母的对话。

有些孩子更喜欢幻想,因为他们不擅长处理信息。他们即使花费很大力气也难以处理或理解别人的语言或想法。如果是聪明且充满创造力的孩子,他们很容易接受自己的想法,思考时可以不受外界信息的干扰。

有些孩子不喜欢某些感受。米切尔打算告诉他妈妈,尼尔斯和他相处得不好,在其他孩子面前说他是个讨厌鬼。不管怎么说,这种令人不快的感受使米切尔觉得很难受,以至于他不愿通过逻辑、现实的方式描述这种感觉,只想逃避,躲进虚构的世界。和这样的孩子交谈时,你会在一段时间后突然发现自己需要追着孩子跑才能完成这段谈话,因为他已经沉浸在虚构的世界里。当然,大多数父母并不介意和孩子一起走上幻想的旅途,但他们希望能在一头栽进虚构的世界之前,先完成谈话中现实的部分。

案 例

蒂娜的故事

> 表　　现：沉浸于幻想世界、讲恐怖故事的6岁女孩
> 原因分析：•从自我中心的幻想世界到逻辑和现实世界的转换存在问题
> 重点方案：•帮孩子一只脚踏入现实,她的父亲要承担起相应的角色
> 　　　　　•花时间与孩子交谈,帮助她完成沟通循环

第六章　平衡幻想与现实

蒂娜是个快活友好的幼儿园小孩，想象力丰富——应该说过于丰富，她的父母忧心忡忡地告诉我。她的洋娃娃永远是被怪兽割破的。她画的画上经常有破碎的肢体和大量鲜血。她的玩具卡车和小汽车总是遇到车祸，到处都是尸体和鲜血。

"这真的很糟。"她的母亲阿维斯告诉我，笑容显得很紧张。

蒂娜在学校里也会遇到麻烦。她觉得写字很难，做作业和听老师讲课时也会遇到困难。老师希望班上的同学集中注意力时，她会分心去玩娃娃或玩具车。她的老师说，蒂娜似乎"心不在焉，不知道飘到什么地方去了"。老师觉得蒂娜的成长发育程度还达不到小学的要求，正在考虑要求她回到幼儿园再上一年。

她的父母在家里也注意到她同样的心不在焉的情况。

"她会说'我们在操场上时，简打了我'。"阿维斯说，"然后突如其来地，又一下子改变话题，告诉我'我今天在班上当众朗读'。说了一下她读的是什么之后，又会再次突然改变话题，开始谈论树上的叶子被风吹落。"

阿维斯恼怒地摇着头："而且她也不怎么积极主动，不会预先计划。比如说，我得一直催促她做家务。如果我让她收拾饭桌上的盘子，她也会过去，但还没走到饭桌旁边，就停在了电视机前面。"

阿维斯停了一下，疲惫地搓了搓脸："我不知道，也许我什么地方做得不对。"

虽然蒂娜在课堂上、谈话中、做事时，都喜欢突然改变目标，但她的父母说，她还算合群，喜欢和其他孩子一起玩，包括她的两个哥哥和一个姐姐，分别9岁、12岁、14岁。

阿维斯突然微笑起来，看了一眼她丈夫："她很像我——非常情绪化，不是吗，尼尔？比如说，如果我们决定晚上带孩子们出去吃冰激凌，她会非常激动，尖叫着在房子里跑来跑去。很难让她冷静下来。"

"而如果她生气了，"蒂娜的爸爸翻了个白眼补充道，"至少要发半个小时的脾气。我们真不知道要怎么对待她。我是说，我不习惯她这么长时间一直闹脾气。在我们家里，就算发火也是短暂地、温和地。我爸爸会确保大家都这样做。"

我和蒂娜全家谈了谈，请蒂娜的父母讲讲他们自己，以及孩子的成长发育过程。阿维斯和尼尔为我讲述了自己的经历。尼尔在芝加哥长大，是一位富裕的医生的独子，这位医生是第一代毕业于哈佛医学院的黑人之一。阿维斯也在芝加哥长大，是码头装卸工人家的独女。她的父母拼命工作供女儿读完大学。阿维斯和尼尔两人大学毕业后没多久，在一次聚会上认识，一年后结了婚。阿维斯在孩子们上幼儿园时做兼职工作，之后重新回到全职工作中，在一家地方政府承包公司担任人事管理员。

我们谈话时，我注意到阿维斯，这位表面上很自信的女士，对蒂娜的问题感到不知所措。她一直怀疑自己，担心是自己使蒂娜产生了这些问题，她经常需要丈夫帮助她恢复信心。她是一位极具吸引力的女性，个性鲜明、古典味道的脸庞，一头浓厚的长发用发带束起来，露出整个脸庞。她冷静、自信的外在与缺乏自信的内心，形成了明显对比。

另一方面，尼尔对于谈论自己要比谈论家庭更感兴趣。他是一位迷人的男士，带着随和的微笑，但我能感觉到，他听周围的人说话时，注意力仅仅保持到抓住主题，然后就会引导谈话回到他自己身上。显然这就是为什么他喜欢学术界的生活——他肯定很喜欢听自己讲课。我们对于尼尔的童年，以及尼尔对他女儿的问题的看法，了解到很多内容。

蒂娜的父母说，她以前是个脾气随和的婴儿。"可爱，讨人喜欢。"尼尔告诉我，"她看起来总是很开心、很机灵。比起她姐姐，我更喜欢和她在一起，她姐姐脾气更加多变，人们说我小时候也是那样。"

"也许我们太过关注蒂娜了，因为她是最小的。"阿维斯说，"我们喜欢把她打扮得漂漂亮亮，和她一起玩拍手游戏。所有的孩子都把她当做小洋娃娃一样对待。"

蒂娜大约从2岁开始，喜欢沉浸于幻想中，这是2岁孩子成长发育中一个典型阶段。她有个想象出来的朋友"波克莉"，无论到哪儿都和蒂娜在一起。大家出门的时候，她坚持要为波克莉系上安全带，吃饭的时候，她会在桌上为波克莉准备杯子和勺子。她会把不肯告诉爸爸妈妈的小秘密，告诉这位特别的朋友，还经常为她唱歌。当然，对两三岁的孩子来说，这一切都很正常，他们刚开始在更复杂的层次上把情感概念组织起来，刚开始学着区分幻想和现实的世界。

但蒂娜似乎一直没能完全融入现实世界，反而更喜欢自己虚构的世界。她会围绕着玩具娃娃和毛绒动物建立起复杂的幻想——随着时间的流逝，这些幻想变得越来越生动形象。阿维斯开始担心，她的女儿似乎对身边的世界完全不感兴趣。蒂娜开始上学后，她在需要精细运动能力的书写和绘画中遇到了困难，但总的来说还是能跟得上班里的同学，于是阿维斯权当一切正常。所以，当老师建议蒂娜再上一年幼儿园时，阿维斯和尼尔感到很吃惊。

蒂娜是个非常可爱、充满活力的6岁孩子，她在等待室里用一个热情的微笑欢迎我，充满兴趣地跟着我走进游戏室。

"看到这本书了吗？"她不像一般孩子那样，被陌生人邀请进来玩玩具时会感到紧张。虽然我们刚刚见面，她已经能很轻松地和我聊天，给我看她带来的一本书里的图画。

"我从图书馆里借来的，上面有不少恐龙的图画。这是一只雷龙。"她指向一张图上趾爪粗短的恐龙说，然后翻到另一页，"这是一只暴龙。它会用后腿直立，攻击小恐龙，它会咬掉它们的头，把它们嚼成碎片。"

蒂娜能够很好地集中注意力。她会通过生动的面部表情和很多话语，对我的手势和言语做出反应。最初，我以为她是个很热情的孩子。

但后来我注意到，她表现出的情感非常强烈，不像一般6岁孩子在正常谈话中的表现。她显得很紧张。

蒂娜的注意力离开了她的书，开始注意我办公室里四处散落的各种各样的玩具。她想知道，每个玩具都是怎么来到我这里的，还有谁玩过它们。突然，她停了下来，变得小心翼翼。

"门在哪里？"

"你好像有点担忧。"我说。

她继续在房间里环顾四周："我不想被锁在里面，你知道，妈妈会担心的。"

"会发生什么事呢？"我注意到，她似乎搞不清楚我的办公室是怎样布置的，和妈妈分开这一点也使她感到焦虑。

"嗯，那就没有东西吃，我会生病，最后会死掉。"她实事求是地说。她在房间里迅速走来走去，打开每一个壁橱，直到终于找到了通往等待室的门。于是她放心了，再次把注意力转到玩具上面。她从我办公室的玩具箱里拿出了一些城堡、娃娃和玩具汽车，开始布置一个颇为宏大的场景。她找出雪儿娃娃和希曼娃娃，加上其他娃娃，分成两个阵营，然后表演了一个复杂的故事，包含很多具体情节。在我看来，就6岁孩子的年龄来说，这个故事显得相当支离破碎，也十分生动形象。

我陪在她身边，一起坐在地板上，随着蒂娜的语言和手势，故事情节逐渐展开。一座城堡里有个美丽的少女（那个雪儿娃娃），善良的人们都会照顾她，蒂娜把这一群人称为马尼斯族。但这个美丽的少女梳头的时候被骷髅族的坏人绑架了，她哭喊着被拖进那个邪恶的城堡。她被抓到那里之后，另一个坏人把她绑了起来，给她动手术。他们切开她的胸口，大量鲜血流了出来。坏人们一起讨论，要不要把这个美丽的少女杀死，还是只从她体内取走一些器官。他们决定切下她身体上某些部分。蒂娜兴致勃勃地描述手术中更多的细节，一边讲一边把少女娃娃的胳膊和腿扯了下来,自己给某些身体部位编出一些名字。

"然后他们戳进她的胃,取出'科口'。"她假装把娃娃的胃扯出来,"然后又把它切成小块。"

少女即将死去的时候,希曼,好人中的一员,打败了坏人。他杀死了骷髅族所有的坏人,救出美丽的少女,把她身体的各部分拼回去。

但蒂娜讲述这个故事的时候,经常会突然改换话题。比如说,她本来正在讲坏人给美丽的少女做手术,却突然提到以前看过的一个电视节目。

"他们给那个男人做了手术,但没有用,他还是死掉了。"她一边说一边忙着让娃娃们在城堡周围挪动,"我爷爷生病的时候去了医院,但他现在已经好了。"她再次转变了话题:"我还看过另一个电视节目,很多人跳舞。"她自顾自微笑着和娃娃玩:"我也会跳舞,我跳得很好,我是全班跳得最好的人。"

最后她总算回到故事的主题上,但很快又再次跑题,一边让娃娃走来走去,一边自己小声咕哝着,听起来仿佛是一种只有她自己懂得的语言。也有时候,她会把两三个意思糅进一个句子里。比如说,骷髅族的坏人们切开少女的身体时,蒂娜突然开始谈到火灾和车祸。

这个故事包含了大量混乱的内容,但也不是所有的内容都紧密围绕主题。蒂娜有时候纠缠于火灾和车祸的细节,有时候又提到祖父以前的事或者最近看的电视节目,不断迂回绕道之后,她终于回到了故事的主线上。

有一点很清楚:这个故事里蕴含着激烈的情感。我看着这个故事的演出,评论说,骷髅人、硬汉、少女,以及故事里其他角色,似乎都有着强烈的感情。蒂娜只是咯咯笑着,表现得更加激烈——把更多的玩具车撞在一起,更重地击打娃娃。她会做出激烈的身体动作,不仅仅只有激烈的想法。

讲完那个故事后,她丢开娃娃和城堡,趴在地板上用蜡笔在纸上随便乱画。我注意到她喜欢红色、橙色和其他明亮的颜色。

"是不是想画什么东西?"我问。

她轻轻皱了皱鼻子,摇头说:"不,我不想。"

"有时候是不是觉得很难把你想到的东西表现出来?"我问。

"嗯。"她说,眼睛仍然盯着她刚才在纸上刷下的一道醒目的颜色上。我让她画下一些形状,这也是游戏的一部分。当然,她觉得要画出特定的形状很难——三角形、菱形、正方形,虽然这对于一般的6岁孩子来说很容易。

她一边随手乱画,一边和我交谈。

"学校和你的朋友,也像骷髅人和少女的故事那样激动人心吗?"我问。

"嗯,我有两个朋友,莉亚和梅拉尼。"她的注意力仍然集中在自己笔下的图画上,不怎么抬头和我说话,"有时候我会和她们一起玩。莉亚头发很长,她有好多蝴蝶结,每天戴的都不一样。"这时她再次顺畅地改变了话题,滔滔不绝的话语几乎完全没有中断:"知道吗?我故事里的女孩头发真的很长,骷髅人差点就把她的头发剪掉。"

我们就这样继续下去,每次稍微谈到一点现实——她的学校、家庭、朋友,蒂娜要么回到少女和骷髅人的幻想世界中,要么转向电视节目或者当时她浮现出的其他幻想。她告诉我,她讨厌学校里的写字练习,比如说抄写黑板上的句子。有一次我问她,她喜欢和父母一起做什么。她从地板上拿起两辆玩具车,开始谈论开车的事。

"然后这辆车砰的一声撞了上去!"她手里一辆绿色的小车撞上另一辆更小的车。

她的幻想旅程往往围绕着刺激或攻击性的主题——比一般的6岁孩子严重得多。情节类似于那个城堡的故事——很多痛苦的少女被坏人抓走，再被好人救下来。这些充满创造力的故事令我印象深刻，但我对于其中激烈的情感，以及她怎样把自己融入那些故事中，也很感兴趣。她似乎很容易在森林里迷路，也就是说，如果她纠缠于复杂情节中的各种细节，就很难回到主题上来。

她稍微谈了一点自己生活中的好人和坏人。

"我有时候也是坏人，不过大多数时候还是好人。"她告诉我，她喜欢偷走哥哥姐姐们重要的东西，"我喜欢拿走姐姐的东西——比如她的首饰。但如果被她抓住了，她会让我在墙角站10分钟。"

我看到，蒂娜已经完成了情感成长的初级阶段：她能集中注意力，会对事物产生兴趣，可以信任别人；她会活跃地打手势，也能回应我的手势和身体语言；她也掌握了情感概念，会给生动的幻想世界定下情感主题，大多数都是刺激的、攻击性的。事实上，她似乎太过专注于这些主题了。

但她似乎在第四个阶段遇到了麻烦——情感思考。她应该可以更好地组织自己的想法和给自己的想法分类，在现实和幻想之间切换自如，有逻辑地参加讨论，而非逃回到幻想中。正常情况下，我们希望孩子们在3到5岁之间经历这个阶段，但蒂娜已经6岁了，仍然没有完成第四个阶段。由于她无法区分一段经历属于现实还是幻想，就更容易因为虚构或幻想而不知所措。原因很明显：她对于刺激性和攻击性的事物很感兴趣，这类感受很可能使她不堪重负。而她在声音处理方面遇到了困难（也就是说，很难在大脑中以正确的顺序接收信息），进一步加剧了这个问题。这方面的局限使她很难有组织地接收信息，维持现实和幻想之间的界限。

我感觉，家庭情况对蒂娜的困难也有一定影响。阿维斯对自己缺乏信心，会过度保护她的女儿。同时，阿维斯显然不知道要怎样应对蒂娜和她的幻想世界。她会和蒂娜一起跳进幻想中，但如果幻想激烈到令她无法承受，她就会退缩，躲开女儿。

"即使只是和她聊天也很困难。"阿维斯曾经告诉我，"她似乎想从我这里得到很多东西。"

而另一方面，尼尔相当注重自我，在家里的多数时间都会用来做自己感兴趣的事，比如读书和听音乐。

很多孩子和父亲之间的关系就像是现实的堡垒，父亲在孩子的这个成长阶段中扮演了非常重要的角色。孩子一般会更加依赖母亲，而父亲可以帮助孩子处理他对母亲产生的某些激烈感受。在某种意义上，孩子与父亲之间的关系帮助他把一只脚踏入现实，同时也可以继续享受早期需要的信任感，以及丰富的幻想世界。当然，在单亲家庭中，父亲或母亲可以同时扮演两个角色，但还是有点难。

在蒂娜的家庭中，父亲没有承担起这种角色，因为他太过沉浸于自我的感受，阿维斯也没有准备好代替父亲的作用。

我们快要结束谈话时，蒂娜显得有点担忧，因为娃娃的胳膊和腿都被扯掉了。她觉得我的孩子可能会生气，然后她关注的地方又变了。

"有时候我很生查理的气，和我同班的一个男孩。音乐课上他不让我坐在前排。"

"他不让你坐在前排，你有什么感受？"

她再次顺畅地从现实转换到幻想。"我可以杀死他。"她快活地说，指着一个玩具小人，"把刀子捅进他的肚子里。也许他会死于心脏病。"她的注意力又回到了周围的小车和娃娃上。

● 地板时间

蒂娜的困难在于，怎样从比较自我中心的幻想世界转换到逻辑和现实的世界。为了顺利度过童年生活，孩子们需要能够把自己的感受、幻想与现实区分开来,这样他们才能更好地与外部世界联系起来。例如,孩子们要了解自己的需要,也要了解朋友和家人的需要,孩子们要和老师、父母建立起联系,才能回应别人在学习和家务方面对他们提出的要求。当然,这并不是说孩子们必须抛弃自己创造出的幻想世界。但如果幻想开始干扰学习的时间,或者影响与父母之间的理性谈话,我们就需要帮助孩子们,把他们拉回现实世界中。

蒂娜沉浸在幻想中的时间,远远超过了合理的范畴,而且她还会把幻想当做逃避现实世界的手段。而她的家庭情况进一步加强了她沉浸于内心世界的趋向。

所以我们的第一步是利用地板时间,在蒂娜和她的父母之间建立起温暖、安全、信任的感觉。我们首先着眼于她和妈妈之间的关系。正如我们看到的,阿维斯很容易在情感上不堪重负,她觉得很难承受蒂娜激烈的情感(蒂娜确实是个情感强烈的孩子)。蒂娜提到血腥暴力的话题时,或者提出强烈的需要时("抱抱我"、"给我牛奶"、"和我一起玩"),阿维斯起初会出于过度保护迁就她一会儿,然后就会表现出拒绝。

开始尝试地板时间两周后,阿维斯告诉我,她只能坚持几分钟。

"我无法忍受这么激烈的情感。"她告诉我。

"强烈的情感为什么会使你感到困扰?"我问。

"我女儿一开始讲娃娃们怎么互相杀害,把对方切开,我就不想听她说话。这不正常。"

"你打算怎样帮助蒂娜?"我问。

阿维斯想了一会儿。她是个观察力敏锐的聪明女人。"我有一种感觉,蒂娜是个很生气的孩子。我觉得这些愤怒的感觉使蒂娜害怕。"她慢慢地说,"我知道,在她谈到这类话题的时候,如果我能听她说话、安慰她,甚至只是留在旁边陪伴她,很可能就可以帮助她不那么害怕这些感受，因为她会知道，至少妈妈没有被吓到。这样的话，也许以后血腥暴力的内容也会变少。"

她停下来微微笑了一下："也许她对我很生气，因为每次她表现出激烈的情感，我都会离开她。"

"你觉得这些情况在蒂娜的成长过程中起到了怎样的影响？"我问。显然，阿维斯很快就抓住了关键。

"她肯定非常生气。"阿维斯回答说，她开始总结女儿各方面的困难，说得更快了，"每次觉得她又要变得感情激烈，我就会去打电话、看杂志，或者只是走出房间。她肯定会产生一种不安全感，也许这就是为什么她一直那么容易生气、渴望得到爱。"

阿维斯进一步思考之后指出，她自己也会感到很生气，尤其是对尼尔生气，她觉得尼尔只关注自己，不愿为家庭做出奉献。蒂娜谈论切割伤害之类的事情时，某种意义上也会提醒阿维斯想起她自己的愤怒。

阿维斯停了一会儿，苦笑了一下："我和她父亲，我们真的已经为她做了很多。"

随着阿维斯进一步认识到自己的愤怒，她能够更好地坚持地板时间，几乎可以和蒂娜一起度过半个小时。这是一项明显转变。蒂娜仍然会描述血液和内脏的场景，而阿维斯可以稍微忍受一下，不至于觉得极其不舒服。

"然后发生了什么？"她会问，或者"好人要怎么从坏人手中救下被切割的少女？"阿维斯不再像以前那样只想逃跑了，事实上，蒂娜和阿维斯会时不时拥抱彼此，感受到温暖。

阿维斯也发现，经常和女儿一起度过地板时间之后，她在别的时候也更能理解蒂娜的情绪——即使只是稍微谈个5分钟。她不再像以前那样拼命回避女儿，也不再那么害怕蒂娜会说出什么可怕的或令人不安的事情。**阿维斯发现，她以前害怕女儿是"古怪的"或"怪异的"，但事**

实上,她自己才是那个因为蒂娜的行为感到古怪或怪异的人。这些感受把阿维斯推进了逃避的行为模式中,显然又会使她的女儿产生更严重的不安全感。

我经常看到很多父母遇到这种情况,他们的孩子过多地逃避到幻想中,而父母也想逃避,比如说,借口太忙没空参加地板时间,或者在地板时间中离开几分钟打电话或做其他事。这其实意味着父母想要逃避或回避孩子情绪中的某些东西——也就是说,他们躲开孩子是因为无法掌控孩子的幻想。但由于父母的存在,以及父母与孩子之间的关系,是孩子们建立起现实的基础,如果一个孩子只能依靠自己,他就会从各种人际关系构成的现实世界中,逃到幻想世界中。孩子会想:"如果你无法掌控我的幻想,我想现实世界中也没有什么能令我产生愉快、安全、融入的感觉。我没有别的选择,只能逃进幻想世界中寻找愉快和安全的感觉。"

我们知道,孩子们最早是从父母亲那里获得对于现实的感觉。如果父母中双方或一方总是躲开孩子,孩子无法感受到外部现实,可能会得出结论:"如果他们不想理我,我也无法和他们建立起联系。"于是这个孩子仿佛放弃了外部世界、现实的世界。现在蒂娜还没有完全放弃外部世界,但她明显很难长时间停留在外部世界中(一种通常在6岁时表现出的能力)。

蒂娜的父亲,甚至比阿维斯更觉得地板时间十分可怕。多年以来,尼尔从来没有真正和蒂娜一起玩或者一起聊天,就算嘴上答应也没有实现过。他觉得,只要努力工作,赚钱养活包括蒂娜在内的家人,他就基本完成了自己的任务,下班后有权叼着烟或拿着报纸坐在电视机前。他喜欢生活中这种物质享受。所以,尼尔总是找很多借口说没时间陪伴蒂娜。

和女儿在一起的时候,他会把讨论的话题转到自己感兴趣的方面——政治或各种社会事件。虽然他也关心女儿遇到的困难，但他显然觉得他妻子会负责处理所有这一切。

"阿维斯远远比我更擅长那些事，"尼尔说，绽开一个大大的笑容，"所以我喜欢把所有的事情都交给那么能干的她。"

我们必须想办法让尼尔认识到，他与蒂娜之间的关系令人愉快，这样他才会出于自我中心的动机花时间与蒂娜相处。

"你下班回家后，会做不少令人愉快的事情——看新闻、读书，"我问他，"但你为什么不觉得和蒂娜相处更加令人愉快？"

尼尔停下来思考了一会儿："这是个有趣的问题。"他下班回家后，阿维斯把他照顾得很好——在他看新闻时给他端来水果，或者帮他按摩肩膀。而另一方面，蒂娜总是要求多多。她很少过来坐在他的膝盖上，或者拥抱他。她似乎总是想要什么东西。（她会支使他，"给我一杯水"或者"你是怪物，而我是公主，现在，追赶我吧！"）换句话说，尼尔抱怨蒂娜不会跟着他的步调走。

我怀疑，实际上，蒂娜表现出的各种各样的情感，尼尔感到难以承受。其他人的情感会为他带来一些压力，他之所以沉浸于自我，很可能是为了在情感上与其他人分离。

于是我和尼尔一起找了个折中的办法，让尼尔找一项自己喜欢的活动，和女儿一起玩。如果我们能首先围绕着尼尔的兴趣建立起地板时间，可以期待他会逐渐考虑蒂娜的兴趣。

尼尔是个爵士乐迷。他喜欢听迈尔斯·戴维斯、亚特·布雷基、迪兹·吉莱斯皮、萨克斯管吹奏者布兰福德·马萨利斯。蒂娜也是个听觉敏锐的孩子，虽然尼尔从来没有让女儿一起分享他对音乐的爱好。他总是在书房里独自一人听音乐。

"你觉得可以和蒂娜一起听音乐吗？"我问他。

尼尔谨慎地说："我会试一试。但我可不希望她在旁边跳来跳去，让我扮演巨人国王或者大怪兽。"

尼尔听音乐的时候,开始把蒂娜带进书房和他一起听。蒂娜喜欢和爸爸亲近。尼尔会躺在地板上,而蒂娜会安静地坐一会儿,听音乐,然后就在他旁边安静地玩。有时候尼尔会哼起熟悉的曲调,用指关节在椅子腿上打着拍子。蒂娜能够抓住调子和节拍。尼尔会教给她各种音乐。蒂娜刚开始学习弹钢琴,会听尼尔为她指点节奏。

事实上,我发现很多父母觉得在地板时间中不知道怎么和孩子相处,无论是出于什么原因(而他们也不是非要知道原因)。我鼓励父母们不要因此觉得尴尬。这并不意味着他们不是好父母。在如今这个繁忙的时代,我们习惯了把所有和孩子们相处的时间都安排好计划,没有特定安排的 30 分钟时间,往往会令我们觉得不知所措。要记住,地板时间的目标是要带来温暖的感觉,以及跟着孩子的步调走。有很多方法能够实现这些目标:比如我认识的一位父亲,一开始觉得很难和他的儿子一对一相处。但父子两人都喜欢用乐高积木搭出奇怪的结构,他们可以安静地坐在一起,在搭好的各种建筑上添加一块又一块积木。渐渐地(也只有逐步渐进才可能),以这种创造建筑物的共同爱好为基础,他们建立起融洽的关系。一位母亲起初觉得和孩子们一起度过地板时间十分无聊,后来她发现,他们可以一起翻阅旧杂志,剪下上面的图片,制作有趣的拼贴画,同时她也可以稍微浏览下以前没有机会读的文章。

最初,蒂娜和爸爸在一起时,两人之间只有几分钟的互动。但蒂娜能够尊重爸爸听音乐的需要,她很高兴能有机会和爸爸相处,即使只是待在一起。有了这个开始,这对父女之间终究会绽开爱的花朵。尼尔开始意识到,和这个吵吵闹闹的小女儿在一起,也可以是令人愉快的。他没办法变得像阿维斯那么温柔,但不到一年,他已经可以在蒂娜弹钢琴时听她说话。他告诉我和阿维斯,其实他并不怎么喜欢做这些事,但他多少会为女儿展现出的音乐才华感到骄傲。他渐渐愿意躺在地板上，让蒂娜把他当做幻想中的一个角色——有时候是一座需要跨越的山峰，偶尔也是故事里的好人或坏人。仅仅10到15分钟之后，尼尔就会觉得"无聊"，又回去听音乐或读杂志。但至少，尼尔和蒂娜之间已经建立起一段可以继续发展深化的关系。

● 解决问题时间

我们解决了阻碍蒂娜和父母参与地板时间的困难之后，解决问题时间也不再那么费力了。首先，也是最重要的，蒂娜需要专门进行练习，以便更有逻辑、更注重现实。其次，我们需要帮助她理解，自己为什么想要逃进虚构或幻想的世界。

为了让她练习变得更有逻辑性，阿维斯和尼尔首先开始和女儿一起讨论当天发生的事情：社会课上或者操场上发生了什么事？老师说了什么或者做了什么？谁和谁一起玩？

最初，他们谈不了多少。

"在学校怎么样？"阿维斯问。

"我想还不错。"蒂娜回答，似乎对于这个话题的方向有点不知所措，"妈妈，我可以看电视吗？"

对于某些孩子来说，谈论此时此刻发生的事情，比如正在播放的电视节目或者面前的玩具，要比这一天早些时候发生的事情容易得多。这是因为这些孩子存在词语检索问题，也就是说，他们很难找到词语来描述自己之前做过的事情。比如，他们很难描述玩了什么游戏，很难回忆一起玩的孩子叫什么名字，即使他们心里明明记得之前发生的事情。由于很难找到描述经历的词语，他们宁愿不要谈论这个话题。

另一些孩子，比如蒂娜，不确定是否存在词语检索问题，但他们更大的困难在于,无法通过有逻辑的方式把一系列想法连接起来。换而言之,他们会从一个想法跳到另一个,很难坚持并扩展某个话题或主题。

起初,阿维斯和尼尔举步维艰。他们再次回来找我,告诉我,他们无法和女儿进行一次有逻辑的谈话。

"这么说在学校里过得还不错?"父母中一方会问,"可以给我举一些例子吗?"

这样做没什么帮助,蒂娜只会显得更加困惑。"嗯,就是一切正常。"她会再次改变话题,"你看,妈妈。那辆红色轮子的汽车。瞧瞧它跟另一辆车是怎么开的。"然后她会把父母拉到其他虚构或幻想的讨论中。

为了让对话能进行下去,阿维斯和尼尔会和她一起用10到15分钟的时间谈论汽车、卡车或娃娃。但他们注意到,她从来不会谈到学校里发生的事情。

我们需要研究,在这些毫无结果的解决问题时间中,发生了什么事情。我们发现,蒂娜很难打开或关闭沟通循环。比如她和父亲之间的一次对话:

"今天我和莉亚一起玩了。"蒂娜告诉他。

"你和莉亚一起做了些什么?"尼尔问。

蒂娜没有回答,她跳到了另一个话题:"安德鲁放学回家后,他妈妈允许他午饭后看动画片。为什么我就不行,爸爸?"

你可以看到,蒂娜没有用"我们一起玩过家家"或者"我们也没干什么"的方式,回答爸爸关于她和朋友莉亚一起做了什么的问题。她反而跳到另一个和之前的问题毫无关联的话题上。如果孩子无法回应父母的意见或问题,沟通循环就无法关闭,彼此之间交流最多也只是零零碎碎的片段。

我必须补充一点,无法关闭沟通循环的孩子,往往是在父母中一方

或双方的合作下养成这种习惯的。父母可能不会花多少时间坐下来与孩子交谈，带来的消极影响是孩子无法针对这类沟通进行练习。（令人惊讶的是，繁忙的生活会导致我们多么缺少一对一沟通的时间。）像蒂娜这样的孩子需要父母积极主动地指导她怎样掌握逻辑。如果父母的做法像阿维斯一样，每次感到不知所措就会退缩，孩子就无法在有逻辑的对话中得到练习。或者，如果父母的做法像尼尔一样，注意力完全集中在自己身上，不怎么听孩子说话，只会一边看电视一边点头，那么当然，他也无法为孩子提供有逻辑的反馈，帮助孩子积累这方面的经验。这样的孩子即使能够以亲切、积极的方式与人们联系起来，即使能感受到自己被父母悉心照料、被父母爱着，也许甚至学会了使用手势表达想法，但他们恐怕无法有逻辑地把想法组织起来。他们也许无法打开和关闭沟通循环。孩子们如果缺少把想法组织起来的能力，就无法描述自己内心的感受。

第一项挑战是让蒂娜学着关闭沟通循环，从最简单的对话开始。首先，阿维斯和尼尔使用非常简单的对话，谈论此时此刻的事情。

"你想看什么电视节目，蒂娜？"阿维斯或尼尔问。

"我不知道。"蒂娜会回答说。

"嗯，我们可以做个选择，"父母会说，"一起考虑一下。"

目标是让蒂娜直接回答问题。如果她能回答："有哪些选择？"甚至只是简单地回答"好的。"就能够关闭沟通循环。

但如果她在这时候说："看看这幅画。"或者"那辆汽车开得真快，不是吗？"就无法关闭沟通循环。

如果蒂娜无法关闭沟通循环，而是改变话题，她的父母会理解她希望谈论图画或者娃娃，但也会向她指出，他们之间的谈话还没有结束。于是对话可能会变成下面这样：

"你想看什么电视节目，蒂娜？"

"我不知道。"

"嗯,我们可以做个选择,一起考虑一下。"

"那辆汽车开得真快,不是吗?"

"没错,开得真快,我很乐意和你谈谈那个,但你还没回答我的问题,你想看什么电视节目?"

蒂娜可能会再次改变话题:"索亚老师说我唱歌真的很棒。"

他的父母会保持耐心(虽然很难做到),再次尝试:"没错,你的声音很好听。但你还没回答我的问题,你想看什么电视节目?为什么你不喜欢回答我的问题?"

最后,蒂娜会恼怒地回答:"安静点!烦死了!"

蒂娜最终以一种粗暴无礼的方式关闭了沟通循环。不管怎么说,这也是直接回答了她父母提出的问题。当然,她可以用更友好的态度来回答:"我想回答你的问题,但我正在想着别的事情。我想看《灵犬莱西》。"

基本的理念是,引导孩子回到谈话的主题上,同时也要理解他们希望谈论别的话题。最好定期问一下他们,为什么不喜欢你说的事情,或者为什么不回答你提出的问题。这是个很耗费时间的过程,但能够很好地帮助孩子们把注意力集中在打开和关闭沟通循环的需要上。你每一次重新提醒他们这一点,都会帮助他们进一步练习。

如果能够及早发现这个问题,你可以努力帮助孩子们集中注意力,在交谈中坚持到底。但这并不意味着你必须把每次对话都变成一次折磨。尝试每天至少有一次15到20分钟的谈话,加上时不时3到5分钟的较短对话,只要你和你的孩子需要交流,试着把这变成简单的练习。

阿维斯和尼尔在几个月内坚持和蒂娜就日常事项进行简短的交谈,然后,他们开始和她谈到更加激烈的话题——她的学校生活。这对蒂娜来说很难,因为这意味着要谈论过去的事情。她有很多很多次逃进幻想中，但她的父母每一次都会耐心把她带回之前逃开的地方。

"你说今天在学校过得挺好，好在哪儿呢？"她妈妈会问。

蒂娜起初想要跳过妈妈的问题："我想出去玩。"

"我知道，我马上就会和你一起到外面去，"她妈妈温和地回答说，"但你还没有告诉我，今天在学校为什么过得很好？"

如果蒂娜坚持要再次改变话题，阿维斯会反复提到这一点："你能不能告诉我为什么在学校过得很好？"或者"你不想回答我的问题吗？"

一旦蒂娜说"我和梅根一起玩"或者"是的"、"不是"、"我想回答"、"我不想回答"，甚至只是点头或摇头，她就关闭了这个沟通循环。然后，她的妈妈会试着以此为基础建立另一个循环，根据蒂娜刚才告诉她的事情提出另一个问题。

"你和梅根一起做了什么？"

"我们一起玩过家家。"蒂娜回答，完成了另一个循环。

"你扮什么角色？"

"我当妈妈，梅根当爸爸。"

这样一个循环接一个循环地继续下去。显然，父母迟早不需要再问这么多问题，只需简单评论一下孩子对这一天的经历兴致勃勃的描述，然后就会变得越来越容易：

孩子：我们今天玩得很开心。

父母：听起来很棒。你们去了那个有大秋千的公园？

孩子：没错。皮耶尔推我荡秋千，我们飞得很高很高。我敢打赌，离月亮都很近了。

父母：我记得，以前我也曾经荡到月亮那么高。

孩子：你是说，就像我和皮耶尔那样？

蒂娜更习惯于谈论过去的事件的时候，阿维斯和尼尔开始进一步帮助她谈论感受。如果蒂娜提到某个同学一直与她不和，在操场上推了她，她的父母会问："哎呀，你对此有何感受？"

因为蒂娜已经学会了关闭沟通循环，她可能会回答"我非常生气"或者"我很伤心"。但她也经常会退缩到幻想之中，把注意力转向她的玩具车和洋娃娃，让它们互相碰撞、互相击打。父母问她有何感受时，有时候游戏的主题就是间接的回答，蒂娜的娃娃可能会生气或伤心。如果当时处于解决问题时间中，她的父母会留意一下游戏的主题，然后努力把蒂娜带回现实生活的谈话中。

"我想你是在玩好人打坏人的游戏。"阿维斯或尼尔可能会这样评论，"我有点困惑。刚才我问你珊德拉推了你你有何感受，这是否也是你想告诉我的一部分内容？"

"好吧，我确实觉得很想揍她。"蒂娜可能会说，这样就关闭了沟通循环。

"你想对她做些什么？"她的父母会问。

"哦，踩她的肚子，告诉她，她是个坏蛋，或者我再也不想和她说话了。"

在好几个月的时间里，蒂娜逐渐变得更习惯于对阿维斯和尼尔描述自己的感受。她的内心世界，曾经只会体现在她的幻想游戏中，现在也会体现在有逻辑的交流对话中。

● 感受和理解孩子的观点

无论孩子的应对策略多么不恰当、不成熟，关键是，父母首先要从孩子的视角来看待这种策略。这会为孩子带来怎样的好处？从孩子的视角来看，这种应对策略会减轻当时的痛苦。父母可能会感觉到，孩子正在把自己埋进一个越来越深的洞里，而这样逃避某种感受只会为她带来更多的痛苦。但孩子并没有这种看法，如果她并不觉得父母能够理解她

短期的痛苦，也就不会和父母认真讨论更重要的问题。

阿维斯和尼尔开始试着搞清楚蒂娜为什么喜欢逃进幻想中。他们注意到，只要她对某些事情感到担忧、紧张，对自己缺乏信心，就会更加倾向于虚构的世界，想要逃避现实生活中的要求（即使只是幼儿园里的要求）。也许她曾经尝试过处理来自朋友的竞争、与珊德拉之间的争执、对某些事情感到不快带来的压力，但她的应对方式仅仅是通过改变话题或者把注意力转向玩具，逃进幻想世界中。她的游戏变得更加支离破碎，也更加生动形象。

注意到这种情况之后，她的父母会温和地引导她认识到这一点。

"你知道，有时候我敢说，和你的娃娃一起玩，要比和我们谈话有趣得多。"他们会说，"甚至某个话题只谈到一半的时候，你也想和娃娃一起玩。你这样做肯定有充分的理由。"

他们帮助蒂娜注意到自己逃进幻想的趋势后，她的反应很不高兴。

"我不想谈这个。"她不爽地顶嘴，"让我一个人待着。"

但阿维斯和尼尔会坚持这个话题，过了一会儿又说："哎呀，我还是想搞清楚，为什么当我们在珊德拉这个话题上谈到一半时，虚构世界就变得更有吸引力。你对她产生的感受中，肯定有什么非常可怕的东西。"

阿维斯和尼尔花了好几周时间，耐心为蒂娜指出她的行为模式，最后，他们得到了回答。

"我对她非常生气，"蒂娜终于说，"现在走开吧。"她又回到了自己的幻想世界中。

随着时间过去，蒂娜对于自己比起现实更喜欢幻想世界这一点，逐渐认识得更清楚，也更能接受。她告诉父母，这是因为她可以掌控所有的娃娃和玩具，幻想世界不像现实那么可怕。

"谈到珊德拉不喜欢我这件事，会使我感觉很糟糕。"她说。

这时候，根据我之前提出的建议，阿维斯和尼尔退了回去。他们不需要说或做更多的事情，蒂娜也不需要。我们已经实现了这里的目标，让蒂娜用语言表达出自己的感受，而非用行为来逃避，也就是在她虚构的世界中演一出戏。当蒂娜可以参与一次基于现实的谈话，讨论自己逃避困难状况的趋势时，她已经解决了自己的问题：学着勇敢地正视自己的感受、讨论逃避的问题，这实际上意味着她已经不再逃避。

有一点非常重要，阿维斯和尼尔需要理解蒂娜想要逃进幻想世界中，理解她不愿意谈论对自己或现实世界的感受。对蒂娜来说，现实是个残酷的世界，远远要比她那个满是血液和内脏的虚构世界可怕，而阿维斯和尼尔必须从孩子的视角来看待这一切。如果阿维斯和尼尔没有努力理解女儿的想法，而只是提出要求，要么采取批评的口气，要么拙劣地模仿心理治疗师："你为什么不能战胜你的感受呢？"那么蒂娜肯定不愿意和他们认真讨论这个问题。**阿维斯和尼尔首先需要理解，蒂娜有充分的理由更喜欢幻想世界，并经过长期努力认真讨论，然后蒂娜才有可能用语言把这些理由描述出来。**至于长远的目标，往往不需要用语言表达出来，没必要告诉孩子："你最好能够面对自己的感受。"

孩子们直觉地知道，最好面对自己的感受，但他们不想这样做。如果他们告诉你，他们不喜欢面对自己的感受，其实这意味着他们已经开始面对。如果他们说，不想面对自己的感受也不会有什么糟糕的结果——他们不会消失、你不会消失、这个世界不会消失，其实他们正一点一点变得更有动力面对自己的感受。

这时候，阿维斯和尼尔需要帮助蒂娜理解她的某些基本想法，比如说："我没有必要做任何痛苦的事情。妈妈应该让我感觉良好。我可以逃避任何困难的事情。"

这种态度在一定程度上与阿维斯和蒂娜双方默认的共识有关。在蒂娜看来，阿维斯似乎在说："我时不时会从你身边逃开，因为你会使我感到不知所措、十分害怕。但如果你不会因为我的退缩感到生气，我就会把你当作婴儿一样过度保护你。"事实上，阿维斯正是这样做的。如果蒂娜的感受使她不知所措，她经常会退缩，不会坚决纠正蒂娜的错误行为。另一些时候，阿维斯会把蒂娜照顾得无微不至，过度保护她。如果蒂娜说她不想做家庭作业，因为太难了，阿维斯会和她一起坐下来，把最难的问题的答案告诉她。如果蒂娜说她太累了不想做家务，阿维斯也会答应。如果蒂娜说别的孩子很坏，阿维斯会表示同意，即使她怀疑蒂娜说的并不是事实。她不会和女儿讨论真正发生的事实。所以蒂娜会产生这样的想法并不意外，"我没有必要处理困难的事情"，以及她和阿维斯默认的共识——"我不会因为你躲开我而生气，你就会允许我逃掉该做的家务"，诸如此类。

阿维斯现在正在努力改变蒂娜的这些想法，花更多时间陪伴蒂娜，尤其是在她的感受最强烈的时候。

● 将挑战化整为零

你会回忆起来，在蒂娜学着变得更现实、更有逻辑性的过程中，我们在各个阶段中教她打开和关闭沟通循环，将挑战化整为零。阿维斯和尼尔首先从讨论此时此刻的事情开始，比如她正在玩的玩具或者正在看的电视节目。然后他们会问她刚刚发生的事情，比如当天在学校做了什么。再然后，进一步讨论她的感受。最后，让她思考自己的应对策略，也就是她逃进幻想世界的习惯，以及假定自己不需要面对任何困难事情的想法。

要记住，在这四个阶段中，我们需要进一步把挑战化整为零。例如，最初我们只期待蒂娜能关闭一两个沟通循环，然后是三四个、五六个，直到十个、二十个。但你会回忆起来，最初五到十个是最困难的。对于一个容易被自己的内心想法干扰的孩子来说，刚刚开始学习打开和关闭沟通循环时是最困难的。最初，阿维斯和尼尔需要接二连三地把蒂娜带回原来的话题，即使只是关闭了一两个循环也令我们十分高兴。我们不会指望像撞大运一般在第一个月内，甚至第一周内就能实现十个或二十个的目标。有些孩子学得很快，第一周就能关闭三四十个沟通循环。但另一些孩子，就像蒂娜一样，用一个月甚至更长的时间才能学会关闭五六个循环，甚至只有两三个。

当然，这个过程需要极大的耐心。父母很容易直接放弃，或者对孩子大喊大叫。诀窍是，对孩子微小的进步也要感到高兴。如果你的孩子无法关闭三个循环，在一段时间内要满足于他从一个循环到两个循环的进步。也要记住，关闭沟通循环不等于让孩子有礼貌地回答你的问题，"安静点"和"不要烦我"这样的回答也完全可以接受。

为什么对于某些孩子来说，关闭沟通循环这么困难呢？这并不是因为他们倔强或任性。很多像蒂娜一样的孩子存在听觉处理困难，也就是说，他们很难抓住头脑中的信息，很难回忆起之前是以怎样的顺序收到这些信息的。有些孩子没有这方面的困难：他们可以回忆起大量信息片段，很容易看到其中的模式。他们就像天生的运动员——并不需要非常努力就能做到。比如说，这方面有天分的孩子可以在听完一个故事后给你复述一遍。但另一些孩子很难在脑子里记住那些词语。一个不擅长给信息排序的孩子，听了这个故事后，可能需要在心里不断对自己提出问题，或者描绘信息是怎样联系起来的，才能把记忆中故事的各部分糅合到一起。他需要更多的耐心和练习，可能还需要学习更多的心理技巧，比如怎样主动学习而非顺其自然。

因为蒂娜的故事和幻想极富创造力，我们利用这种能力帮助她更好地记住信息。例如，如果她忘了父母或老师说了什么，我们会帮助她想象当时别人怎么说的，就好像电视节目或者她虚构世界中的戏剧一样。我们也会与她的老师萨维尔女士合作，在班上讲了一个故事后，请她先提示一下蒂娜，再向蒂娜提出问题。

"好，"萨维尔老师会对蒂娜说，"我们慢慢来，先从故事的开头开始。就像我之前说的，不要通过'听'来记住，试着通过自言自语或者在大脑中画出图画来'记住'。"

在家里，蒂娜会用娃娃和玩具屋来扮演故事，长大一点后，也会表演和学校功课有关的内容，比如历史剧，她会假装雪儿娃娃是美国独立战争时的乔治·华盛顿。她也会在老师讲到美国独立战争时闭上眼睛，描绘出华盛顿高举美国国旗，乘船渡过德拉瓦河的画面。

● 定下规矩

蒂娜在控制冲动方面没什么大问题。但她往往会逃避应该负责的家务，而阿维斯和尼尔以前也一直迁就她——阿维斯是因为过度保护女儿，尼尔是因为太过沉浸于自己的事。如果蒂娜不愿收拾餐桌、想晚点睡、没有把衣服叠好、放学回家忘了把家庭作业带回来，他们都会睁一只眼闭一只眼。

作为整体策略的一部分，我们选择了几个蒂娜喜欢被当做婴儿对待的方面，希望她在具有足够安全感的前提下，也可以面对一些责任。同时，我们不希望使她不堪重负。于是阿维斯和尼尔只选择了对他们来说最重要的方面：他们要求她每天都要把作业带回家，帮忙做一些家务。他们决定，她主要负责的家务是在晚餐后把自己的盘子从餐桌上收拾走。

经过解决问题时间中的多次讨论，阿维斯和尼尔帮助蒂娜认识到，他们在这两方面对她提出了期待，同时也想好了没有达到目标时的惩罚。蒂娜每次忘了把作业带回家，或者没有把盘子从餐桌上收走，就得有一天不能看电视。在这几次讨论中，蒂娜可以提出抗议，也可以和父母谈判。如果觉得她的争辩有道理，阿维斯和尼尔会考虑调整规定。不过，一旦定好惩罚就会公平评判、坚决执行。这样，阿维斯和尼尔可以真正理解和同情蒂娜，而不是对她感到生气。比如说，他们会同情蒂娜今天不能看电视，但同时也会帮助她认识到，只要下次记住做家务、把作业带回家，就能避免惩罚。

蒂娜提出抗议。她甚至大发脾气，但她的父母一直严格按规则办事。如果蒂娜忘了带作业，或者忘了收拾餐具，她就必须付出代价。蒂娜很不习惯父母变得这么严格。令她感到惊讶的是，她的父母没有表现出生气、冷漠，没有躲开她。他们一直陪伴在她旁边，甚至会同情她可怜的处境。渐渐地，蒂娜开始记住了要把作业带回家，要从餐桌上收走盘子。同时，她的父母也会以一种更加成熟、更加适当的方式关注她的需要，他们不再像以前那样过于纵容女儿，允许她不遵守规定，而是在地板时间中以健康、温暖的方式和她相处。

我一向建议父母们在定下规矩这个重要阶段，要增加与孩子共度的地板时间，让温暖的关注和理解与定下规矩时的针锋相对达成平衡。我们的经验是：无论父母多么生气，如果已经定下了有效的规矩，就可以在暴怒失控前采取行动。通过地板时间，父母和孩子可以重新讨论、再次证实彼此的亲密。

随着时间的流逝，蒂娜逐渐变得对现实和逻辑的世界越来越感兴趣，不再经常逃进自己虚构和幻想的世界中。她仍然喜欢幻想和假扮角色的游戏，但她不再通过这种方式逃避现实世界。例如，几个月后，她可以谈论自己在学校里度过的一天，包括乐趣与挫折。

"今天珊德拉对我很坏，我真想打她，但最后还是没那样做。"她告诉母亲。她也可以谈论自己在写作上遇到的困难。要写出字母和单词还是很不容易，不过当她可以写对四五个字母的时候，还是会为自己感到骄傲。

她虚构的世界终于不再像以前那样总是围绕着暴力和毁灭的激烈主

题，集中在对抗和阴谋诡计上，而是逐渐转变为更加适合她目前的成长发育阶段的主题。当然，她仍然时不时会回到那些城堡中的阴谋、好人和坏人的故事中，但这类游戏会与其他主题互相平衡。例如，她开始扮演老师，把娃娃们当做学生。她对这些孩子发号施令，让他们整整齐齐排成一行。她在这种游戏中扮演负责人。她变得更能体会到自己的感受，而不会觉得不知所措、困惑茫然、压力过大。随着这些变化，她变得更加放松，对其他孩子表现得更友好、更能理解别人，于是也结下了更深厚的友谊。总的来说，她很顺利地进入了小学阶段，部分是因为她能更好地平衡自己对现实世界的兴趣与对虚构幻想世界的沉迷。她的父母帮助她分辨自己的感受、享受幻想的世界，也帮助她处理生活中逻辑和现实的方面，这些都使她能够实现上述转变。

"妈妈，你为什么现在不会飞了？"

"因为我已经长大了，亲爱的。人们长大以后就忘了怎么飞。"

"为什么他们会忘掉？"

"因为他们不再是孩子了，不再天真、不再无忧无虑。只有无忧无虑的天真孩子才会飞。"

——彼得·潘

第七章
性和青春期

一位一流的职业拳击手被控告强奸了一个美女。有线电视直播审讯时，那个女人生动地描述了强奸的过程。

一位大学教授向最高法院控告一位候选人性骚扰。周六早晨本应播放动画片的时段，改为播放国会听证会，她在会上惟妙惟肖地复述了他曾经对她说过的话。

一个很流行的青少年电视节目，做了个关于十七八岁孩子性行为的专辑，那些人漫不经心地换了一个又一个性伙伴。

一位流行明星的节目第一次在黄金时段的电视上播放，提到了这位著名歌星怎样刺激地自慰。

我们的孩子会以无数方式突然面对性的话题，这一点真的令人震惊。甚至早在刚刚学会走路之前，他们似乎就已经见过了衣着不整的人体，听过了色情的隐晦话语。到了小学时，他们听过、看过的东西，都是我们在他们这个年龄完全无法想象的。因为如今的孩子在很小的时候就会突然面对太多关于性和性行为的信息，很容易会认为他们在这方面要比我们当年老练得多。然而，不能仅仅因为学龄儿童接触了更多这方面的知识，就认为他们在实际中更加老练。大多数孩子并非如此。虽然世界发生了变化，孩子们分析理解复杂关系和复杂问题（比如性行为）的能力并没有变化。如果孩子们面前呈现的事实超出了他们可以领悟吸收的程度，比起吸收知识，他们更可能不知所措，受到惊吓。幸运的是，父母的支持——根据孩子成长发育阶段回答孩子的问题——可以帮助孩子把超出年龄的内容放在一边，等到长大一点后再去思考。

性行为的根源

大概一个世纪以前，弗洛伊德宣布孩子们会产生性感受和性幻想，震惊了全世界。他认为孩子们对自己的身体很感兴趣，会在探索身体时发现各种不同的刺激，到了成年以后，这些对身体的兴趣会与成年人的性愉悦和性刺激结合起来。

近年来，针对孩子们的观察，对于孩子们怎样学会从自己的身体上获得乐趣，提供了全新的理解。例如，子宫内拍摄的图片显示，婴儿会吸吮手指和脚趾，甚至早在出生之前，他就会产生愉悦感。最初，他会把自己的嘴巴当作一个天生的、美味的目标，享受有节奏的吮吸动作。渐渐地，其他感官在愉悦感的发展中也占据了越来越多的部分：抚摸、声音、动作、视觉刺激、婴儿的喁喁声、友好的咯咯笑声、脸上的笑容。

出生后三四个月里，婴儿学会了清楚地体会与妈妈、爸爸或其他照料者有关的愉悦感。他们知道了爸爸妈妈要比玩具更有趣。他们学会了区分不同人的气味和声音。他们能清楚地感觉到自己与照料者之间存在着联系，体会他们带来的愉悦感——抚摸、有节奏的吮吸、令人兴奋的手势、熟悉的声音和气味。长到一岁以后，他们开始探索自己的身体，知道了嘴巴、脚趾和肚子的不同。他们利用嘴巴获得愉悦和刺激。他们探索世界的方式，就是把一切东西都塞进嘴里——包括自己和其他人身体的一部分：鼻子、面颊、额头、脚趾。婴儿可能会开始玩弄自己的性器官。任何一种对于身体的好奇都是很自然的，婴儿在不同时期会偏好不同的身体部位。

等他们长成蹒跚学步的婴儿后，开始通过自己的认知模式意识到，自己身体的不同部分——胳膊、腿、肚子、肚脐、嘴巴、性器官——怎样共同构成一个由他们控制的整体。随着这种对自己的认识越来越深入，他们开始把愉悦的感觉，与自己是一个可以体会感觉的、独立存在的个体这一概念联系起来。这时候，单独的或者整体的愉悦感，开始构成一个愉悦的"我"。例如，吮吸不再是一种用嘴巴包住东西的感觉，而变成了一种能够使"我"产生愉悦感的特殊感觉。类似地，抚摸性器官也会为"我"带来愉悦感。所有这些独立的愉悦感——说话、玩拍手游戏、洗澡、擦干、按摩、拥抱——现在都是作为一个完整的人体会到的一部分感觉。在这个阶段，孩子开始意识到自己的性别，不再是一个单纯的概念，而是通过行为模式表现出来。他们开始认识到男孩和女孩身体和行为的不同。一个18个月大的男孩，也许更想戴上牛仔帽玩玩具枪，而不想穿上妈妈的衣服梳妆打扮。孩子们自然也会尝试各种各样不同的做法，但一般来说，男孩的行为和态度会更加"男孩化"，而女孩的行为和态度会更加"女孩化"。做游戏时，他们会骄傲地指着自己的胳膊、腿、手肘、鼻子、阴茎或阴户。

随着他们长到两三岁，进入更加丰富多彩的情感世界（这时候他们的想象力也发展起来），他们开始对自己的身体产生一种精神形象。例如，当他们给娃娃穿衣服、换尿布、喂食的时候，他们能够认清娃娃的各个不同身体部位。除了直接探索自己或其他人的身体之外，他们也开始通过幻想的游戏探索性行为。他们可能会观察娃娃裙子底下，或者拉下男娃娃的裤子寻找阴茎。他们可能会表现得对"下面"有什么非常好奇。进入幼儿园时，虽然他们的幻想游戏说明他们已经逐渐理解了身体的功能，但他们可能仍然希望更确切地知道人的身体从哪里来，也许还有为什么。

在情感思考的阶段中，他们对于性行为的兴趣变得更加显而易见，从大约两岁半到四岁，他们开始以更有逻辑的模式把自己的情感概念组织起来。就像早些时候他们能够理解身体上的"我"和"你"，现在他们开始逐渐认识情感上的"我"和"你"。他们对于"下面"的笼统兴趣，变得更加集中。他们很可能对于任何与大小便有关的事物，都会大声笑起来。他们对于阴茎和阴户的兴趣，变得比其他身体部位大得多。他们会对男孩和女孩之间的不同非常好奇，甚至可能想要脱掉衣服研究自己和别人的身体。

有些女孩可能对自己的乳头很感兴趣，对以后能够生孩子感到十分骄傲。另一些女孩可能会想知道，为什么哥哥有阴茎而自己没有。男孩可能会担心小鸡鸡长不大，或者嫉妒为什么只有妈妈能生孩子或拥有乳房。到了幼儿园阶段的最后，孩子们除了对自己身体的好奇，又加上了其他方面的好奇：爸爸妈妈的卧室里发生了什么、婴儿是怎么生出来的、为什么爸爸妈妈是不同的。即使给出现实的解释，他们对于婴儿怎么生出来、阴茎和阴道是怎么来的、为什么男孩与女孩不同这些问题，仍然会有自己的理论。我认识的一个孩子，认为婴儿来自妈妈肚子里的种子，另一个孩子认为婴儿来自一个"脏脏"的地方，这就是为什么所有的婴儿都"臭臭的很难闻"，就像他的小妹妹一样。在这个阶段，孩子们对于事实的好奇是很有限的，远远不如他们的问题那么广泛，他们喜欢创造自己的解释。

随着孩子们进入小学年龄段，他们对于性的感觉在不同的阶段中逐渐发展。

●"我的世界我主宰"阶段

有一天,你开车接小女儿和她的朋友们从幼儿园回家时,心不在焉地听着她们在后座聊天,却听到女儿对朋友们吹嘘她的"男朋友"。女孩们叽叽喳喳地聊着这个那个男朋友多么可爱,听起来完全像是16岁女孩的世界,而非6岁。你也可能会发现,你那个只会傻笑的7岁儿子,和同样7岁的小女玩伴一起藏在他卧室床罩下面,研究彼此的身体。或者,你的孩子可能对他一年级的老师表现出强烈的依恋,几乎像是青春期冲动。他一直都在谈论她的事情,如果觉得她在学校里没有给予他足够的关注,放学回家后会快快不乐。他宣布自己要"永远"和罗德里格兹老师生活在一起。

对于这么小的孩子来说,这一切正常吗?一句话回答:完全正常。

在"我的世界我主宰"的阶段中,大约从四岁半到七岁,有些孩子与同龄人和家人交流互动时,开始表现出幼儿和儿童的性感觉。在这个阶段中,他们会把朋友之间关系的一些方面融入家庭关系。由于在这个年龄时,孩子们会尝试三方之间的关系,他们会"挑拨"爸爸妈妈之间的关系,也可能试着"挑拨"一个朋友和另一个之间的关系。

弗洛伊德告诉我们,他相信所有的孩子都普遍具有某种被抑制的性幻想,男孩童年时的性幻想是关于他们的妈妈,女孩则是爸爸,无论哪种性别的孩子,对于父母中同样性别的一方,除了爱之外,也会产生强烈的竞争意识。结果,他们与父母之间的关系会出现各种各样的三角关系和调皮捣蛋。对于"我的世界我主宰"阶段出现的这些趋势,大多数父母会觉得不可思议。男孩可能会爬上床,挤进爸爸妈妈中间,想要挨近妈妈,把爸爸推开。而女孩可能会跳上床,想挨着爸爸。

这些趋势在这个年龄段会达到高潮。通过孩子与你在一起时的行为中，你可能会更清楚地看到这一点，这些模式也会表现在孩子们与同龄人和其他成年人（比如老师）之间的关系中。这个年龄的孩子对彼此或某个成年人产生热情的迷恋，是完全正常的。比较常见的是小女孩变得非常喜欢某个小男孩，但你恐怕偶尔才会见到一个小男孩迷恋小女孩。男孩似乎在这方面比较害羞，因为社会上对这种情况接受度较低，他们会比较含蓄。偶尔也会出现另一种情况，孩子疯狂迷恋上一位同性朋友。他们希望一直都能看到那个人，不断谈到那个人的事情。如果这位朋友想和别的孩子玩，他们会觉得受到深深的伤害。这些感受中，有些涉及怎样处理与另一个人之间的亲密关系，也许受到较早阶段中情感发展的影响。对于这个年龄的孩子来说，这一切都非常正常。事实上，这也许还能为孩子带来帮助。首先，如果孩子的迷恋没有得到对方的回应，他们将体会到失望的感觉，意识到并不是永远都能得到自己想要的东西。其次，这类关系也帮助孩子学会更加独立自主、不依赖父母：他们可以选择一个或多个朋友来保守秘密——分担了一部分对父母的依赖感。当然，之后他们也开始逐渐变得不那么依赖朋友。

对这个年龄的孩子来说，对身体感到好奇也是很正常的。他们可能会和另一个人一起脱掉衣服，研究彼此的身体。如果被你看到了，他们可能会咯咯傻笑，显得很尴尬。但他们很少参与比较恐怖的性游戏，也很少参与任何涉及虐待的事情（在本章后面部分，我们会谈到可能出现性犯罪的情况）。他们的游戏大多数只是看看，也许再摸摸。然而这种游戏很容易带来过多的性刺激，从而令人感到害怕，但他们也许仍然想继续这样做。如果你对这种游戏感到担心，最好注意监督孩子身边这类关系。

这个年龄的大多数孩子，也会对性或生育的问题感到非常好奇。例如，他们可能会问小孩是从哪里来的，或者很想知道父母的卧室关上门后里面发生了什么事情。不妨鼓励孩子们谈论这类自然而然的兴趣和好奇，对他们表示理解。无论他们是谈到对另一个孩子的迷恋，还是问你怎样才能生出小孩，或者你们在卧室里关上门以后做什么。地板时间很适合讨论这些问题。本章后面有一节，专门针对怎样和孩子讨论性的问题提出建议，但最主要的目标始终都是鼓励你的孩子轻松自在地用语言表达出好奇。

同时，父母需要制订计划和规则。关键是要让这个年龄段的孩子开始认识到隐私的重要性，尊重自己和他人身体的重要性——同时也要理解并支持他们的好奇心。

与孩子性别不同的那一方父母，在孩子面前最好不要再裸体，也不要再让孩子和异性的父母或兄弟姐妹一起洗澡。这些事也会为这个年龄段的孩子带来过度性刺激。

●"世界由其他孩子组成"阶段

你会回忆起来，游戏场上的角力到了这个阶段，孩子们开始注意自己作为群体成员的新身份，他们甚至开始进一步加强自己的性别身份。这个过程其实从出生后最初几年就开始了，孩子们根据父母的反馈感受到自己的性别，在三岁时达到一个新的层次，他们开始理解男女在身体和行为上的区别——比如说男孩有阴茎、女孩有阴户，女孩穿裙子，以后会生孩子，而男孩会变成爸爸。

在"世界由其他孩子组成"的阶段中，孩子们进一步完善这些定义，不再仅仅是对自己身份个性的感觉。他们通过自己在同龄人群体中的社会角色，来定义自己，就好像给自己贴上标签，谁是个优秀的棒球选手，谁很擅长阅读。他们也开始围绕着男孩和女孩的问题形成社交概念和社交角色，包括行为方式、衣着风格——乃至对哪一类笑话感到好笑。在这个年龄，我们经常会发现男孩只和男孩玩，女孩只和女孩玩。

这些社交群体帮助孩子们根据自己在学校里、朋友中、家庭里的性别角色,进一步定义自己的身份。

在这个阶段,孩子们可能也会尝试不同的性别角色。你也许会发现,虽然你一直注意让小女儿在无性别的环境中长大,但她开始咯咯傻笑、变得害羞、只愿意穿有很多花边的小裙子。她表现得完全不像你希望她成为的那种独立年轻女性。但别以为小学四年级时很传统的女儿,22岁时在大学里就不会成为静坐示威的领头人。**要记住,在这个年龄(之后几年也一样),孩子们会尝试很多种不同的身份,直到他们确定了比较固定的一种。在这个阶段,他们所处的群体也会帮助他们形成身份个性。**如果你的女儿恰好很羡慕班里某个或某些女孩、一位老师、一位摇滚明星,她很可能希望成为和那个人一样的人。

总有一些女孩显得像假小子,她们希望和男孩一起玩,因为男孩跑得更快、更强壮。也许她们希望变成家里的哥哥那样。另一方面,有些男孩不想像其他男孩那么粗暴,他们更喜欢玩女孩那些比较温和的游戏。要尊重孩子在同龄团体中扮演不同角色的需要。支持并理解孩子:理解粉红色蝴蝶结、牛仔靴,理解孩子突然变得害羞。灵活对待你的孩子,等他长大一点后,自然会整合思考所有这一切,做出理性的决定。有些孩子在生活中会跟着父母的安排走,按照父母的希望成为尊重传统的人或者破除传统的人。当然,也有一些孩子会和父母的希望背道而驰。无论哪一种情况,都不能非黑即白地看待。比如说,一个小女孩是优秀的运动员,她可以觉得自己很有女人味,希望被爸爸夸奖,同时也很喜欢像假小子一样在橄榄球场上冲撞。长大后她可以同时成为一位坚强的律师和一位了不起的母亲。

然而,如果你的孩子似乎对于自己的性别很不开心(比如一个假小子完全不想当女孩,或者一个男孩非常害怕直接竞争,只想和女孩们一起玩),你也许需要关注一下家里的情况,不仅仅是学校里的情况和孩子身边的朋友。例如，完全不想当女孩的假小子也许没能从爸爸那里得到足够的关注和爱，或者也可能和妈妈不够亲近。也许她爸爸更喜欢男孩，也许她妈妈觉得和女儿之间存在竞争。女孩希望成为男孩，可能是受到了家庭情况的影响，而不仅仅是为了在运动场上更强。男孩非常想变成女孩，也许是因为他觉得，在家里那种环境下，当个男孩太危险了。也许爸爸面对他时表现出太多的竞争性，缺少温情。也许妈妈不太可靠，使这个男孩觉得如果自己是个女孩，和妈妈之间的关系会变得更好。家庭原因也可能是隐藏在表面之下的。有个小男孩一直希望打扮得像女孩一样，是因为姐姐告诉他，如果他也像十几岁的哥哥那么坏，她就把他的小鸡鸡弄下来。

媒体十分关注生物学在确定性别身份时扮演的角色。很多父母想知道，他们的儿子或女儿对于同性或异性的兴趣，在多大程度上与生物学因素有关。根据我们现有的信息来判断，先天和后天的因素在性别方向上都扮演了至关重要的角色。未来，随着我们进一步了解这个重要领域，这个问题的答案很可能不会是绝对的先天或后天，在每个成长发育的阶段中都是先天或后天因素的结合。

面对更明显的性别问题时，这个年龄段的孩子生活在双重的世界里。在一个世界里，他们主要关注学校和功课，不会沉浸于感情迷恋、三角关系、身体。但在另一个世界里，他们在操场上和其他地方远离成人，把更多的注意力集中在性的方面。如果你的孩子正处于（或曾经处于）这个年龄段，你很可能注意到，他们对于生殖器的兴趣多少消退了，取而代之的是对其他身体功能产生强烈的兴趣。比如，小男孩单独和朋友们在一起的时候，你会听到很多关于臀部和放屁的笑话。没有什么能比一个人"放了个臭屁"更令他们感到激动了。他们也会对女性的乳房非常感兴趣，如果他们看到《花花公子》或《阁楼》杂志上的文章，可能会把杂志藏在床罩下面，看着图片咯咯傻笑。这类幽默也会逗得小女孩咯咯笑，但她们不像男孩那么粗鄙。现在还不清楚，这种区别主要是因为生物学差异还是社会文化压力，但女孩会对养育婴儿的事情表现出更多的兴趣——喂食、照料婴儿，或者担任临时保姆。她们也想打扮得漂漂亮亮，像电影明星一样。但男孩和女孩对于某些黄色笑话，或者对于电影中接吻、赤裸的臀部和乳房的镜头，可能会感到尴尬又忍不住咯咯傻笑。有些小女孩要比小男孩更加成熟，虽然她们也只有8到10岁，但她们知道哪些人乳房已经开始发育或者长出体毛，哪些人还没有。

人们习惯认为，"我的世界我主宰"阶段中，性、恋母情结、三角关系这些特征，在"世界由其他孩子组成"的阶段，会被压进孩子意识中深沉黑暗的角落，使孩子的注意力集中于学校和功课。当然，孩子们开始对学校、功课、同龄人群体中的等级产生兴趣，但他们似乎也保留和进一步改变了自己对于男人和女人的身体以及性行为的兴趣，这就像十几岁的孩子会对地平线那里有什么产生兴趣。不要抑制他们对于身体的兴趣，现在他们已经能够同时保持多种兴趣，包括学校、朋友、运动，以及对自己的身体及其功能的好奇。他们对于成年人的性器官，比如阴茎和阴道，不再那么感兴趣了。事实上，这个年龄的男孩和女孩可能会认为这些身体部位有点"恶心"。他们反而对放屁、臀部、乳房更感兴趣。小女孩对以后要当妈妈更感兴趣，而对于怎样变成妈妈的具体技术细节完全没有兴趣。

有些这个年龄的男孩和女孩仍然会继续玩早前的性游戏。也许同性的孩子们会一起爬到床上，扮演他们想象中爸爸妈妈在床上会做的事情。他们甚至可能会抚摸彼此。但与五六岁的时候相比，他们的游戏感觉有些不一样了。现在，他们是在扮演社会角色，同时满足自己的好奇。

这个阶段和较早的年龄段一样，孩子们会自己制造性刺激——男孩可能会抚摸阴茎，女孩可能会摩擦阴道。有时候孩子们做这些事情时，会盯着半空中，完全沉浸在自己的世界里。这一切都是十分正常的。

但如果这类活动变得过于频繁——如果孩子时不时会玩上几分钟，有时甚至超过30分钟的时间，这就成为一个信号，表明孩子另外的某种需要没有得到满足。也许某个孩子十分需要身体接触——抚摸、拥抱、打闹，但无法得到满足，于是他只能通过自慰来满足这方面的需要。也许某个孩子需要更多有节奏的运动，可以通过跑跑跳跳、摇摇摆摆来满足这些需要。有时候，过度手淫意味着孩子对于各种问题感到紧张不安、无法确定：也许孩子对于自己的身体、对于自己是否被爱着和被接受，感到担忧或缺乏安全感，也许孩子对某些感觉有所抵触。父母们首先需要帮助孩子们认识到，这些事情属于隐私，应该私下进行，然后可以利用地板时间试着理解孩子自慰背后的原因。

●"我内在的世界"阶段

青春期的到来，使孩子们对性的感受越来越现实。孩子们的身体迟早会出现变化。女孩的乳房开始发育。男孩的声音变得低沉，也许更经常出现勃起，感受到更多的性冲动。两种性别的孩子都开始长出更多的体毛。

当然，个体差异也是十分明显的。有些男孩和女孩长到15岁看起来仍然和8岁一样，另一些孩子12岁的时候已经显得很成熟。但所有的孩子都会看到彼此身上出现的变化。女孩们谈论"下面"长出了多少毛发是很常见的事情，男孩们则是谈论他们是否长出了大鸡鸡。他们会围绕着发育太快或太慢互相开玩笑。成熟比较早的孩子会被取笑，比其他孩子成熟晚的孩子也会被取笑。这段时间中，孩子们会面对大量刺激，也会面对很多困惑。绝大多数孩子对于这种身体变化都会感到不适。在这种时候，情绪起伏不定是很常见的，部分是因为荷尔蒙和身体上的变化，也是因为生理变化带来的心理冲击。

随着孩子们的身体出现变化，他们也开始重新定义自己与父母之间的关系。他们可能既渴望像童年时代一样亲密依赖爸爸妈妈，又希望长大成人，在这两种心情之间十分纠结、摇摆不定。有时候他们会表现出反抗："谁需要你？""我比你知道得更多！"也有时候他们会害怕自己的独立："我不想去学校，我想留在家里。"

父母们要避免认为孩子的反抗和消极是冲着他们个人的。这段时间需要为孩子提供更多的安全感——不一定通过拥抱（你家刚刚成熟的小少年不会愿意的），但可以一起去做更多的事情。要记住，这个年龄段的孩子更愿意响应父母中同样性别的一方提出的建议。妈妈可以带女儿去散步或者出去吃饭，如果她喜欢这类活动。爸爸可以带儿子去水族馆或者篮球场。诀窍是把父母的照料融入这些活动中，也允许孩子发展自己的独立性。

身体迅速发生变化也会影响孩子的学业。以前的天才学生可能会突然变得迟钝健忘，令人惊讶的是，也有些曾经被诊断为学习障碍的孩子，仿佛突然开了窍，开始拿到高分。有时候，孩子在学习中遇到困难是因为在语言或空间概念上存在弱点，随着神经系统发育成熟，他们已经能够克服这些弱点。对另一些孩子来说，认知能力不断成长，帮助他们更好地预测未来，弥补了健忘和逃避的问题。所以，这些孩子似乎突然变得整洁有序。有些孩子变得更加整洁，是因为他们对自己身体里面"肮脏的东西"感到不安。也就是说，他们认为自己身体的变化和体内出现的感觉是"肮脏"的，他们希望能使这一切"整洁有序"。

对于10到12岁之间的孩子，最重要的一点是要记住，他们对于自己是什么人、自己的价值是什么、目标是什么，正在开始产生一种更加一贯性的感受。现在，他们已经记住了内在的自我感受，同时仍然会通过同龄群体中的关系来定义自己。但不再像前一个年龄段的孩子那样，别人的看法会起到决定性作用。这种新的能力出现得越早越好：孩子们需要建立起内在稳定性，来应对自己不断变化的身体和情绪状态。如果孩子对于自己是谁能够产生一种更稳定的感觉，就能更好地面对性别身份上的挑战，不仅仅基于其他人的看法，也根据自己的身体变化和全新的心理感受，确认自己的性别身份。虽然孩子们在这个阶段情绪很不稳定，但如果没有这种找到内在重心的新能力，他们的情绪只会变得更加不稳定。

和孩子讨论性的问题

妈妈：今天的性教育课上，你对艾滋病了解了多少？

儿子：老师说，如果不想得艾滋病，必须避免交叉感染，记得买避孕套。

虽然一些专业人士建议让低年龄的孩子了解性交的生动细节，但我的看法有所不同，虽然需要诚实对待孩子们，为他们提供可靠的信息和指导，但这类事情应该在你和孩子一起讨论的时候，为他们慢慢展示事实。让他们拥有自己的幻想，在他们能够理解的前提下，以一定的节奏逐渐了解关于性的知识，感觉会比较放松。例如，在 9 到 10 岁的时候，虽然他们对身体的不同部位非常感兴趣，但对于性交的细节，很可能并没有做好了解的准备，也缺乏兴趣。**在孩子们不同的成长发育阶段，给性知识的拼图加上新的一块，等到他们十几岁的时候，每一块拼图都会完整地拼上去。**

孩子们沉浸于"我的世界我主宰"的阶段时，让他们来主导谈话。

和他们一起讨论自然的兴趣和好奇心，无论他们想知道婴儿从哪里来，还是爸爸妈妈在卧室里做什么，鼓励孩子轻松自在地用语言表达出他们的好奇心，但不需要灌输太多的信息使他们不知所措。如果他们想知道婴儿从哪里来，你可以告诉他们，来自妈妈肚子里的一颗种子。但这时候还不需要告诉他们，种子是怎么到那里去的。对于一些不可避免的问题，比如"你和爸爸为什么要关门，今天早上我不能到你们卧室里去？"孩子最能接受的回答是含糊的、安慰性的。

"我们需要一起相处的时间，我们可以拥抱、交谈、互相亲近。"你可以这样解释。也可以告诉孩子，有些答案要等到他们长大一点才能告诉他们。要记住，小孩子喜欢创造出自己的想法。

如果你对于孩子的一些问题感到不安或不适，该怎么办？当然，一定程度上的不安或不适是很正常的。对于任何人来说，这都不是容易应对的话题。孩子们有天生的雷达：他们会把焦点集中在你难以应对的问题上。如果你发现孩子对某些方面很感兴趣或好奇，但提出问题的方式使你感到很难处理，那么不妨双方一起讨论一下。父母中的一方，也许对于另一方的话题感到比较放松。如果你在这方面遇到了很多麻烦，也许需要接受心理咨询。

不要因为孩子们没有表现出一丁点好奇，就认为他们完全没有疑问。他们可能只是无法放松地对你提出问题。这种情况也许意味着孩子在这整个领域中遇到了困难。父母需要检查一下家里对这些事的态度。不要直接说："嗯，我们最好开始讨论这一切！"你需要注意，你的家庭是怎样处理这些感受的。

甚至当孩子们进入"世界由其他孩子组成"这个更广泛的阶段时，很多孩子仍然没有准备好面对性交中生殖器的技术细节。这个阶段的孩子对于其他身体功能更加着迷，比如放屁之类，很多孩子其实没什么兴趣了解性交。比如一个孩子曾对我说："那很恶心！我不想知道那些事!"

事实上,阴茎和阴道结合在一起、再生出婴儿的事情,对于7、8、9岁的孩子来说,是相当吓人的。

"我可以过几年再了解这些。"一个刚过9岁的孩子说。

色情电视节目、晚间新闻、哥哥姐姐,甚至在性的方面更加老练的朋友,会为孩子们带来一切生动的性知识,很多孩子似乎也只能被动地对性行为了如指掌。但其实,这个年龄段的很多孩子只是对此视而不见、充耳不闻。7到9岁的孩子可能会时不时听到只言片语,但大多数人对于这些令父母或哥哥姐姐感到震惊或兴奋的细节,完全没有兴趣。

一个9岁的女孩被问到,她是否知道最近拳击手麦克·泰森被控强奸并受审,最终被判有罪。有线电视体育新闻和晚间新闻上都播放了那个女人在审讯中给出的详细生动的证词。这个9岁女孩看起来颇为困惑。

"他是因为强奸或者什么的被审判了么?"

"你知道那是什么意思吗?"

她耸了耸肩说:"我不知道。那些新闻无聊透顶。只有天气预报我才认真听。"

7到9岁之间的孩子,很可能已经多多少少知道,爸爸妈妈在一起做的事情会制造出小婴儿。虽然他们在科学课上也学过精子和卵子的作用,但这个年龄的很多孩子并没有在深入的感情层次上消化吸收这些事实。他们虽然了解"事实",但也许更喜欢自己早前的幻想,比如认为婴儿是在爸爸和妈妈拥抱接吻的时候产生的。**关键是要记住,孩子对于身体的兴趣(包括对阴茎、《花花公子》上的裸体、限制级电影、下流话的兴趣)和对于现实中性行为的兴趣是不同的。**

如果孩子在学校里从大孩子那里听到了"生活中的事实",该怎么办?要记住,孩子们得知"事实"是一回事,父母是否证实这些事实完全是另外一回事。小孩子可能并不相信大孩子的故事。如果你的孩子来找你求证他在操场上偶然听到的东西，问你"那是真的吗？"先问问你的孩子，他对于自己听到的东西是怎么想的。他有何反应？然后再思考一下你的孩子已经知道些什么。**你的目标是为孩子提供足够的信息，让他能够应对操场上这种闲聊，但除了必要的内容之外，不要描述得过于生动或充满技术细节。**

孩子们就操场上听到的内容向你提问时，你往往会有一种感觉，他们更希望那些事情纯属推测：

"我听说男人会把阴茎（或者鸡鸡）放进妈妈身体里，真的很下流，不可能发生那种事！对吗？"

在这种情况下，孩子们很可能并不希望父母回答："嗯，甜心，确实是这样。"也许你最好只是对孩子的感受表示理解。

"听起来你觉得这令人恶心。"

孩子很可能会表示同意。"那是我曾经听过的最恶心的事情，"孩子会这样回答，可能还会在走开之前补充一句，"我知道你和爸爸不会做那种事的。"

对孩子的感受表示理解，帮助他表达出自己的想法：关于性的事情是多么令人反感。但你不一定要承认或否认那些事实。在孩子们长到足够的年龄、能够在情感上和智力上理解这类事实之前，让他们保留自己的想法。一般来说，大多数孩子在 10 到 12 岁之前，并不喜欢也不需要知道性行为的解剖学细节。在那以前，很多孩子觉得大概了解就行。

对于这类知识，如果父母回答："等你长大一点再告诉你。"也是完全没问题的。

当然，与任何规则一样，这里也有例外，比如说，如果孩子已经听说了一些细节，并且完全没有感到不适，在他问到这些事的时候，你也许可以补充其他细节。

艾滋病的风险，是否改变了当今时代的情况？新闻里一直出现性传播的疾病。篮球明星魔术师埃尔文·约翰逊感染了艾滋病，使更多的孩子知道了这种病。无疑，还有另一些孩子们的英雄也会感染这种病。我们应该怎样为孩子们解释艾滋病及其毁灭性的后果，而不至于把他们吓坏？

你可以首先告诉他们，艾滋病是一种严重的疾病，如果和感染了这种疾病的人发生性行为，就会被传染。小孩子不需要知道得很清楚这是什么意思。如果孩子问："那某个人是怎么得的？"给他们诚实、科学的回答——这种疾病会通过体液传播，比如血液，也会通过性器官接触传播。但大多数医生认为，不可能因为谈话、握手、拥抱之类的行为患上艾滋病。没有必要讨论肛交之类的话题，对这个年龄的孩子来说这不但令人害怕，在情感上也难以接受。

10到12岁之间的孩子需要彻底理解"生活中的事实"，但你应该以一种体贴、理解的方式把这些事情告诉他们。

解释关于性的问题时，关键是要记住，如今孩子们会面对各种各样的信息。但作为父母，我们的任务是尽一切可能使孩子感到安全放心。孩子们的好奇心必须得到满足，但我们把这些事情告诉他们的方式，也必须有助于保持安全感。如果你过于详细地对孩子解释性行为，告诉他们太多的细节，超过了他们准备了解的程度，虽然他们能理解你所说的内容，但情感上会受到压力。

同时，我们需要针对现实社区环境对孩子们进行指导，安全和危险，什么人可以说话，什么人不可以，什么时候应该跑回家或者去找老师。但如果在孩子们的"安全"课程中塞满他们无法理解的事实，令他们感到不知所措，并不能带来什么帮助。只需告诉他们要警惕什么，应该怎样做。

如今，我们周围充斥着会引起性刺激的电视节目、广告、图片，我们必须记住，孩子们一般能够选择他们想看的和愿意接受的内容。当然，监控孩子们接触的内容是很重要的——例如，某些视频中的画面对于大多数孩子来说过于恐怖。父母必须确定，考虑孩子的年龄，自己是否有能力监控孩子看到和听到的内容。要记住，如果孩子看到或听到了超出适宜范围的内容，最需要的是父母带来的同情和安全感，并且在未来更恰当地限制孩子的接触范围。

单亲父母

对于单亲父母来说，约会最好比较正式、有规律。可能的话，我建议单亲父母不要让伴侣在家里过夜，除非已经是以婚姻为目标的固定关系。如果希望一起睡觉，最好选择没小孩子那一方家里，否则的话，孩子们会接收到大量混乱的讯息。他们会对这一方父母产生恶感，如果一个不太熟悉的成年人在自己家里过夜，他们会觉得这样做不符合道德规范（学龄儿童很在意这一点），也会影响他们的安全感。也要注意你自己的隐私：最好不要让别人知道你的性生活。

如果你已经建立起一段稳定的关系，那就不太一样了，因为孩子们可以产生一种更加稳定的感觉。关键是要让你的孩子逐渐了解你的伴侣，注意观察孩子什么时候开始接受你的伴侣作为家庭的一分子。如果这段关系是以结婚为目标的，要确保这段关系中性的部分有助于维护你们之间的关系以及家庭价值。

性犯罪

在当今时代，人们要比以前更加关注性犯罪的问题，但还不太清楚这是因为更多的孩子受到性犯罪的伤害，还是因为更多的儿童性犯罪相关案例被报道出来。无论如何，这都是一个父母们需要提高警惕的问题。

你很可能已经知道，不幸的是，大多数性犯罪的案例发生在家庭中。我们都读过或者听过有血缘关系的人对孩子做出罪恶的事情——叔叔、阿姨、祖父母、哥哥、姐姐、父母亲。也许你不太了解，年龄较大的玩伴也会做出这种事情。有时候，遇到情感问题的大孩子会利用小孩子天生的好奇心。他会尝试说服较小的孩子参加某种性游戏，比如口交，甚至直接性交，这显然已经远远超出了小孩子观察和研究自己身体的天然兴趣。例如，大孩子（经常是青春期男孩）担任小孩子（男孩女孩都可能）的临时保姆时，就可能发生这种事情。

● 父母可以做些什么

作为父母，关键是要注意孩子身上性刺激过度的迹象。 受到过度性刺激或者性犯罪的孩子，很可能变得急躁易怒、紧张不安、容易分心。这类迹象可能只是隐约表现出来，有时候很难观察到，因为受到虐待的孩子会把自己隐藏在若无其事的态度后面。他们可能会出现学习困难、变得孤僻，也可能心不在焉、沮丧消沉、感到恐惧、做噩梦。他们可能会更频繁地手淫，不一定是用手来做，也可能在椅子上摩擦，或者坐在爸爸妈妈腿上，试着刺激自己。

但仅仅寻找孩子身上的特殊征兆是不够的。孩子们不同的个性特征，决定了他们对于性犯罪或过度性刺激的反应也是不同的。所以，对于孩子思想上无法解释的变化、与他平时"基本"行为或感受不同的表现，不要找借口视而不见，耐心点，信任你对自己孩子的感觉。观察他的自我调节能力（注意力、冷静、条理性），也要关注人际关系中的变化——也就是说，他和别人怎样相处，他怎样控制自己挑衅的冲动。要始终关注孩子游戏的主题（他喜欢假扮什么角色？）、他谈论的话题、他心情如何、他表现出哪些情感（他表现出的情感是否变得更加压抑？他的脾气是否更加反复无常？）。最后，如果孩子表现出任何毫无意义或不正常的行为或想法，要保持警惕（例如，有些孩子会开始反复触摸某个物体或自己身体上某个部分，或者非常依恋某种事物，比如说电视上某个角色或者一种疾病）。如果这些模式不仅仅是短暂出现，父母需要加以注意，毕竟父母直觉地知道孩子正常的感觉或行为应该是什么样子。

如果发生了最糟糕的情况该怎么办？如果你的孩子成为性犯罪的受害者怎么办？一般会建议请教专业心理咨询师，最好其有过处理这些状况的心理治疗经验。但还有很多事情是父母可以做的。首先，**最重要的目标是，为孩子重新建立安全感，帮助孩子重新回到平衡的生活中。**这种情况下，父母的典型反应是他们自己也变得非常激动，想要知道全部事实，反而忘记了孩子的生活已经变得非常不稳定，缺乏安全感。安全感是孩子内心世界最重要的基础。父母们希望了解性犯罪的详细情况也是很自然的，但关键是，你自己的需要和惩罚罪犯的希望，与孩子的需要有所区别。显然，在这种状况下你会感到心烦意乱，但要记住，孩子生活中出现了创伤性事件，并不意味着这个孩子终生都会受到严重影响。尽快重新建立安全感，能够帮助孩子更好地应对创伤性事件。

其次，缓慢、耐心地帮助孩子宣泄出来。帮助他在角色扮演游戏中重现这次经历，或者用语言描述出来，但不需要现在就知道全部细节。尽可能提供支持、保持耐心、逐步渐进，利用地板时间和一部分解决问题时间，帮助孩子开口。在地板时间中和往常一样，陪伴孩子、由孩子主导。在解决问题时间中，支持他并帮助他谈一谈发生了什么事。但要谈论这种经历并不容易，不要急于了解事实，理解孩子不愿开口，理解他的愤怒和羞愧。在解决问题时间中，如果做一些角色扮演的游戏，往往效果更好。例如，孩子会用娃娃来说明他不愿诉诸语言的事情。

如果孩子不愿宣泄或者不愿谈论这件事，要保持耐心。随着时间流逝，孩子感到更加安全时，很可能你会直接或间接地听他说起当初发生了什么。但这也许需要几周甚至几个月的时间，事情也是零零碎碎地讲出来。专门留出大量时间与孩子相处，保护他，温暖地照料他，和他一起度过地板时间和解决问题时间，帮助他重新建立安全感。

让我在这里强调一点。让孩子谈一谈自己对性犯罪的反应，与谈论实际发生的事情同样重要。他可能会通过态度或行为，间接告诉你他对这件事的反应，也可能直接用语言描述出来。当然，父母必须逐步渐进地慢慢帮助孩子讲述实际发生的事情。但帮助孩子谈一谈围绕这件事产生的感受，也是同样重要的。这样也可以让父母更充分地了解怎样帮助孩子克服这次经历的影响，在生活中继续前进。父母会面对各种各样的感受——例如，孩子可能会对父母感到生气，因为父母没能保护好他，也可能对自己在性犯罪中的角色，或者在这个过程中的感觉产生负疚感。也许他会觉得自己再也无法相信任何人了。

我们也要了解性犯罪在孩子下一个成长阶段中产生的影响，让孩子慢慢面对即将来临的挑战。有些孩子可能会出现一种态度：唯一不受欺负的办法就是去欺负人。他们可能会变得攻击性过强、撒谎骗人，甚至可能会对其他孩子做出性犯罪。也有很多曾经被忽视或虐待的孩子，处理新的人际关系时变得谨慎小心、战战兢兢，因为他们觉得自己再也无法信任别人了。父母可以通过这样的态度来帮助孩子：发生在孩子身上的事情是非常可怕的，但随着时间的流逝，父母和孩子可以一起努力搞清楚，什么人是可以信任的，什么人会带来潜在的威胁。

● 以乔休尔的故事为例

为了说明我的观点，让我给你讲个6岁男孩的故事，他被日托中心一名男性雇员性骚扰后，他的父母前来找我。那个男人诱使乔休尔和他一起进入日托中心的洗衣房里，玩一些"小游戏"。父母们肯定不愿意听到这类事情的细节，但要记住，很多孩子都是在游戏中受到性骚扰，而非被强迫，游戏会利用孩子天生的好奇心。在这次的情况中，日托中心的工作人员对乔休尔进行性骚扰时，和他一起玩检查身体不同部位的游戏——胳膊、腿、肚子、耳朵，接着是扭动摇晃身体每个部位。最后，他让乔休尔撸动他的阴茎。乔休尔后来告诉父母，"发生了一些事"。

满心震惊的父母立即通知了警察和日托中心的主管，然后前来找我，他们担心这种可怕的经历会在乔休尔的一生中萦绕不去。乔休尔自己则感到害怕、尴尬，以及羞愧——这是性犯罪受害者常见的反应，因为他觉得自己在一定程度上也对这次事件负有责任。在我和他交谈的过程中，我发现乔休尔最害怕的地方是，那个男人射精时脸上的表情。

第一项任务，也是最重要的任务，是要了解这次事件的全部细节，以及罪犯受到了怎样的惩罚——帮助乔休尔重新建立被摧毁的安全感。然而，父母、执法人员和心理治疗师往往更注重帮助孩子把所有的事实联系起来。当然，执法人员希望能够抓住罪犯，心理治疗师和父母希望孩子不要压抑这段记忆，避免在未来很多年中仍然会因此受惊。

但关键是，如果孩子曾经是性犯罪受害者，尤其是，如果犯罪行为是孩子信任的权威人士做出的，心理上的震惊主要源于安全感被摧毁。随即各种各样的感受纷沓而至——紧张、羞愧、恐惧、内疚、尴尬，以及激动、好奇、愤怒。

为了帮助孩子再次找到安全感，父母们（尤其是最能令孩子感到安全的父母中的一方，一般是妈妈）在事情发生后需要花大量时间陪伴他。乔休尔的妈妈请了三个星期的假没有上班，在家里陪着儿子。为了让乔休尔感受到温暖、亲密的氛围，她决定每天安排两三次地板时间和儿子在一起，让儿子随心所欲地聊天和玩耍。并不令人惊讶的是，乔休尔的游戏起初经常围绕着危险的主题——假装一阵飓风吹过房子，动物们都受伤了。他也变得比以前更具攻击性，敲打家具、乱扔玩具。他的游戏中同样也出现了依赖和安全的主题。他比平时更多地拥抱毛绒动物玩具，假装保护它们度过飓风。

在地板时间中，乔休尔的妈妈也试着和他聊了很多——短暂的解决问题时间零星散布在每一天中。他们几乎什么话题都聊——从午餐吃什么到乔休尔最喜欢哪个朋友。但出事后的日子里，他们也越来越多地谈到乔休尔和那个男人之间发生的事情。渐渐地，乔休尔能够告诉他妈妈那件事的更多细节。而乔休尔的妈妈会注意不要给他压力——她让儿子来主导谈话，只有当她感到迷惑的时候才会提问，她会理解和同情儿子的感受。

例如，当乔休尔开始告诉妈妈，那个男人劝诱他进入日托中心的洗衣房时，他突然改变了话题。

"妈妈，明天我想穿那件长袖运动衫。那件衣服是干净的，对吧？你帮我洗了吗？上次我和艾利一起去动物园时弄得脏兮兮的。"他说。

他的妈妈没有试图让他回到之前的话题上，描述洗衣房里发生了什么，因为她能感觉到，讨论这件事会使乔休尔感到紧张不安，谈谈他的运动衫要轻松得多，一般来说妈妈总能满足他的需要，也许，还因为洗衣房有一种"干净"的隐喻,而他之后所说的"那些肮脏的事情",委实难以开口。

乔休尔的妈妈能够理解儿子担心运动衫的事,她温和地说:"回忆之前发生的一切并不容易。如果想象事情能按自己希望的方式进行——就像有干净的衣服穿一样,感觉肯定会好得多。"

她让乔休尔来决定,是否还要谈论那次犯罪,或者转向另一个话题。但她发现,她越是同情理解乔休尔的感受,他就越容易描述出当时的细节。

如果乔休尔记不起一些细节,他的母亲只会建议说:"有时候很难想起来一些事情。但你记得的已经很多了。"他的母亲会注意不要教训儿子以后怎样避免这种事情发生(这样说,听起来仿佛以后还会发生这种事)。

乔休尔的爸爸也专门留出时间,每天和儿子一起度过地板时间,当乔休尔吐露之前发生的事情的一些细节时,他会表示理解和同情——尤其是,乔休尔对爸爸透露,那个男人脸上的表情把他吓坏了。

他的父母仔细倾听,但注意不要强迫他描述太多露骨的细节。乔休尔讲述那个男人和他一起玩的游戏——他们一起摇晃胳膊、腿、手掌,后来那个男人让乔休尔撸动他的阴茎。男孩的父母没有问太多深入的问题,像是"你做了多久""他有没有让你把那东西放进嘴里"。

他的妈妈问的是:"甜心,他有没有和你玩别的游戏?"聊了一会儿不会产生压力的内容之后,她又问:"他有没有碰你身上任何地方?"令她松了一口气的是,答案都是没有。

我与乔休尔的父母会面时得知,警察提出让他们的社会工作者和乔休尔谈一下,我们一起讨论怎样处理这一要求。很自然地,他的父母担心这段经历会使乔休尔更加不安。要记住,面对受到创伤的孩子,首要的原则是帮助他们重建安全感。我决定先问问乔休尔,他对于和警察谈话怎么看。

"乔休尔,"他的母亲温和地解释说,"你知道,一般大人都清楚,身体是隐私的。但这个人显然没有学会这一课。警察希望能抓住这个男人,教育他。你能不能告诉警察发生了什么事情,帮助警察教育那个男人?"

乔休尔一开始有些不情愿。他摇着头只是说:"我不知道。"

他的父母能够理解他的不情愿。

"我知道这很难,"他爸爸说,"但教育这个男人是很重要的事情。这样也可以帮助别的孩子,就像这个男人使你害怕一样,他也会吓到别的孩子。"

经过几次讨论之后,乔休尔相信,把自己的经历告诉警察可以帮助别的孩子。在我的要求下,他的父母没有催促他做出决定。

但乔休尔的父母必须与警察协商好,会谈中尽可能让乔休尔感到自在,不至于为了列出证据受到进一步的创伤。有些文献中建议,如果会谈在中立环境下进行,没有父母的参与,孩子们会更愿意讲述性犯罪的细节。但这种做法没有注意怎样才能使孩子感到安全。警方的社会工作者希望乔休尔前来警局进行会谈,参加会谈的只有一位社会工作者和一位作为见证人的警官。考虑到乔休尔在这种环境下会感到害怕,他的父母提出了完全不同的建议:让那位社会工作者和警官一起来他们家里,父母也一起参加会谈。警方有些勉强地同意了。

也许警方有充分的理由按他们的方式进行会谈,但父母需要记住,在遇到这样的事情后,他们最重要的目标是帮助孩子再次感到安全。我们需要牢记这一最重要的因素,根据每个孩子的情况安排适当的方式与警方进行会谈。对于大多数孩子来说,在一个陌生的房间里对一些陌生人(很可能从未见过)描述那些隐私细节,并不利于产生安全感。(只有在警方怀疑父母参与了性犯罪,或者父母会导致孩子紧张害怕的情况下,不让父母参与警方会谈更合适。但在这种情况下,应加入一位心理治疗师。)

警方社会工作者希望提出各种各样的问题。乔休尔的妈妈最初有些犹豫要不要坚持自己的意见,因为她已经坚持让这次会谈在他们家里进行。但乔休尔的安全感是最重要的,她决定,由妈妈而非陌生人来问出这些问题,这样能够使乔休尔比较放松。社会工作者同意了这种做法。他们在会谈前一起讨论了警方的问题,决定由乔休尔的妈妈提出问题,社会工作者可以随后补充其他疑问。

警察们来了以后(那位警官穿了便装而非制服,避免使乔休尔受到没必要的惊吓),社会工作者先和乔休尔一起玩了一会儿卡车游戏,以便初步建立起融洽的关系。他们告诉乔休尔,警察负责教育那个坏人,要保护人们的身体隐私。然后,乔休尔的妈妈和缓地让乔休尔给社会工作者和另一个人讲讲之前发生的事情。父母们定下的策略起到了效果。社会工作者每次问到补充问题,乔休尔都会走到妈妈那里去,坐在她的膝盖上回答。会谈结束后,乔休尔虽然看起来很紧张,但还是小声告诉妈妈,他觉得"很自豪能讲出这一切"。

之后几周内,乔休尔的父母继续坚持长时间的地板时间和解决问题时间。有一段时间,乔休尔变得更加暴躁好斗,他的父母在某些方面比平时放松了一点——比如说,允许他大喊大叫,但同时定下严格的规则,不允许打人和咬人之类,这样他就不会觉得自己的愤怒和攻击性会失控。在变得暴躁好斗之后,乔休尔再次平静下来,恢复成原本那个友好、快乐的孩子,虽然他还是断断续续地会做"可怕的噩梦"。

同时,乔休尔的经历不可能被掩盖起来就此消失。如果有什么事情(比如另一次可怕的经历)提醒他再次想起那次经历,他的父母仍然会看到他又变得暴躁好斗。同时,他们自己也接受了一些心理咨询,帮助他们处理自己对那次事件的愤怒,讨论怎样和乔休尔一起度过地板时间和解决问题时间，使他们感到自己在尽力帮助乔休尔。

接下去的挑战是，在乔休尔从家庭进入操场上博弈，面对同龄人群体时，帮助他处理成长中遇到的困难。鉴于乔休尔之前的遭遇，可以理解，他在这方面会面临挑战。他比较黏人，害怕离开妈妈，不喜欢去别人家或者在学校里和朋友们一起玩。虽然他之前是个很容易相处的孩子，如今和朋友们在一起却时不时变得好斗，比以前更容易打人骂人。为了帮助他克服这些困难，他的父母尽量多花时间陪伴他。他们不会催促乔休尔和朋友们一起玩，他们知道，他在成长发育中很可能先要后退两步，才能继续前进。

如果乔休尔打了别的孩子，他们会理解他的感受。他爸爸说："也许你是希望在别的孩子吓到你之前，先打他们或者吓唬他们。"但他们也会制定严格的规则——推搡、拍打、殴打其他孩子，都会受到相应的惩罚。如果乔休尔脾气暴发失去了控制，父母会温柔地拥抱他，帮助他重新控制住自己。

这一切的目标都是为了帮助乔休尔慢慢恢复之前正常的心理发育状态——从家里走出来，探索同龄人的世界。

乔休尔的遭遇有几项特点：他身体上没有受到伤害，性犯罪只发生了一次，而没有像很多性犯罪的受害者那样，在几周、几个月甚至长达几年的时间内反复经历这种悲惨的事情。所以，他的焦虑和创伤比较有限，需要的恢复时间也要短得多。然而，乔休尔的经历，以及他和父母的应对方式，仍然是一个很好的例子，告诉我们怎样更好地应对这种可怕情况。最重要的目标是帮助孩子重新建立安全感。然后，父母可以耐心地帮助孩子慢慢重现或讲述当时的情况，处理自己对那件事的反应。最后，孩子在之后的成长发育中也可能遇到障碍、需要帮助。

案 例

珍妮丝的故事

> **表　　现**：对身体发育感到"头疼"、害怕长大的 12 岁女孩
> **原因分析**：• 害怕长大的说法背后，是对无法控制自己身体的恐惧
> **重点方案**：• 帮助孩子面对身体变化背后的心理变化
> 　　　　　　• 分享父母小时候的感受，沟通使她重获安全感和温暖

现在，让我们回到正常的两性成长发育的主题上来，珍妮丝和她的父母的故事，能够为本章之前讨论的很多主题带来启发。十二岁半的珍妮丝是个很活泼的矮个子女孩，我们才第一次见面时，她刚走进房间，就传达出一种强烈的感觉。

她坐在我对面的椅子上，倾身向前，告诉我她的问题是"太过担忧"。我请她举几个例子，于是她给我讲了一位"很苛刻"的戏剧老师。

"她好像总是挑我的错。"她告诉我。

我问珍妮丝，她在戏剧课上表现如何，她的父母告诉过我，她很喜欢这方面。她摇了摇头，做了个祈祷似的动作。

"现在我真的很难表演好，"她告诉我，"我很害怕！我的心跳得特别快。我真的非常紧张，担心自己没办法开口。我开始感到头痛和胃痛。"

我能够理解她很难面对观众和老师的期待，然后问道，她怎样看待自己面对观众时感受到的压力。

"这不公平，所有人都对我期待太高。"她说。她紧张地把短裙往下

拉了一点，注意力不再主要放在我身上，而是开始环顾四周，看到了我的办公室里那个装满小孩子玩具的橱柜。她身体成熟的迹象已经很明显，但她似乎不适应自己的身体：她垂下肩膀，仿佛要消失在我对面的黑色大椅子里，她的手指不断交缠着，脸色僵硬，显得小心翼翼。

她很不自在地把双臂抱在胸前，我沉默着等待她继续说下去。我能感觉到，我们关于她的戏剧老师的谈话，最终将引领我们接近困扰她的问题。

珍妮丝的父母担心他们的女儿在进入青春期的过程中成长发育不太顺利，于是带她来见我。珍妮丝之前一直是个活泼外向的女孩，也是个好学生，她在音乐、戏剧和体育运动方面颇有天分。她喜欢在学校各种演出中表演，也喜欢参加女子足球队的比赛。珍妮丝一直以来都是个敏感、情绪化的孩子，但最近几个月，她的情绪动荡变得更激烈了。她有时候快乐自信，有时候很悲伤，有时候又显得激动紧张。她现在会比以前更加紧张不安，突然变得那么紧张、那么惊慌失措，以至于无法在观众面前表演。她告诉我，自己时不时会感到无法呼吸、十分悲伤，那种感觉使她只想远远逃开。

珍妮丝正在快步走进青春期。她的月经初潮在四个月前到来。但她不愿意和父母讨论自己情感上的变化——她对于克服这些挑战、告别童年有何感受。相反，她的注意力只集中在身体感觉上：她对妈妈抱怨浮肿、头痛、疲劳、"感觉很糟"。

珍妮丝勉强算有个男朋友——住在隔壁的14岁男孩安德烈。他们周末下午会一起去购物中心，或者偶尔在周末由父母开车送他们去看电影。但珍妮丝对这方面的话题也没什么兴趣：如果她的父母谈到安德烈，她只会耸耸肩说"他挺好的"或者"我想他还不错"。

珍妮丝的母亲玛格丽特，是一位工作很忙的外科医生。她的父亲卡尔，是当地高中的一位英语教师，每天主要考虑着自己对孩子们的责任,而玛格丽特把全部精力都投入到自己的事业中。

他们不同于一般夫妻,我与他们的第一次会谈时就注意到,玛格丽特似乎是夫妻中更有工作魄力、成就更高的一方,精力主要集中在她自己和自己的职业上。起初,卡尔显得更逍遥自在,甚至有点喜欢挖苦人。但我感觉到,他刻薄诙谐的语言下面,隐藏着一定的紧张不安。他全身紧绷地坐在座位里,在我们交谈时会紧张地插话。玛格丽特在前一次婚姻中有个16岁的女儿贝丝。卡尔和玛格丽特结婚后生了两个孩子,珍妮丝和泰勒·安(现在7岁)。贝丝和珍妮丝一样,是个有才华、有天分的女孩,在学校里一直都能拿到高分,积极参加很多活动。

"珍妮丝一直是个容易紧张的孩子,"在我们第一次谈话时,她妈妈告诉我,"她是婴儿的时候就比较神经质,容易肚子疼。她会一连哭上好几个小时,晚上需要很长很长时间才能睡着。"

卡尔和玛格丽特回忆,珍妮丝18个月大之前,晚上睡睡醒醒,他们不得不为了她不停地起床。

"而且她很容易变得非常烦躁,"卡尔补充说,"原因可能有很多,你没有马上抱起她、噪音很吵、太冷或太热、她穿的衣服不够柔软。"

上幼儿园时,珍妮丝在语言方面很早熟,而且音感很好、颇有戏剧天赋——她喜欢走来走去模仿姐姐。她也比较任性,如果要求没有得到满足,她会哭上45分钟。虽然时不时发脾气,但她仍然是个讨人喜欢、受欢迎的小女孩。早在她还是个小孩子的时候,热情外向的个性就为她吸引了很多玩伴。

但新的环境或状况,比如说新的学校,会为她带来困难。她会一连好几周变得明显焦虑不安。最近几个月以来,这种趋势甚至更严重了。

"因为她那么聪明、才华横溢,我们以前都没怎么担心过她,直到最近。"玛格丽特说,"但现在她甚至比以前更呆滞、更惊慌,而我们完全帮不了她。"

玛格丽特脸上显出了挫败的表情。她不习惯为了家庭生活付出这么多时间和精力。

"我很欣赏珍妮丝,"她说,"她很可能是我三个孩子里最有天分的一个。事实上,我希望自己小时候能像她一样。"玛格丽特在回忆中露出了一个讽刺的微笑:"我一直都必须非常努力,才能拿到高分,才能交到很多朋友。进入医学院后,我没有多少时间去做别的事情。生下贝丝后,我的第一次婚姻以离婚告终,作为单亲父母真的非常忙碌,没有多少时间享受生活——没有多少朋友,没有多少快乐。"

玛格丽特说话的过程中,我注意到,她越来越沉浸在对过去的自己和当时的冲突的怀念中,反而忘记了她来到这里是为了讨论她的女儿珍妮丝。卡尔听他妻子说完后,也大概谈了谈自己。他提到,玛格丽特工作忙的时候,他很难照管好家务。但他谈起来断断续续地,从一个话题跳到另一个。

我和珍妮丝会面时,我发现,她很容易注意到词语。

"我的戏剧老师希望我能表现完美,但她总是挑我的错。"我们最早一次交谈时她告诉我,"就像这次,我要演一个生病的老人,老师一直以这种很厌恶的方式摇头。我一直在想这到底是什么意思,很难搞明白。"

"你肯定多少会觉得,有时候很难满足你的老师,或者观众,或者其他什么人的期待。"我表示理解。

珍妮丝洁白的脸庞微微变红,一堆话脱口而出。

"这不公平,他们期待的东西太多了,真希望我能报复他们!"她似乎马上就要哭了。

"你想怎么报复呢?"我问。

"嗯,我想告诉老师,她很苛刻,她带的班级是全校最差的。"

我能够理解,她觉得老师很坏、能力不足,不知她是否还想做别的什么事情来报复。

"我还想打她,把她的头拧下来,看着鲜血喷出来。"她说。幻想着这些事情时,她显得很高兴。"我会把她身体的不同部分丢进下水道里,确保它们不会再拼合到一起,这样我就不用再看见她了。"

我告诉珍妮丝,我能体会到,当人们对她期待太高时,她会感到多么挫败。珍妮丝继续谈到家人对她的期待。

"我妈妈说,如果我擅长什么事情的话,必须做到最好。比如足球,她希望我进入各个学校共同选出的全明星队。但我爸爸告诉我,'也许你无法入选全明星队,那也不要失望'。"

像很多孩子一样,珍妮丝对她父母不同个性的看法,准确得惊人。

"爸爸真的很担心我。他会告诫我,我可能失败,然后当一切结束的时候,他会说'干得好',他一直都这么无聊。他总是指出,可能发生比较糟糕的情况,这样,如果做得并不完美,我也不会太失望。而妈妈就对我期待很高。她希望我能做到所有的事情——体育、戏剧、所有的一切。虽然她一直说,高分还是低分都没区别,无论如何她都爱我。我知道她爱我。我敢说,我是她比较偏爱的孩子,但我的小妹妹……她也很关注她。"

当她谈到母亲的时候,我能够理解,和母亲保持亲近,成为母亲眼里最重要的孩子,对她来说是很重要的。

"但是,随着你逐渐长大,这种希望成为最重要的孩子的想法,是否仍然恰当?"我温和地问,"你妹妹也十几岁了。"

珍妮丝暂停了一下,想着我的话,脸上没什么表情。她思考的时候,感情丰富的蓝绿色眼睛会微微眯起来。彷徨在即将进入青春期的过渡年龄,确实不是一件容易的事——而珍妮丝显然并不确定自己是否要踏入下一个阶段。

"我知道,很可能别人觉得我不应该再一直和妈妈待在一起。但我忍不住——我很喜欢和她在一起。我也很喜欢我的朋友们。也许有人觉得等我十几岁的时候，就不会再这么依恋妈妈了，可能会经常和她吵架。但我并不这么想。"

她再次停下来叹了口气。"反正，我也不确定我是不是希望长大进入青春期。"

"你指什么？"我问，"你不喜欢青春期的什么地方？"

她做了个鬼脸："你也知道，很多青春期的孩子会滥用药物等等，陷入麻烦。"

"你觉得自己也会遇到这类麻烦吗？"我问。

她坚定地摇了摇头。"不会。我很担心自己的身体，我甚至不能喝含有咖啡因的饮料。我敢肯定，我会很小心的。"

我感觉，在这次关于滥用药物的谈话背后，在她害怕长大的说法背后，隐藏的是她对于无法控制自己身体的恐惧。这种担忧在珍妮丝这个年龄的孩子中很常见，因为他们正在经历身体的迅速变化。珍妮丝对于滥用药物的恐惧，隐约反映出她对自己身体成熟的恐惧。

"我担心生病，"珍妮丝说，"我爷爷三年前去世了，我害怕我的父母也会生病，然后可能也会死去。"

"听起来，你似乎也担心自己的身体，担心你所爱的人的身体，"我说，"你担心大家的身体是否正常，是否会生病，以及……"

珍妮丝僵住了。

"我们差不多谈完了吧？我和妈妈很快还要去接我妹妹。"

"谈到你对自己身体的想法，你似乎就会希望谈话尽快结束，"我说，"我想你很不喜欢谈论这个话题。"

她的脸再次变红，有点尴尬地笑了一下。她把脚放到椅子上，双手抱住膝盖蜷缩着。

"嗯，很可能你说得没错。我不喜欢生理期。这一点都不好玩，我还没有准备好。"

我问她为什么。

"嗯,我想是因为头痛,还有明显的浮肿、疲劳。"她暂停了一下,似乎在寻找合适的措辞,"我觉得那真的很脏,你明白吗?某种意义上也很尴尬。我真的很担心,如果我没有非常谨慎小心的话,就会更脏,以及真的真的非常尴尬。"

显然,她担心如果不经常更换卫生巾,会使自己陷入尴尬的境地。

"类似于在舞台上的那种尴尬感觉?"我问。

她咧嘴对我笑了一下,然后沉默了很长一段时间才开口回答。谈论自己的生理期,对她来说真的很难。

"是的,我想确实是这样。"

"而且,谈论这种事情也使你感到相当尴尬,对吗?"我温和地问。

珍妮丝只是点了点头,在座位上微微转身,看向窗外,仿佛不愿意接触我的目光。

我对她感到理解和同情,告诉她,我明白这一切对她来说是多么尴尬,我也知道,她对于长大成人的感受很复杂。我告诉她,也许她不仅对此感到尴尬,另一方面,也担心妈妈会怎样对待她。

珍妮丝再次点了点头,仍然望着窗外。但令我惊讶的是,她比我期待的更加详细地描述了自己的想法。

"我不知道,等我真正进入青春期后,我妈妈会怎样。我希望永远都能和她很亲密。还有我爸爸,我想他对我越来越担心了。他对我所说的每一句话都是关于他的担忧。他总是给我讲青少年滥用药物的事,还有可能发生的所有麻烦事。"

她微微一笑补充说:"恐怕我还不到15岁,他就得患上心脏病。"

短暂沉默了一会儿之后,我问到她的男朋友安德烈,想知道他是怎样对待这一切的。

"我知道你是想问我有没有和安德烈一起做什么。"她说,转回来面对着我,"我们只是接吻过几次,虽然他倒是想做得更多。"她明显对于这种想法感到不适,我没有催促她。

又停了一会儿之后,她继续谈到对于自己正在发育的身体的感觉——难受、头痛、浮肿。

"听起来,你主要是感觉到身体上的成长,而非思想或感受上的变化。"我评论说。

我发现,很多即将进入青春期的孩子,会把注意力集中在自己身体上的变化,而非心理上的变化。女孩们像珍妮丝一样,关注自己的生理期或其他身体变化,抱怨身体上的不适。类似的,男孩们会关注自己阴茎的尺寸、勃起的次数,或者自己外貌如何。也有些男孩非常担忧自己的身体,担心自己或家人会生病。身体上的变化意味着情感上也在发生变化,但也同样为这些孩子提供了无视自己情感变化的借口。

珍妮丝告诉我:"我觉得,我不怎么去想长大成人这件事。我主要是担心,因为我感觉不舒服,有些事情就做不了。"

"我能理解,你非常担心。"我表示同情,准备结束我们的谈话,"你正面对着生活中一些全新的重要事情。在学校里,别人对你期待过高,同时,你还得试着想明白自己希望变成什么样的大人。最重要的是,你需要思考怎样才能在长大的同时,仍然和爸爸妈妈保持亲近,和别人在一起能够感到安全和亲密。"

珍妮丝点点头,脸上流露出热情愉快的表情,随即我们结束了这次会面。

珍妮丝比一般的12岁孩子更擅长表达,而她面临的挑战在孩子们进入青春期时非常典型。注意力集中在身体感觉而非心理感受上这一点尤其典型——"我浮肿了。""我身上痛。""我觉得头痛。"珍妮丝这样的孩子很难认清自己的心理感受。换而言之,在沟通中只能以身体上的症状为话题,无法详细讨论情感上的感受和想法。这个年龄的孩子发现自己的身体处于迅速变化中，面临着巨大的情感挑战，很容易在心理的成长中后退。他们在成长发育的较早阶段陷入困境，无法从思想上理解这段关键时期，仅仅关注身体上的情况。

珍妮丝也像很多即将进入青春期的女孩一样，非常依恋她的母亲。她对于自己正在经历的身体变化感到担忧和恐惧，极其需要妈妈的关注。她非常希望能回到小时候，妈妈非常耐心、温柔地帮助她和保护她。但她现在已经长大了，她的地位受到小妹妹的挑战，身体也出现了变化，她对于要不要继续依赖妈妈感到犹豫。

同时，她妈妈工作繁忙，这也意味着珍妮丝在如今这段面临挑战的时光中，无法从她那里获得足够的安全感和温暖。虽然珍妮丝和妈妈之间显然很亲密，但就像别的父母很忙碌的孩子一样，她非常担心，这段关系没什么保证，于是她会紧紧抓住现在与妈妈之间的关系。

而卡尔总是警告珍妮丝可能会失败——也就是预先展望糟糕和痛苦的事情——这使珍妮丝觉得，爸爸对她完全没有信心。我们谈话时，我发现她感觉自己无法在很大程度上依赖父亲，或者就这方面问题向他寻求帮助。她认为，安德烈也是个只向她索取，不怎么为她付出的人。

● 地板时间

就像很多事业心强的父母一样，玛格丽特趋向于回避关于脆弱、恐惧、焦虑的讨论，主要把注意力集中在成就上。关于她的孩子，她只谈到了成功的方面——在足球队里进球得分、演戏时拿到主要角色、学校里得到高分。她几乎不能容忍担忧、悲伤、失望——生活中消极的那部分。与卡尔相反，玛格丽特以前不会花很多时间与珍妮丝一起"无所事事"。虽然玛格丽特与珍妮丝彼此感情深厚，但她们一起相处的时间往往只有偶尔五分钟。

对于珍妮丝这个年龄的孩子，由于生理和心理上都在发生迅速的变化，地板时间显得尤其重要。正如我们在本书前面提到的，地板时间并不意味着一定要坐在地板上玩，也可以在沙发上、孩子的床头、后院的台阶上。对于玛格丽特来说，最大的挑战是让她每天拨出空闲时间与珍妮丝一起相处20到30分钟，同时不要对女儿说教，不要灌输目标或价值观。她只需和女儿一起度过这段时间，对女儿感兴趣的事物表现出兴趣，让珍妮丝感受到自己以温暖、舒适、愉快、放松的方式与妈妈在一起。

对玛格丽特来说，这是一种全新的经历，她肯定会觉得不太适应。第一次与珍妮丝一起尝试地板时间时，她过了10分钟就提前结束了，找了个借口说她需要接个电话。但随后玛格丽特认识到，自己完全可以一小时后再回这个电话。随着时间的流逝，玛格丽特和珍妮丝相处时可以再多坚持1分钟、2分钟、5分钟，然后是6分钟、8分钟、10分钟——这不包括父母和珍妮丝一起做作业、讨论即将到来的足球比赛或者学校演出的时间，这些属于玛格丽特可以列入日程表的安排，不能算地板时间。

玛格丽特从来没有彻底搞明白过，自己为什么很难放松地与珍妮丝一起漫无目的地度过一段时间，虽然她也意识到，自己一般都很注重目标和安排，从而不太适应人际关系中更加放松的闲聊。但你其实并不需要真正搞明白，自己为什么会以某种方式和孩子或配偶相处。重要的是思考问题。只要提出问题，你就从自己的内心走出了一步，允许自己变得更加灵活变通。

随着时间过去，玛格丽特越来越享受与珍妮丝之间的闲聊时间，虽然她花了三四个月的时间，才终于能和女儿一起度过完整的半小时。在这几个月中，她也学着让珍妮丝引领话题、抑制住说教的冲动、不用其他孩子取得的成就来激励女儿。

渐渐地,珍妮丝开始谈到她在学校里的朋友,最后终于提到男朋友。

"她和安德烈的事令我感到烦恼,"玛格丽特曾经告诉我,"我想那是因为他年纪要大一点,他想催促她进入真正'男女朋友'的关系。"但就像很多父母一样,玛格丽特不知道要怎样和女儿谈到这个话题,她肯定不太想和妈妈讨论这种事。虽然玛格丽特直到16岁才开始约会和面对这类问题,她仍然可以应用自己的经验来帮助女儿。(**父母们应该知道,虽然你和你的孩子也许并不是在同样的年龄经历同样的事情,但如果能告诉孩子,你小时候面对各种各样的状况有何感受,仍然会为他们带来极大的帮助。**)

"妈妈,"珍妮丝有一天问,"你觉得我好看吗?"

"当然了!"玛格丽特说。

玛格丽特怀疑这个问题其实反映了珍妮丝对安德烈的担心,但她明智地没有继续这个话题。

围绕着青春期的各种棘手问题——身体变化、约会,会开始出现很多难以应对的问题,你很容易过于关注怎样鼓励和帮助孩子表达出自己的感受,而忘记了地板时间的主要目标。关键是要由你的孩子来引领话题——跟着孩子的步调走——不要觉得应该深入探究某些话题,也许你的孩子对那方面感到不安,或者还没有准备好接触那个领域。

玛格丽特和珍妮丝之间开始孕育出一种更加温暖、更加人性化的关系,玛格丽特发现自己其实很高兴能更加了解珍妮丝的生活以及她的想法。最终,她们能够更加放松地相处——无论是在地板时间中、开车时,还是晚餐中。

这种轻松的关系并不意味着要回避棘手的问题,或者通过简单的安慰创造出一种虚假的解脱感。以前,如果珍妮丝抱怨头痛或者生理期时"感觉很难受",玛格丽特往往不愿意听到女儿发牢骚。

"几天后你就会好的,不用担心。"她会这样说,然后改变话题。

我建议她，要对女儿的抱怨表示理解和同情，允许她谈一谈身体上的感觉。这并不像看起来那么难。一两句表示体谅的话就能起到很大作用。

"我明白你感觉不太好。"玛格丽特开始在珍妮丝抱怨时这样回答，或者"头痛怎么样了？"或者"听起来你什么都不想做。"这样可以给讨论开个头，让女儿有机会谈谈男孩调情时她会感到紧张、不安、害羞。玛格丽特努力表现得开明，帮助珍妮丝表达出自己的想法。

有意思的是，在大多数成人与成人，或成人与孩子之间的关系中，成人可以通过回避某些话题，巧妙地引导谈话。如果你对于某个领域回避了两三次，另一个人也会抓住暗示，不再试图进入这个领域。这段人际关系也局限于只接触特定话题。与朋友们相处时，这样做没什么问题，因为你通常可以找到其他愿意谈论更广泛话题的朋友。但如果是一段更亲密的关系——亲子或配偶之间——这样做也许会回避生活中某一个重要的领域。

对于卡尔来说，我们需要想办法让他在女儿谈到自己取得的成就时，或者在她担心发生负面的事情时，要表现出关注。换而言之，我们需要帮助他用乐观和积极的期待，来平衡他那种悲观沮丧。

卡尔的第一步是学会让珍妮丝来引领谈话。就像很多过度保护孩子的父母一样，卡尔有一种消极的趋向：如果珍妮丝谈到她希望在考试中得到高分、希望在足球赛中表现好、希望一位朋友邀请她去家里过夜，卡尔会插进来说：

"嗯，如果结果不像你想象的那样，最好也要有心理准备。"他习惯于插话说，"如果你拿不到高分怎么办？""如果在比赛中没有进球也不要失望。""如果她没有邀请你呢？"

父母们往往会帮助孩子避免想象中的痛苦。他们担心，如果事情的结果与孩子们想象的不同，孩子会感到挫败或过于失望。在这样的保护下，孩子能够避免某些感受。但这种方法也会有反作用，因为这样往往会导致孩子只是表现感受，而非体会感受。感受并不会消失。正如我们已经看到的，即将进入青春期的孩子很容易只是把感受表现出来，而非从情感上面对这些感受有所体会。

卡尔认识到，他没能做到让女儿引领话题，反而让她跟着自己的担忧走。他也意识到，不仅仅是面对玛格丽特和孩子时，他在自己的生活中也同样有消极的趋向。

● 解决问题时间

玛格丽特和卡尔花更多的时间与珍妮丝一起聊天，帮助她预先考虑在哪些状况下会感到焦虑、惊慌、沮丧，结果多少令他们感到吃惊。

以前，他们对于这种情况的态度是"不要看、不要想，不要把负面的想法放进她的脑子里，否则她只会惊慌失措"。

担心把负面的想法"放进孩子的脑子里"，虽然也可以理解，却是一种鸵鸟主义的做法。就好像认为，如果你不承认有可能出现负面情况，它们就不会出现。虽然卡尔会预先考虑所有的挫败失望，但他无法真正帮助珍妮丝预测自己在这些情况下的感受，无法帮助她以建设性的方式应对这些状况。玛格丽特会为女儿喝彩，告诉她要做到最好，但她也无法帮助珍妮丝应对各种真实状况，尤其是她在这些状况下的真实感受。

珍妮丝开始与父母双方分别进行一对一的谈话，每周一起构想下一周会发生什么事。一般都会有考试、演出、足球比赛。为了帮助珍妮丝预测她在各种状况下会有怎样的感受，她的父母首先帮助她描绘遇到挑战的情况，然后再想象自己的感受。

珍妮丝想象自己在一出新剧里扮演一个新的角色。"但我演得不太好。"她告诉妈妈，"我忘了台词，我的心跳得非常快，几乎无法呼吸，感觉心里一片混乱。然后我从屋子里跑了出去，所有的孩子都在议论我。"

然后，卡尔和玛格丽特的目标在于帮助珍妮丝思考可以做些什么来帮助她自己。他们一起练习深呼吸，珍妮丝想象自己站在全班同学面前，变得紧张不安，然后练习慢慢深呼吸。她吃惊地发现这样做很有效。

在一次解决问题时间中，珍妮丝提到，班里的男生尤其会笑话她。卡尔凭直觉帮助她把这种想象继续下去。

"他们会说什么？"他问，"他们为什么希望你尴尬丢脸？"

她想了一会儿。"嗯，有个男孩保罗，他喜欢我。但他也对我非常生气，因为我没有回应他的示爱。他可能希望我看起来像个傻瓜。"

这时，故事情节变得丰富多彩。珍妮丝担心的不仅仅是别人议论她、感到尴尬，这次还出现了一个男孩，涉及男孩和女孩之间那些恋爱和约会的事情。珍妮丝缓慢却坚定地开始谈到更多的事情，与其他女孩竞争、男孩的好感、与其他孩子针锋相对的情况。突然，父母更加能够理解，为什么珍妮丝会担心别人使她丢脸。她不仅仅是害怕感到尴尬，她担心别人因为他们的某些感受而对她苛刻，无论根源是在于好感、良性竞争，还是勾心斗角。

接近十岁的孩子由于身体上的变化，对于丢脸尤其很敏感。如果你的孩子正处于这个年龄，你肯定会注意到，他们对于任何一种可能感到羞耻的情况都非常敏感。很多这个年龄的孩子像珍妮丝一样，不知道怎样处理自己面对的身体变化。

我们在前几章中讨论了，怎样帮助孩子们在2到4岁之间，学会把自己的情感通过想法，而非只通过行为"表现出来"。我们在研究中发现，孩子们在这个阶段之前，大多数感受是通过身体感觉表现出来的——肌肉紧绷、头痛、希望逃离焦虑不安的感觉。但从2到4岁开始，他们学会了在大脑里给感受贴上标签、找到原因、描绘出来。换句话说，他们开始通过想法（而非行为或身体感觉）表达自己的情感。

有些即将进入青春期的孩子，虽然可以用语言表达出其他感受，但如果是关于自己身体的感受，就无法用语言表达，这要么是因为他们出于很多原因没有发展出这种能力，要么是因为身体上的激烈变化。如果孩子无法表达出对于自己正在经历的身体变化的关注和感受——也就是说，还没有把这些感受提升到有逻辑的情感概念的层次——那就只能通过身体或行为把这些感受表达出来。因此，对于珍妮丝那些头痛、紧张、惊慌失措、"很难受"的感觉，我们不必感到吃惊。你也许注意到，有些青春期的孩子对自己的身体情况表现出异乎寻常的关注。这证明了他们需要找到一种放松的方式，从情感上而非只通过身体表达自我。身体感觉显然无法帮助孩子们解决情感上遇到的挑战。

那么，我们的目标就是帮助这些孩子表达出自己对于身体变化的感受。对于大多数孩子来说，谈心的对象是父母中更亲密的那个人。在这个发育阶段中，一般就是父母中同样性别的一方。

但玛格丽特不确定是否应该和珍妮丝讨论这些吓人的话题。

"我们为什么要打开潘多拉的盒子呢？"她问我，"我从来没有和我妈妈谈过这种事。我不知道要怎么做。"

就像如今很多父母一样，玛格丽特从来没有和任何人谈过对自己身体的感受。我们讨论了珍妮丝的焦虑不安、对舞台的恐惧，与她体内发生的变化之间的关系：这里确实存在直接联系。

为珍妮丝又一次在生理期感到不舒服，抱怨浮肿、眩晕、头痛时，玛格丽特让她描述一下身体不同部位都有什么感受。

珍妮丝耸耸肩说："我全身都不舒服，妈妈。"她一边说，一边觉得火气越来越大，"你知道，难受、肮脏……"

玛格丽特知道，自己需要帮助珍妮丝处理这个问题，她做了个深呼

吸,插话说:

"我能理解,你觉得自己体内发生的这一切很脏。"

珍妮丝高兴地向玛格丽特露出了一个大大的笑容,脸上带着一种"你怎么知道?"的表情。那种肮脏的感觉第一次不再只是因为头痛和浮肿的感觉,而是与这种无法控制自己身体的状况有关。

玛格丽特对珍妮丝表示理解,同情她身体上发生的这一切为她带来的感受。

"我知道你不喜欢那种感觉,"她会说,"你是不是也不喜欢进入青春期或者变成一个年轻女人?"

珍妮丝再次放松地微笑起来。"嗯,某种意义上我想要长大,我想进入大学。有时候我会想象建立自己的家庭是什么样子。不过,"她补充说,"也有时候我觉得,永远不要长大的话更好。"

这是她们第一次讨论长大成人、发育成熟这个大问题,也成为她们一起讨论青春期问题的开始。珍妮丝第一次告诉妈妈,安德烈已经吻过她,她对此有些不安。

"比如,如果他要碰我什么地方……或者做什么事情的话,怎么办?"珍妮丝问,不安地把这个话题继续下去。她停了一会儿说:"你知道,那真的非常恶心。"

珍妮丝一直使用同样的词,"恶心"和"肮脏",显然,当生活中她碰到不确定是否有能力控制自己或他人时,都会用这些词来描述。随着时间过去,她会开始使用更含糊、更微妙的词——也就是说,使用更广泛的情感概念——来描述感受。她不会再觉得肮脏或恶心,而是对自己臀部变圆或胸部发育感到尴尬。我们会看到,围绕着她的身体发育,她也发展出新的词汇表。这时候,她能够给自己的担忧贴上标签,运用智慧来处理那些感受。她不再只用几个负面的词语来描述这些事,她掌握了一系列词汇,有的是负面的,有的是正面的。

● 感受和理解孩子的观点

玛格丽特和卡尔仍然要抑制住对珍妮丝说教的冲动，在她表示担忧时也不要自动回答"一切都会好的"。他们学着感受和理解她的焦虑不安、她的尴尬，比如玛格丽特理解珍妮丝对于月经感到恶心或"难受"。等到她开始谈论更复杂的感受时，同样要继续对她表示理解。

珍妮丝心里一种潜在的想法现在开始浮现出来，她曾经相信，不可能既当个小孩子待在爸爸妈妈身边，同时又成为艺术家、音乐家、运动员、学者。现在她意识到，她可以在所有这些方面表现优秀，同时也不需要放弃与爸爸妈妈之间的亲密关系，以及他们带来的安全感。

离开父母的羽翼，而不会失去他们的爱和支持，这个问题对于即将进入青春期的孩子来说尤其重要，因为他们仍然依赖父母，同时又很想试试自己的翅膀。从某种意义上来说，他们的智慧和好奇心要比情感更加成熟，他们仍然需要安全感和照料。

珍妮丝从来不曾明确说出这些恐惧，但她那种潜在的想法很明显，因为她一直谈到自己希望做些什么事情，也谈到她担心失去妈妈带来的不安全感。

"你会一直和我在一起吧。"她会和妈妈强调，或者"没有你的话，我不知道要怎么办！"

当然，珍妮丝这些话并不完全是字面上的意义（不管怎么说，等你上大学时，妈妈不可能做你的室友）。但孩子们会逐渐把这些感受变成情感概念。也就是说，他们学着不再依赖父母的陪伴，只要父母能为他们带来内心的安全感，他们就能感到轻松自在。随着孩子的长大，另一些人——朋友们、男女朋友，最终也许是配偶——也会为他们带来这种安全感。最终，他们的自尊——以及把父母和他人带来的安全感融入自己的内心——也可以帮助他们享受这种作为独立成年人的感受。

● 将挑战化整为零

很多孩子像珍妮丝一样，面对全新的经历会遇到困难，需要逐步渐进地迎接新的挑战。但我们往往没有注意到他们面对这些事情时的困难。当然，我们都很熟悉挑剔易怒的婴儿，或者不适应新环境显得紧张不安的幼儿园孩子。但我们容易忘记，挑剔的婴幼儿会长成挑剔的学龄儿童。但到了那时候，不幸的是，我们不会再只认为他们是挑剔的孩子——我们开始给他们贴上负面的标签、爱吵架、焦虑不安、攻击性强、喜欢恶作剧，或者纯粹就是个讨厌的家伙。换句话说，我们不再认为这只是他们的身体或脾气特点，而是开始把这归咎于他们的心理特性。其实，在自我调节方面遇到困难会造成婴儿挑剔易怒，同样也会导致大一点的孩子挑剔易怒。

如果你的孩子和珍妮丝一样具有这种个性特点，为了应对他喜怒无常、抗拒态度，以及难以适应新环境的问题，最好的办法是，在面对任何新的环境时，帮助他先用手指试一试水温。就像龟兔赛跑一样，有时候欲速则不达。关键是要认识到，全新的经历对于这样的孩子来说，尤其是个挑战。新的经历令人害怕，容易引起愤怒的感受。孩子如果能够预测会经历什么事情，就能更好地控制自己消化吸收的速度——同时也表现得更好。看看人们进入游泳池的样子：有些人需要先用脚尖试试水温，然后是整只脚，最后全身慢慢浸进去，也有些人会一下子跳进去。马上跳进水里的人无法理解先用脚尖尝试的人，反之亦然。但双方都采取了自己面对全新环境时最好的做法。

为了让珍妮丝在很多人面前表演时不要太过惊慌，玛格丽特和卡尔通过一种逐步渐进的方法帮助她。他们让她先在家人面前表演，然后是几位朋友面前，让观众渐渐增加到很多人。珍妮丝发现这种半正式排演能够带来很大帮助。虽然她必须找人帮忙听她唱歌或练习台词，但她和朋友们总是能做到。她的戏剧老师也愿意帮忙：她安排表演时有点害羞的孩子们放学后在一小群老师面前排演练习。

玛格丽特也应用这种逐步渐进的方法，帮助珍妮丝谈论她的身体。在六个月的时间里，玛格丽特一点一点地和女儿开始了这方面的谈话。也许每周只有几句话是关于这个微妙的话题。你会回忆起，玛格丽特也是应用同样的方法学会更加放松地和女儿相处，逐渐增加她们一起随意聊天的时间。

因为珍妮丝一般是个很听话的孩子，我们可以跳过"制定规则"的步骤。随着她和她的父母继续实行地板时间、解决问题时间，随着父母感受和理解她面对的挑战，并将挑战化整为零，拆分为易于实现的目标，我们在她身上看到了巨大的进步。

对于即将进入青春期的孩子来说，关键是要认识到，他们正处于强烈感受的冲击下，身体上的变化令他们不知所措。如果他们能产生强烈的内在自我感受，等于建立起一个稳定的平台，能够以此为基础观察同龄人和他们自己暴风雨般激烈的感受，而不至于感到彻底混乱。当然，这并不意味着他们一直都拥有安全感。在走向青春期的过程中，他们必须努力维持稳定的自我感受。至少他们必须有一个稳定的开端，才能从这里出发，继续走向前面更加汹涌动荡的海洋。

第八章
健康养育孩子的五项原则

在前面的几个不同故事中,我介绍了父母们支持孩子成长发育的五个步骤。正如你看到的,这些步骤反映了一些可以应用于各种不同状况的基本原则。在本章中,我们将再次回顾这些原则,以及将其融入家庭生活的不同方法。

地板时间

孩子上小学时,不再像学龄前那样依赖父母,父母也趋向于逐渐脱离孩子生活中情感支柱的角色。孩子不再需要父母投入以前那么多的时间和关注。工作日的晚上,父母忙着做家务或者还在上班的话,孩子可以自己做作业或看电视。周末的时候,也许父母会花很多时间开车送孩子到各种地方去——踢足球、去野营、参加生日宴会、去滑冰场、干跑腿的活计,但在情感上,有时候每个人都走在自己不同的道路上。

但我们必须珍视并保护家人共处的时间。也许晚餐后可以晚一点再收拾餐桌,打开电话答录机接电话,与孩子相处。如果父母中一方或双方工作的时间很长,你们可以定下规矩,晚上 6:00 到晚上 8:30 必须回家，一起度过家庭时间。然后你可以在家工作，或者再回到办公室去——如果需要的话不妨一直工作到凌晨3点。

我发现，很多工作繁忙的父母很难实行这种做法。有些工作狂父母一直匆匆忙忙地，他们甚至已经感觉不到孩子在自己生活中的位置。地板时间可以帮助你重新找到这种感觉——与孩子重新联系起来，有些人从孩子还是婴儿的时候起，就未曾享受过这种感觉。

地板时间是你为自己和孩子专门留出的一段特殊时间——每天至少30分钟。在漫无目的、自然而然的谈话和游戏中，试着让孩子引领一切。你的目标是"跟着孩子的步调走"，融入孩子的想法和行为。和年龄较小的孩子在一起时，你们会像字面上那样坐在地板上玩耍。但和较大的孩子在一起，也许不用真的这样做，但原则还是一样的。地板时间不同于那些"有益的时间"，因为游戏和谈话的方向都是由孩子决定的。任何被动的行为，例如让孩子猜谜语、读书给孩子听，甚至和孩子一起看教育电视节目，都不能作为地板时间的内容（虽然这些活动也很有益、很重要）。你需要全身心和孩子在一起。关掉电视、关掉音响，不让任何东西干扰你和孩子的互动。

你的目标是帮助孩子以更丰富、更广泛的方式，把希望沟通的内容表达出来。可以通过角色假扮的游戏来实现，也可以通过讨论生活、爱、自由、任天堂游戏机，或者刚刚去世的爷爷来实现——可以是孩子感兴趣的任何事物。父母应该是理解同情的倾听者，也应该是积极热情的参与者，帮助他们的孩子探索并进一步扩展自己的世界。如果你的孩子正在玩娃娃和城堡，希望你扮演坏人的角色攻击城堡，那就去假扮这个角色。如果孩子希望你一直躺在地上，学小狗汪汪叫，那就按他说的去做。如果她想讨论一下，你是个多么讨厌的父母，因为昨天晚上你不答应她十点再上床睡觉，你的任务就是跟着她讨论这个话题。

"再多和我说说，"你可以说，"除了我之前那种粗暴的做法，有什么比较好的做法？"如果孩子说："我的老师真讨厌。"不要告诉她："不能那样子说老师！"你可以说："没错，老师们有时候确实不讨人喜欢。你的老师今天做了什么？"

你们两人之间的交流不需要很深入，甚至不需要涉及当天发生的事情。你只需融入进来，成为孩子的世界中的一部分。对于孩子希望说或做的一切，你要表现出热情、理解、开明。比话语更重要的（至少同等重要的），是你和孩子一起躺在地板上这件事。在地板时间里发生的一切，会传达给你的孩子一个讯号，他是受到重视的、被爱着的。

所有成功的人际关系，其核心都是这种温暖的理解。我觉得，如果孩子们能够充分体会这种感受，也会更加注重理解他人的需要。通过地板时间，你也自然而然地鼓励和支持了贯穿本书中讨论的成长发育过程，对于健康的情感成长来说（包括注意力、自我控制、双向沟通、情感概念和情感思维），地板时间是非常重要的。

还记得害羞的、遇到学习问题的小杰拉尔德吗？地板时间帮助他描绘情感概念、发展想象力——为了在学校里表现得更好，他非常需要这些能力。12岁的珍妮丝在地板时间中，开始学着把自己对于身体变化的担忧表达出来，而不再只关注自己的身体，抱怨头痛和难受。攻击性强的乔伊尔，通过和妈妈一起度过地板时间产生安全感，当他感到心烦意乱时，不会再像以前那样推人打人。

我们要牢记，地板时间的灵魂是：孩子们需要感受到父母的理解。

地板时间能够产生非常强大的效果，为孩子带来一种强烈的感受，自己受到照料、被爱着、安全、得到理解。地板时间帮助孩子们体会到父母的关心，也可能使孩子产生一种模糊的内心感受——他们是否属于要求多多、惊恐、焦虑、愤怒的人，这也是情感概念和人际关系的世界中的一部分。事实上，地板时间为孩子们所需要的安全、信任、自我价值建立起基础。几乎任何一种儿童问题，都可以通过地板时间，至少部分地获得帮助。

可是，我第一次向为了孩子前来见我的父母解释地板时间时，他们往往会一脸茫然地看着我。

"和我一起度过地板时间，怎么能帮助我女儿更好地在学校里交朋友？"一位母亲问，她的女儿因为不被朋友们接受感到绝望，别人似乎对她缺乏兴趣。

答案是：帮助她感觉到自己是被珍视的、被爱着的，也许她就不会那么绝望，很自豪能够慎重选择不会拒绝她的朋友。

为什么必须为地板时间留出专门的时间？当然，理想情况下并不需要，只要自然而然开始地板时间就行。但对很多繁忙的家庭来说，父母双方都很忙碌，日程安排不断变化，会使孩子不知所措。这就是为什么我建议父母专门安排一段时间。

有些父母会在下班回家吃完晚餐后说："好，现在到你的房间里去（或者任何地方）。"或者也可能直接过去和孩子在一起。这段时间可以叫做地板时间、专门时间，也可以什么都不叫。只要让孩子习惯在晚餐后，或者任何时间，他可以和父母中每一方度过一段只属于他的时间，父母不会被他的兄弟姐妹、电话、其他需要做的事情拉走，也不会忙着读报纸、看电视。如果你的孩子在他的房间里玩耍或者看电视，你不妨一起进去，可以什么都不做，也可以想办法吸引他一起做些什么事情。比如，你的孩子完成家庭作业之后，你可以走进去，躺在床上，闲聊20到30分钟。我知道有位母亲把这段时间安排在早晨上学前。开始做早上各种杂事之前，她和8岁大的女儿一起躺在床上，聊天或者玩耍半个小时左右。另一些白天在家的父母，会把这段时间安排在孩子刚刚放学回家的时候。

地板时间的规则非常简单：孩子们不能打你，不能破坏任何东西；除此之外，完全由孩子做主。你的任务只是跟着孩子的步调走。你无须扮演心理学家，试着理解孩子的游戏中有何潜意识的因素。你无须为孩子解释他的感受，比方说："你和那些大孩子走在一起时，肯定很害怕。"但随着你们花更多的时间彼此相处，你很快就能读出孩子话语中的言外之意，抓住他一直重复的某些情感主题。

有些孩子的步调很难跟得上。如果你在沙发上坐在孩子旁边，轻松友好地聊了30分钟之后，她宣布"我不想和你说话了"，该怎么办？如果她什么都不说，又该怎么办？关键是要记住，孩子一直都在沟通，无论是通过词语、姿势、音调，还是手势。甚至她不愿沟通的态度，也是一种沟通。你始终都能接触到一些东西。很多父母会错误地完全从字面上理解孩子的话。如果孩子说"我不想谈话"、"让我一个人待着"、"今天没发生什么事，你为什么一直用这个烦我？"如果父母们只看到这些词语，就会直接放弃，而不是后退一步再次尝试。你可以问："你为什么不想和我说话？"然后谈谈孩子不愿意聊天的原因。你也可以谈谈为什么不说话会感到更加轻松，回忆你自己童年时也有不愿开口的时候。你也可能提到，你相信孩子不愿谈话有着充分的原因。如果你顺其自然，接受孩子的任何反应，往往就能开始一段谈话，可能是关于任何事情的，包括一切事情都多么无聊。

诀窍是不要做出明确的安排。也许你走进孩子的房间，希望和他谈谈学校、朋友、电视节目，而他朝你扔了个棒球。

"从我的房间里出去！8点了，我的作业都做完了，我要清净一会儿！"

不要坚持自己的计划，回答说："你必须和我谈话。"

你可以试着观察，"哦，你希望我出去？"然后谈一谈他有多么希望你从他的房间里出去，为什么你最好待在隔壁。也许你们两人可以谈一下他为什么这么讨厌你。如果让孩子谈谈不喜欢父母的什么地方，很多孩子愿意一连说上20分钟。关键是不要因为负面感受而放弃，而是要观察孩子对你的态度。和你相处越是令孩子感到困扰，他就越需要这段专门的时间。事实上，对于亲密相处感到不适的孩子，要比别的孩子更加需要这种时间。

地板时间可以为孩子们带来奇迹般的变化——虽然孩子自己也许看不到其中的直接联系。8岁的安德鲁与他的单亲爸爸定期在地板时间中相处，几个月后，他从一个迷迷糊糊、爱哭、没几个朋友、成绩也不好的男孩，变成了一个更加自信、更加友好的孩子，成绩也达到中上水平。但后来他的父亲工作太忙，好几周没能和他一起度过地板时间。安德鲁又变回了老样子：他在学校里又开始不合群，几次考试都不及格；他和朋友们打了几次架，有什么不满意就哭鼻子。

"发生了什么事？"我问安德鲁，那天他和父亲一起参加我们的讨论。

他耸了耸肩："我不知道，我想我在学校里表现不太好。"

"你爸爸真的很忙，对吗？"我问他，"你对此有何感受？"

"我不喜欢这样，"他回答说，"我更喜欢我们每天都有时间一起相处。"

"你觉得，和爸爸相处与取得好成绩，二者之间是否存在任何联系？"我问。

"我不知道。"安德鲁说，"我想没有联系。我只是不像以前那样经常能看见他了。"

"是否有可能，"我问他，"你想把这些不及格试卷丢到他脸上？"

安德鲁一下子咯咯笑起来。"把不及格试卷丢到他脸上，"他高兴地重复了一遍，显然完全同意这个想法，"把不及格试卷丢到他脸上！"在这次讨论中，他的表情第一次显得高兴起来，看起来显得激动而充满活力。

他爸爸也接收到这一讯息。"我想我们最好再次开始地板时间。"他苦笑着说。爸爸和孩子以同样的节奏一起点头。

帮助安德鲁学会处理自己的失望或愤怒固然很重要，但不要因此影响他的学业。我们不希望他和自己过不去。但短期的影响同样重要，如果安德鲁能在地板时间中感到自己受到重视、获得照料，就能变得更有条理，在情感上进一步成长。如果你能利用地板时间帮助孩子看到，他可以成长进步到更高的层次，也许他就能认识到，失望和愤怒的感受会影响他的学业。然后他也会把这种认识应用于其他遇到困难的状况，如爸爸没时间陪伴他、朋友使他失望、老师令他感到生气等。

对有些父母来说，和孩子一起度过地板时间并不是一件容易的事。虽然有些人自然而然就能做到，但我们大多数人很难从生活中其余部分的快速节奏转换到悠闲的地板时间中。例如，杰拉尔德的妈妈玛丽安娜，觉得自己太忙，没时间"什么也不做"，她起初就是这样形容地板时间的。蒂娜的爸爸尼尔花了好几个月的时间，才终于能放松地和女儿一起享受地板时间。

很多父母希望能帮助孩子，但他们发现，仅仅是放松、倾听、帮助孩子朝着自己选择的方向走下去，已经很难做到。我们都容易陷入一些陷阱，比如感到无聊、想要控制话题、参与程度不够。这是因为很多父母觉得很难既表现出积极热情，同时又不要控制孩子的行动。于是，如果事情不由我们主导，我们就开始做白日梦。

有些父母在开始地板时间一两周后，再次前来找我。有时候地板时间确实很无聊。厌倦乏味的感觉往往是一个信号，说明这个人感到缺乏自信、焦虑不安。例如，如果你的孩子放学回家后抱怨无聊，意味着学校使她感到不安。类似地，父母如果在地板时间中对自己缺乏自信，就会感到无聊。但如果你关注地板时间中出现的话题，往往就能克服无聊的感觉。你的孩子想告诉你什么？

"好吧，如果你要看着50张棒球卡，听儿子列举每一位选手的打击率，你也会感到无聊的。"一位 9 岁儿子的母亲曾经对我说。

但我们开始讨论这个问题后，这位母亲意识到，她感到不安是因为，她的儿子很少真正以互动的方式与其他孩子或者与她交流。他只关注自己的棒球卡，排斥其他任何事物。于是，男孩的母亲决定首先了解一下那些棒球运动员，尤其是当地选手，以便和儿子一起讨论这个话题。

"这是布莱迪·安德逊的卡片，"一天晚上她儿子开始说，"他是 Os 队的外野手，今年他在队里赢得了最多的打点，他的打击率有 0.325，是队里最棒的选手，看看这个……"

"哦，真的吗？"他妈妈回答说，"那小卡尔·瑞普肯怎么样？他去年不是被评为最有价值球员吗？他的打击率有 0.323，击出了 34 次全垒打。"

她的儿子看起来很吃惊，回答说："哦，妈妈，那是去年！瑞普肯这个赛季刚开始时表现得很糟。现在安德逊要比瑞普肯打得好多了。"

他妈妈热情地微笑着："但瑞普肯打球的时间更长，不是吗？我是说，我想他八年都没有丢过一局！"

"十年，妈妈。"她的儿子稍许有点得意扬扬地回答说，"瑞普肯十年都没有丢过一局。"

对话变得更加人性化了，因为母亲不再只是被动地听儿子列举事实，而是在双方对话中成为很感兴趣的、甚至挑战性的参与者。对这位母亲来说，地板时间不再枯燥无聊。之后的好几周里，她注意到，儿子与她在情感上也关联得更紧密。她曾经担心儿子是利用对棒球卡的兴趣，回避与其他孩子交朋友。她希望通过更多地与儿子互动，使他们之间的关系更加人性化，从而他也能进一步对他人敞开心扉（他也确实这样做了）。

有时候，父母其实是以感到无聊为借口，维持对孩子原有的印象，

拒绝看到孩子真正的个性或兴趣。例如，父母可能想要个积极外向的孩子，拒绝面对他们的孩子害羞胆小这个事实。他们没有通过与孩子互动来理解孩子害羞的个性，然后帮助孩子感到更加安全，变得积极主动，反而以感到无聊为借口，回避面前的挑战，无意识地远离了孩子。如果父母采取了这样的做法，孩子缺乏与父母的接触，消极和不安的感觉更加强烈，也会变得更加害羞胆小。

地板时间对于害羞的孩子来说尤其很有用，等于是给了他们第二次机会。一个害羞的孩子，在感到舒适的环境中也能变得充满创造力、积极主动。但如果没有机会变得自信，他会一直趋向于消极回避，这会影响他待人接物的能力。

很多父母在地板时间中会表现出过度控制。例如，他们不能忍受短暂的静默，会向孩子提出一系列问题。

"把小汽车放在那里怎么样？"父亲可能会对7岁的儿子说，"不，不是那里！卡车旁边怎么样？然后，我坐在这里，你坐在那里，我会用卡车……"

你会回忆起梅拉尼，那个缺乏自信的10岁女孩，她妈妈最初和女儿一起度过地板时间时，会告诉她应该怎样和朋友们说话。

"我不能仅仅坐在那里，眼看着她被朋友们排斥，自尊被践踏。"黛儿告诉我。

父母们已经习惯了担任控制者和指挥者，亲自采取行动显然要比跟着孩子的步调更容易。对于大多数父母来说，地板时间的最初几周障碍重重，因为他们很容易陷入过度控制的模式中。这段没有明确安排的时间中，有一项基本原则是：如果你对于孩子接下去应该说什么或者做什么有着明确的期待，你很可能会过度控制。地板时间应该充满惊奇，你的孩子可能会走向全新的方向。所以问问你自己："我是否问了太多的问题？我是否正在告诉孩子应该这样做？我是否知道他接下去打算做什么?"如果答案是肯定的,也许你需要稍微缓和一点。如果感到怀疑,就更多地倾听孩子的话语。你的目标是成为良好的倾听者和回答者——对孩子保持自然的好奇心和兴趣。地板时间应该是这样的节奏:就好像你和一位好友相处——你们会一起欢笑、互相开玩笑、听对方说话,把全部注意力集中在彼此身上。没有高人一等的态度,没有不自然的伪装。

另一种相反的情况是,有些父母会习惯于只看着孩子玩耍,自己完全不参与。例如,一个孩子把娃娃放进玩具屋里,父母会说:"哦,娃娃走进房子里了。我想知道接下去会发生什么?"然后娃娃会开茶会或者铺床,父母说:"娃娃喝茶了,娃娃正在铺床。"但这样并不是地板时间。父母只是描述一下孩子做的事情,他的心思往往早就跑到别处去了,没有真正参与孩子这出短剧,没有跟着孩子的引领走。

为了融入进来,父母也许可以说:"很好,你希望我扮演茶会上的角色吗?我要不要当客人?接下去我该做什么?"在这出短剧中,你不想作为局外人,但也不想亲自控制短剧的走向。你希望成为短剧的一部分,从而使孩子可以和你交流,把你视为他的游戏中的参与者。

如果你的孩子对于你的参与不感兴趣,该怎么办?他可能显得很冷漠,背对着你,自己操纵士兵,玩打仗的游戏,你需要让自己进入这出短剧。你可以说:"我可以当蓝方的士兵吗?"

"不,你就坐在这里。"他可能回答说。

"哦,我必须坐在这里?我不能……"

"不,我希望你只是看着就好。"

于是你们可以讨论一下,为什么你只能看着。这样做也是促使孩子与你交流互动。孩子可能会说:"闭嘴!我只想和我的士兵们玩。"

你可以闭嘴一会儿,旁观这出短剧,然后说:"现在我可以做些什么吗?"

"不,你最好还是待在那里。"

"你的意思是我只能当个旁观者？"你可能会说。你已经巧妙地把自己插入短剧，成为旁白者或者观众的角色。但你是个积极主动的观众，因为你一直问孩子，你的角色是什么。你鼓励孩子重新定义你的角色，这将成为剧中之剧。

如果你有好几个孩子，也许只能减少和每个孩子在一起的地板时间。但我仍然希望你能抽出足够的时间，和每个孩子一对一相处。如果你晚上比较有空，从晚饭后到孩子们准备睡觉前——晚上6点到晚上8点——一般能有足够的时间分别和几个孩子度过地板时间。也可以灵活一点，如果你下午在家的话，不妨把地板时间安排在这个时候。

等你抓住了诀窍以后，也可以把这段时间安排在车里，或者给每个孩子洗澡的时候。很多父母会把地板时间和上床睡觉前的准备结合到一起。孩子脱衣服、准备睡觉的时候，他们会花20分钟左右的时间与他聊天，在这段时间中，孩子可以和父母分享幻想或者一起玩耍。和年龄较小的孩子一起度过地板时间，通常主要是玩耍而非谈话，最好把地板时间安排在他可以随手拿到玩具的地方。

当然，在父母双全的家庭中，比较容易为好几个孩子安排地板时间。父母中一个人和这个孩子共度地板时间，另一个人和那个孩子一起度过。每隔一天晚上，和同一个孩子进行一对一谈话。

如果是单亲父母，家里只有你一个人带着两个以上的孩子，要为好几个孩子安排地板时间很不容易。但你可以安排集体的地板时间——也就是说，和所有的孩子一起谈话，但要试着和每一个孩子相融合。这就好像指挥一个管弦乐队——你需要演奏三个不同的主题。老师们也是一样，很多老师非常擅长与一组孩子共同度过地板时间。

例如，你可以通过下列方式尝试和两个（或更多）孩子一起度过地板时间：指定一个孩子在之后半个小时中作为"地板时间主导者"。你要跟着这个孩子的步调走，同时也要安排另外一个或几个孩子作为短剧中的协助者。例如，如果鲍比（半个小时中的地板时间主导者）正谈到迈克尔·杰克逊和NBA季后赛，而丽萨想要谈谈自己在学校里的演出，你应该和鲍比一起讨论关于篮球的话题，同时试着让丽萨也加入这个话题中，比如问问她"你知不知道昨天晚上的季后赛里发生了什么"。

如果她摇头说不知道，这是个很好的机会，让鲍比给她讲讲。在这里，你可以利用父母的权威指定一个孩子作为地板时间主导者，帮助他在属于他的地板时间中占据控制的位置，让另一个孩子处于辅助的位置。半个小时之后（晚上可以是更长的时间），孩子们交换位置。这时轮到丽萨谈论她的学校演出，鲍比退到次要的角色上。

如果鲍比坚持说："我不想听那些傻透了的学校演出！"该怎么办呢？地板时间就此结束吗？你可以让他耐心一点，向他解释，现在轮到丽萨说话了。你也可以巧妙地通过谈话把大家的注意力集中在丽萨身上。你可以对鲍比说："我敢打赌，你不知道你妹妹是个多棒的演员！"鼓励他就学校演出的事情向她提问。在假扮角色的游戏中，地板时间主导者负责短剧的剧本和导演，你和另一个孩子扮演他指派的角色。下一段时间中，再由另一个孩子主导短剧。

这就是地板时间的世界，无论是5岁的孩子和她的娃娃、7岁的孩子和他的士兵、9岁的孩子和她的宠物鼠，或者好几个孩子同时说话，你要与每个孩子的步调相协调，让他来主导，帮助他把短剧中的故事情节变得更加详细、深入、复杂。我希望再次强调，地板时间和其他很多东西一样，是孩子们必需的人生哲理。如果能定期进行地板时间，你会发现自己能更仔细地倾听孩子的话语，更体贴地给出回答。以蒂娜的母亲阿维斯为例，她发现即使在地板时间之外，也会比以前更能理解女儿的情绪。她也不再像以前那样躲避女儿。珍妮丝的母亲玛格丽特，发现自己很喜欢能进一步了解女儿的生活和她对世界的看法，她们一起相处时更加放松。马修的工作狂爸爸保罗发现，他和这个悠闲自在的儿子之间的共同点，要比他想象的更多。

随着时间的流逝，我敢保证，你和孩子之间也会发展出更加温暖、亲密的关系。这能带来无法估量的好处——有益于孩子的健康、幸福，以及情感上的快乐。

解决问题时间

如果你们已经设立了地板时间，你和你的孩子已经彼此联系起来，然后就可以增加解决问题时间。这个时间应该与地板时间区分开来，让你们两人有机会讨论特定事件，理解分歧、克服困难。解决问题时间与地板时间的目标不同。**孩子们除了需要学会以温暖、同情的方式与其他人联系起来（地板时间能够为此带来帮助），也需要学会怎样有逻辑地沟通交流，在情感上和智慧上进一步成长。**你可能会和6岁的孩子讨论为什么他必须在晚上11点前上床睡觉，或者为什么他会在卧室墙上画一些人脸。面对10岁的孩子，你可能会和他讨论为什么他总是不做家庭作业，为什么他会打弟弟，为什么他显得脾气暴躁。如果是12岁的孩子，你们可能会讨论他为什么比起一个朋友更喜欢另一个，或者今年夏天他想参加哪个夏令营。

与孩子主导的地板时间不同，解决问题时间更多的是双方协商或分享需要讨论的问题。你试着尊重孩子希望讨论的事项，但你自己也有想要讨论的内容。有时候可以由你来决定议程。也许你希望和孩子谈谈为什么他总是胡闹、表现出攻击性，也许你只希望和他协商一下规定的上床睡觉时间，或者他必须花多少时间做家庭作业。你也可以提出下面这些话题："泰勒没有来和你一起玩，你似乎对此感到不开心。""你的老师今天打电话说,你在学校里不喜欢分享。""哎呀,你这次考试居然不及格,发生了什么事?"

解决问题时间是为了帮助你们双方搞清楚,对你的孩子来说,哪些挑战比较容易,哪些比较困难,然后努力应对这些挑战。

在解决问题时间中,目标是倾听孩子的看法,然后提出你自己的观点。要记住,你有权发号施令,但也要理解孩子的观点,让他有机会表达出抱怨、恐惧或愿望,这只会带来好处。不要自以为了解孩子的想法和感受。而且,即使你真的了解,他们也需要说出口。在谈话中,要确保主要是孩子在说话,而非你自己。

解决问题时间可以放在地板时间之后,也可以放在一天中另一个完全不同的时间段。不需要专门留出时间。可以在晚餐期间、开车时、购物中心里、公共汽车或地铁上进行,只要能够有逻辑地交谈就可以。

有时候,解决问题时间很难开头。你也清楚,与学龄儿童之间的典型交流就像这样:

父母:今天在学校都做了什么,乔尔?

乔尔:什么也没做。

父母:什么也没做?

乔尔:好吧,反正都是老一套。

父母:老一套?那是什么?

乔尔:好吧,你知道的,一成不变的那些事。

不要感到失望。首先要记住,不爱说话的孩子可以通过身体姿态沟通——抱着手臂僵硬地坐着、肩膀和脑袋垂得低低地。你可以把自己观察到的东西说出来,也可以默认孩子有充分理由不愿意谈话。正如我们在前面的章节中看到的,有些孩子存在"词语检索困难"——他们很难找到适当的词语来描述自己想说的事情。这样的孩子可能在其他领域很有天分——比如擅长抽象思维，但如果要寻找词语来描述自己的世界，他们就会遇到困难。有时候，如果孩子说"我不记得了"或者"没发生什么事"，这意味着他需要一点帮助或一些提示。你可以通过下列方式帮助这样的孩子：

父母：有时候很难记起学校里发生的所有事情。

孩子：没错。放学后我就全忘光了。

父母：那么让我们来看看。你在休息时间一般会和丽萨一起玩。今天也一样吗？还是做了些别的事情？

孩子：哦，没错，我们一起玩了，但她很讨厌。我坐在秋千上时她推了我。

然后你们就可以继续展开话题。

也许你需要做得更多。有些孩子只给你一丁点信息，然后又停下来，再次感到困惑。你需要再次提示他们。下面是一个例子：

父母：嗯，周二午餐前，你们一般会上体育课。今天你在体育课上做了什么？

孩子：踢球。我进了两球。

父母：真棒！你是怎么做到的？

孩子：我不知道。就是踢球，我觉得。

父母：嗯，你跑得很快。你是不是使劲踢球，然后飞快地跑出去？

孩子：差不多吧。

父母：你把球传给谁？

孩子：丹妮丝。

父母：然后发生了什么？

孩子：哦，我想起来了。真的很有意思！丹妮丝接球的时候绊倒了，然后她把球扔给马修，却砸中了沃特森老师的脑袋。

要记住，存在词语检索问题的孩子最初也许只能说出几个词，他们要花六周或更多的时间，才能说出几个句子。但这是一个重要的过程：由于他们每次只能增加一两个词语，每周都是一个从 50% 到 75% 的过程。

我们在本书中也看到，解决问题时间中还存在另一项障碍，即很多孩子和父母虽然彼此对话，但并没有真正的交流，因为他们无法关闭沟通循环：

父母：今天在学校里过得怎么样？

（孩子嘟哝了些什么。）

父母：别忘了把你的外套挂起来。

孩子：电视上在演什么？

父母：你洗手了吗？

孩子：我想玩任天堂游戏机。我的游戏机在哪儿？

父母：我今晚要开会。卡拉 7 点会过来照看你。你还记得她吗？她上个月也来照看过你。

为了能够进行有逻辑的对话，我们必须打开和关闭沟通循环。（你对孩子说教的时候，就没有打开和关闭沟通循环。）在一次 10 到 15 分钟的对话中，你需要接连不断地打开和关闭很多个循环，也许多达五六十个。有些孩子天生就掌握了这种能力，另一些孩子还需要学习。

有些孩子（以及成年人），在你谈到他们不喜欢的话题时，会打断沟通循环。但也有些孩子就是无法围绕任何话题进行有逻辑的对话。他们的语言总是支离破碎，无法回应别人对他们说的话。

为了让孩子学会打开和关闭沟通循环，唯一的办法就是多与成年人和其他孩子练习沟通。解决问题时间很适合进行这种练习。但对于有些孩子，你最初可能会非常费劲。如果孩子很难完成一段连贯的对话，只要他能做出一两次直接回答就值得高兴，然后努力进步到五六次、八九次，直到最后你们可以完成二三十个沟通循环。对于没有这种意识的孩子来说，最初几个沟通循环是最困难的，因为他已经习惯了转移注意力。例如，孩子放学回家后显得心烦意乱，你会问："在学校里过得怎么样？"

他会无视你的问题，打开电视机："电视上在演什么？"

这就是最难的地方，你说："我会告诉你电视上在演什么。但你还没有告诉我在学校里过得怎么样。我们能不能先谈谈这个问题？"

"晚餐吃什么？"他问。

"我会告诉你晚餐吃什么，"你温和地坚持，"但你似乎不想回答我的问题。"

"没错！"他愤怒地回答，"我不想回答你那些愚蠢的问题。你问的问题太多了！"

成功了！他关闭了一个沟通循环。虽然这不是你希望听到的回答，但他确实用自己的评论回答了你的问题。他没有改变话题、无视你，或者打断你的话。

只要你们能开始讨论他为什么不想回答你的问题，你又为什么希望他回答这个问题，也许就能在这个话题上关闭三四个沟通循环——不一定要回到最初关于学校的问题上。比起学校里发生了什么，你更关注的是打开和关闭沟通循环，在谈话中对彼此的想法做出回应。所以，即使你最初和孩子一起打开和关闭的沟通循环，全都是关于他不想回答你的问题这一点，那也是好事。关键是在这个过程中，你和你的孩子一起参与到有逻辑的对话中。只要巧妙引导，最终你们可以谈论学校、朋友，以及很多其他方面。但第一个目标是要进行能够解决问题的对话，有逻辑地交换意见。

要记住，面对抗拒心强的孩子，需要逐步渐进。你也不希望把解决问题时间变成激烈的争吵。要让你的孩子知道，这段时间需要学习一些有价值的东西，并进行练习，大约15分钟就够了。

如果能搞明白孩子为什么不能打开或关闭沟通循环，会带来很大帮助。有时候，孩子不愿对话是因为他们希望对某些事情保密。另一些孩子是因为注意力容易分散。还有些孩子可能存在听觉处理障碍（导致他们很难记住你在说什么）。这些孩子往往会显得比较"自我步调"，把什么都藏在心里。要记住，搞明白一个孩子为什么难以打开或关闭沟通循环，并不能代替孩子需要的练习，虽然了解出现困难的原因可以帮助你们更有效地进行练习。

例如，对于存在听觉处理障碍的孩子，你可以表示理解和同情，你知道他很难理解你所说的全部内容。试着一次只谈一件事，慢慢进展到更复杂的谈话。对于不愿敞开心扉的孩子，也许原因是尴尬、害羞，或者担心你太专横，你们可以先谈谈不那么私人的话题、不具威胁性的话题。

也许你像大多数父母一样感到疑惑，究竟怎样才能搞清楚孩子为什么难以打开或关闭沟通循环。"他是否存在听觉处理问题？"你会想，"也许他只是害羞？或者问题出在我身上？"

放松。你知道的很可能比你想象的更多。不妨按直觉行事。例如，如果你的孩子一直很难遵循复杂的命令（他似乎只记得你告诉他的最后一件事），也许你已经怀疑他记不住你说的事情，那么他很可能存在听觉处理问题（很多孩子都有这个问题）。如果你的孩子很擅长记忆细节，但他会抱怨你问得太多，或者对于私人问题感到尴尬，很可能你需要稍微后退一点。

一旦你的孩子可以打开或关闭沟通循环，你就可以提出其他问题。在解决问题时间中，你希望搞明白孩子做出某些事情的原因，商议做家务的规则。有些情况下，你可以把自己的想法告诉孩子，让他按你说的做。关键是要确保这是一次有逻辑的讨论，处理实际问题。任何有逻辑、有规律的对话（不同于仅仅跟随孩子的步调），都适用于解决问题时间。

在解决问题时间中，不仅仅解决了问题，还能带来另一项额外的好处，即每次讨论或商议都能帮助孩子练习语言的理解和表达能力，以及逻辑思维能力。即使你最终不得不强硬地命令他，对你的孩子来说，商议的过程就是学习逻辑思考的最好机会。要记住，越是不喜欢说话的孩子越需要练习这方面的能力。

很多父母，尤其是孩子比较忧郁孤僻的父母，往往会无意识地把解决问题时间变成单行道。大多数时间都是他们在说话，这样无法帮助孩子变得积极主动、对自己负责。很多孩子需要更多地思考一会儿——甚至很长一段时间，来决定自己的下一步。但父母已经适应了成年人谈话的节奏，可能会前进得太快，开始控制一切。

例如，爸爸问戴维，为什么他从来不打电话请任何一位朋友来过夜或者周末来玩。戴维看起来有点茫然，然后耸了耸肩，然后爸爸会针对积极主动的问题对他说教。

"你真的需要学着抓住机会，"爸爸告诉一脸无聊的戴维，"如果你打电话给罗宾或莫里斯，最糟的结果是什么？他们可能会拒绝，但他们也可能会答应，然后你就不用闷闷不乐地抱怨无事可做了。"

"是的，我想你说得没错。"戴维无精打采地回答，走过去打开了电视。他不但没有学到怎样变得积极主动，反而又多了一次被别人控制的经历。

爸爸可以换一种做法，注意到戴维不愿意打电话给朋友们后，表现出耐心、理解，想知道这是为什么。

戴维耸了耸肩。

"我知道很难找到原因。"爸爸温和地说。

戴维沉默了一会儿。爸爸等待着，然后建议说："我敢打赌，你不愿意打电话给任何一位朋友，肯定有很多原因。你觉得，如果我们列个清单会不会有所帮助？把你所有朋友的名字写下来，然后想一想他们为什么不愿意来玩。你觉得怎么样？"

戴维点头表示同意，爸爸拿来一张纸。他们一起列出了一串名字，然后慢慢研究每一个名字。戴维指着莫里斯的名字："他很可能去和佩伊一起玩了，所以不会来这里。"他又指着罗宾的名字说："他很可能去和史蒂夫一起玩了。"

但随着戴维浏览这个名单，研究每一个孩子为什么不会来玩，他脸色明朗起来，变得更加健谈、更加生气勃勃。了解孩子心里发生了什么，要比帮孩子找个周末下午的玩伴重要得多。戴维开始思考和谈论自己面临的挑战，不会再回避这些问题，同时还感到自己被爸爸控制。随着时间过去，爸爸和戴维发现，有些孩子可能比罗宾、莫里斯、佩伊、史蒂夫更可能接受邀请，因为戴维认识到，他没必要局限于以前结识的朋友。

要记住，如果孩子在谈话中一直只回答是或不，表明这只是你自己一个人的谈话，他没有机会磨练自己对话、思考、交流的能力。

小心不要陷入权力的陷阱，不要强迫孩子把一切都告诉你。给他一些提示，帮助他还原当时的情况。要支持他，而一旦你帮助他抓住了节奏，他开始告诉你发生了什么，接下去就由他自己掌握。

解决问题时间的另一项重要原则是，鼓励商讨，允许你的孩子讨价

还价。这样能够很好地帮助孩子与父母之间针对各种问题进行就事论事的讨论。晚上9点是上床睡觉的时间，你的孩子说："再看两分钟电视！"你可以强硬地命令他："不行，你必须上床睡觉了。"抓着他的手肘带他到楼上卧室去，不过你也可以决定听听他的争辩。

"好，你有30秒时间阐述一下你的理由。"你可以说。

这样就开始了一次良好的讨论。你可以稍微做点调整，10分钟后再命令他上床。额外的讨论时间并不会使孩子觉得你放松了规则。通过有逻辑地交换意见，帮助孩子更加积极主动，知道怎样显示自己的力量，从而使他们可以利用思想而非行为（比如打人或推人）得到自己想要的东西。

对于完全不愿意交谈的孩子该怎么办？假如你10岁的孩子和她最好的朋友之间遇到了问题。但你问她的时候，她说："我不想谈这个，这是隐私。"

在这种情况下，你也可以遵循同样的原则——接受孩子愿意告诉你的部分。你可以温和地问："能不能告诉我你为什么不愿意谈这个？"你们可以讨论一下不愿意谈这件事的原因。一般来说，你可以从这个话题上再往前推进一点。当然，你不希望被孩子讨厌，但你可以了解一下为什么这件事难以说出口。首先，为了开始对话，不妨回忆一下自己童年时也有不想谈某个话题的时候（孩子们喜欢听到父母小时候也遇到过类似的问题），然后告诉她，你相信她肯定有充分的原因不愿意谈论这件事，对她的原因表示理解，但不需要像地板时间中一样，完全由孩子主导。

在很多情况下，一般的解决问题时间就能为孩子带来帮助，但在某些情况下，孩子面对非常困难的挑战时，你需要应用解决问题时间帮助孩子做好准备。比如孩子被别人取笑、需要在班里当众发言等，你可以帮助孩子构想这种困难的状况，预测可能出现的感受，想象自己在这些情况下一般会怎样做，然后帮助他构想选择怎样的做法能够满足他的需要。这种方法对于成年人来说也同样很有用，因为提前准备能够帮助人们更好地迎接挑战。

父母往往容易针对孩子的选择进行说教，而非帮助孩子设想可能遇到的状况、他的感受、他的一般做法，以及可以做出的选择。这样做毫无效果。我们大多数人会进入一种固定模式，出于条件反射做事。关键在于预测会带来挑战的状况，以及我们在这种状况下的感受，这样能够为我们带来全面的视角，不至于成为自身行为的受害者。

还记得乔伊·麦卡安尼吗？无法控制自己的攻击性的9岁男孩。虽然他可以进行有逻辑的对话，但很难谈论自己的感受，以及如何处理这些感受。在解决问题时间中，他的妈妈帮助他构想遇到困难的状况——他受到攻击的时候，或者感觉别人对他不公平的时候。她帮助他预测自己的感受——"一下子涌上来"的愤怒，而他常见的处理方式就是狠狠挥动拳头。然后，她帮助他找到更明智的应对策略，对付那些自作聪明挑衅他的孩子。这个过程使乔伊在情感上进一步成长——从反应的层次前进到思考的层次。

你可以通过这种方式帮助孩子不至于感到那么无助——不至于成为环境的受害者。在这个过程中，父母经常会因为不顺利感到挫败，于是索性直接告诉孩子在那些状况中应该怎样处理。但这样无法帮助孩子构想出这些状况以及自己的感受，无法帮助他不再成为自己的反应模式的受害者。

正如你已经看到的，解决问题时间为孩子们提供了练习逻辑能力的机会，让他们学着处理遇到的挑战。就像地板时间一样，解决问题时间帮助孩子获得成长发育过程中至关重要的核心经验。

感受和理解孩子的观点

第三项原则是通过你和孩子之间有逻辑的对话,感受和理解孩子的目标,无论你们讨论的是什么状况,无论你的孩子当时面对的是什么挑战。

父母往往会忘记,孩子所做的任何事情都是有充分理由的。也许我们并不赞同这些理由,但我们需要理解他们的理由是什么。每个孩子的应对策略都是为了尽可能减轻当时的痛苦。无论父母觉得这种应对策略多么傻、多么无意义,在我们了解孩子这样做的原因时,需要表现出尊重。如果你能理解孩子为什么会出现那样的行为,这种行为为什么符合他对这个世界的总体观点,如果你能感受和理解这种观点,那么,想办法改变这种行为也会容易得多。

比如说,如果你的孩子推搡别的孩子,或者什么东西都想要,问问你自己:"我能否搞明白她为什么会这样看待这个世界?她心里是怎么想的?"如果孩子在学校里调皮捣蛋,或者不能把注意力集中在老师身上,"我能否搞明白他心里是怎么想的?这样的行为是出于什么目的?"

理解而非批评孩子的某些感受,对父母来说也许并不容易——不是因为我们不愿意这样做,而是因为父母太重视孩子了,这似乎有点讽刺。比如说,如果孩子感到自己被排斥、羞耻、尴尬,很多父母不知道应该怎样处理。如果孩子向他们抱怨这些感受,他们可能会说:"你不应该这样觉得。杰克当然是喜欢你的。"或者"哦,阿维斯的生日宴会没那么重要。我敢肯定,很多其他孩子也没被邀请。"

他们内心中似乎有个声音悄悄质问:"如果你是个更好的父亲或母

亲,你的孩子就不会产生这些糟糕的感受。"但所有的感受都是人生经历中的一部分。坏的感受伴随着好的感受——爱、自豪、喜悦、快乐,而孩子们内心中的感受,并不会贬低我们作为父母的能力。

理解孩子的观点并不意味着认同这种观点(你经常会感到无法认同)。但在表示不认同之前,你首先需要理解孩子的观点。你需要搞明白,孩子出现那些令人讨厌的行为是因为什么感受。这并不是要你扮演心理学家的角色,完全不是。很多父母以为自己不知道孩子行为背后的潜在原因,所以他们什么也做不了。但如果你能认清并理解孩子的感受,就能为孩子带来极大的帮助。你需要成为极能理解孩子的父母,不是处于敌对的位置,而更像一位好朋友一样地问:"也就是说你有时候会有这样的感受?"

回忆一下你上一次感到不安或遇到问题的时候,如果你需要倾吐极大的痛苦,还有什么能比你的配偶或朋友耐心同情的倾听更有用?在这个过程中,你可以更好地理解,起到决定作用的主要问题在哪里,你扮演的是什么角色,可以采取怎样的解决方法。如果能得到温暖的支持,问题会变得越来越清楚,越来越可以容忍。这个过程对于孩子们来说也一样。

例如,路易斯对妈妈抱怨:"你从来不让我做想做的事情。"

"哎哟!"妈妈愤愤不平地回答说,"我们刚去了博物馆、动物园、购物中心、冰淇淋店。你还想做什么?"

如果妈妈能在话里多加上一点理解(即使她仍然觉得路易斯的抱怨十分无礼),结果会怎样呢?

"让我来看看我的理解对不对,"妈妈说,做了个深呼吸,"你想做的事情,不只是我们已经做过的。你的意思是不是说,我们之前所做的事情并不完全是你想做的?"

妈妈试着理解,而非争论,这样她就能争取一些时间,尽量理解路易斯的想法，而非直接把自己固定在一个防御的位置上。她可以更客观地评估孩子这种不知足的表现是何原因。

去博物馆和购物中心，真的是为了路易斯去的吗？她可能会思考。他真正想做的是不是去电子游戏室玩半个小时？

也许她仍然会得到结论说，不，他就是很不知足！我们确实做了一些我自己想做的事情，但我们也做了其他事情——像是动物园和冰淇淋店——那是他想要的。而现在他还想要更多。

妈妈试着感受和理解路易斯的想法。最后，她可能会认为，他有点不知足，她不打算让他在电子游戏室玩半个小时。如果她能在理解孩子想法的基础上得到这些结论，而非做出防御性的反应，在她忍受着路易斯的哀鸣，告诉他不能去电子游戏室的时候，也会感到更加轻松。她不再担心自己是个坏人，他也能感觉得到，她并不专断。理解你的孩子，并不意味着向孩子的要求投降，而是指不带防御心理地倾听孩子的想法。

在这个理解孩子的步骤中，重要的一点是认清孩子潜在的想法。人们的感受，都是以他们对这个世界的想法为基础的。你的目标就是搞清楚这一点。孩子是不是认为"我是独裁者，我掌控这个世界，我就是老大"？孩子也可能认为，如果他和朋友起了冲突，朋友就会离开他。也许他认为你作为父母，永远都是发号施令的人，他不能挑战你的权威。也许他认为，随着他离开你庇护的羽翼，也就失去了你的爱和支持。

当然，要了解孩子的潜在想法很难。但定期进行地板时间和解决问题时间，会带来很大帮助。例如，梅拉尼的妈妈理解了女儿自信不足的问题后，认识到两件重要的事情：首先，梅拉尼担心，除非她能避免与朋友们发生冲突，否则就会永远失去所有的朋友；其次，梅拉尼害怕自己会失去控制发脾气。事实证明，这两种恐惧在一定程度上都有着现实基础。

这一步的目标是帮助孩子解决眼前的问题——比如控制自己的攻击

性或者对自己更加自信，但解决问题的方法也要符合孩子自己的目标。例如，与某些朋友更加亲密、获得父母的关注、应对挫折、感到自己相信这些目标。换而言之，我们要考虑怎样帮助孩子鱼与熊掌兼得。理解孩子的想法，帮助他找到恰当的做法，既能满足他自己的需要，也不会使他在家里或学校里陷入麻烦。

将挑战化整为零

我们在这里的目标是要把任何一项挑战化整为零，从而使孩子每掌握一个步骤，都能产生一种成就感。

如果孩子在写字上遇到了困难，该怎么办？第一步可以先帮助孩子习惯怎样拿铅笔。然后你们可以玩一些游戏，试着用各种颜色和图形涂涂画画，让孩子能够从中获得乐趣、感受到成功的乐趣。等孩子开始享受拿笔画画的过程后，你可以慢慢让图形变得更有挑战性。也许可以玩个"跟我画"的游戏，让孩子模仿你画出的图形。最后，孩子也许会开始尝试写出真正的字。

以另一个在学校中很普遍的问题——孩子在数学课上遇到的困难为例。正如我们在前面看到的，不擅长数学的孩子往往无法想象数量。他们不能直觉地知道10等于两个5那么大，20等于两个10那么大。如果你只想让孩子牢牢记住这些算式，孩子会觉得自己很失败。如果你急于取得进展，孩子可能会觉得你是想让他感觉更糟糕——其实不是因为你，而是因为数学一直都给他带来这种感觉。他不知道自己身体或大脑中的哪一部分有问题，只会觉得自己整个人都糟透了。

刚开始的时候，也许你可以和孩子一起叠积木，让他看到十块积木和五块积木的区别。第二步是让他用自己的手指（以及他的想象力）表示十块积木和五块积木有多少。然后是第三步，不妨从最简单的数字开始，比如1+1=2和2+2=4，要确保孩子能够在大脑中描绘出这些数量。

帮助你的孩子先用手指试试水温（而非头朝下一个猛子扎进去），这样也能满足孩子感到自信的需要，避免自我认输。

这种巧妙的做法对于任何挑战都能起到作用。例如，为了帮助珍妮丝在很多人面前表演时不要感到紧张，她的父母会先让她在家人面前表演，然后为几位朋友表演，最后才在坐满观众的大礼堂里大胆登上舞台。杰拉德不擅长描绘重要的感受，他的父母利用他对于形状、外观、颜色的兴趣，帮助他描绘情感。他们首先从比较简单的情感开始，比如稍许失望或尴尬。马修为了应对自己在数学上的困难，会把简单的数学题用语言描述出来。梅拉尼开始学着在家里找到自信，她的父母最初只是让改变自然而然发生，例如，现在梅拉尼开始告诉妈妈，比起和家人一起在自己家里度过周末，她更喜欢和朋友们一起去看电影。对于蒂娜来说，她需要学着关注现实世界。她的父母首先和她谈论此时此刻发生的事情（比如她正在看的电视节目），然后他们继续谈论不久之前发生的事情（比如那天在学校里发生了什么），接着开始谈论她对于之前发生的事情的实际感受。这一步的目标是把每个问题细分成足够小的步骤，看起来都不会构成大的障碍。

如果你同时面对多重挑战，该怎么办呢？假如一个孩子喜欢自行其是、不好好在餐桌上吃晚饭、把玩具和游戏扔到地板上、打他的兄弟姐妹、到点也不肯去睡觉，要怎么办呢？你要从哪里开始？好吧，你不可能同时展开六场战斗。你必须先选择一两件事情，比如尊重物品、尊重其他人的身体，先不要担心睡觉时间或餐桌的问题（虽然这很难）。也许你还可以拆分得更详细一点，比如只强调下午放学后不要打人。只有前一个目标取得一定成功之后，才能转向下一个目标。这样，孩子可以获得短暂的满足感，激励他继续前进。

定下规矩

除了一系列小小的满足感之外，制定规则也是使孩子有动机不断取得进步的一项重要因素。

在制定规则时，也许最困难的是决定要做出什么限制。这取决于你们的态度和价值观。我建议你先选择一个问题，把界线设置得宽一点，然后坚决执行。换句话说，最好能赢得一次战役，带来充分教训，而不要因为筋疲力尽输掉很多小争斗。每次只抓住一个关键问题。不要犯下三面开战或者设置非常严格的规定这类战略性的错误。

例如，不要因为乔伊某一天打了丽萨、另一天向贾森吐唾沫、还有一天掐了哈罗德这些事情惩罚他，而是要讨论一个较大的范畴——尊重他人的身体，不要伤害别人。广义的尊重和不要伤害，会使你的孩子无法像下面这样曲解你的话，否认自己的行为：

"不要打人。"
"我没有打人。我只是推人。"
"好吧，不要推人。"
"我没有推人，我只不过是靠在他身上时太使劲了。"

从较大的范畴着眼，可以避免这样没完没了地讨论行为的定义，让你的孩子学到整体上的行为原则。

应该怎样制定规则？选择的惩罚不要对孩子的成长产生负面影响。

比如说，不要限制孩子和朋友们一起玩，因为这能够为成长发育带来很大帮助。因此，我也不赞成让孩子独处反省或计时隔离作为惩罚，这种做法可能使孩子认为你无法承受他的愤怒。从你的角度来说，看看他的眼睛，或者让他在你的陪伴下安静地思考一下自己所做的事情，也许是更好的做法。有时候，让孩子独处反省没有什么威慑性。一个6岁的孩子告诉我，对于妈妈让他独处15分钟的惩罚，他的感觉是："那太容易了。我只要在我的房间里随便干点什么就行。"

存在接受语言问题的孩子（也就是说他们难以接收和理解信息），尤其不适合独处反省的惩罚。他们已经很"难以融入"外部世界了，往往只沉浸于自己的世界中。他们最不需要的就是更加与外界隔离，更加难以融入，这会进一步削弱他们脆弱的现实感觉。就像一个孩子告诉我："我经常以自己的方式做白日梦。"他让我千万别告诉他的父母，不能看电视要比独处反省痛苦多了！

惩罚的方式不应该冷漠、机械，或者缺少你希望让孩子学到的人性特点。建设性的惩罚必须与彼此之间理解、尊重的关系相结合。在解决问题时间中商议规则，让孩子了解惩罚和奖励都是什么。应该公平评判，不能出人意料。但要记住，正如亨利·基辛格关于国际关系所说的话："另一方必须付出他们认为过高的代价。"惩罚可以是不能看电视、不能玩电脑游戏、更早地上床睡觉、在厨房帮忙干活、没有甜点、一段时间内不能玩某个玩具。每个孩子都不一样，对有些孩子来说，最可怕的惩罚是一天不能玩电脑游戏，对另一些孩子来说，也许是一星期不能看电视。惩罚对孩子来说有意义，才能产生效果，促使孩子在未来表现更好。

有些父母不喜欢饮食方面的惩罚，比如不给甜点吃，担心这样会导致饮食失调。其实，家庭对食物、饥饿和其他身体功能的态度应该是弹性的而非死板的，甜点尤其可以特殊对待，以禁止吃甜点作为惩罚是完全没问题的。但惩罚应该与你们家庭的价值体系相适应。

事先和孩子讨论规则时,要确保规则明确、坚持实施。建立一个完美的奖惩体系是不可能的,要避免半心半意的、一时兴起的规矩,这最终只会导致批评和大喊大叫。如果你和孩子经过充分讨论,提前制定规则,你就不会在实施这些规则时感到筋疲力尽、压力过大。

例如,乔伊和他妈妈讨论的结果是,他在学校应该尽量避免麻烦,如果老师抱怨他又打架了,他就要受到惩罚,每次犯了错都得做半小时家务劳动。

最重要的是,制定规则时要始终牢记黄金法则——只要增加了规则,就必须同时增加地板时间。这首先是因为,如果你和孩子一起度过了足够的地板时间,就能在必要的时候制定更有效的规则。部分也是因为这样能降低你的负疚感。地板时间能够为孩子带来理解和温暖,以及与父母联系起来的感觉,并且允许孩子讨论自己的看法。孩子们最终会认识到,你希望通过规则和理解两种方式来教导他们。毕竟,制定规则的目标是教导孩子更好地理解和尊重他人。孩子们不仅会从你的言语中学习,也会从你的行为中学习。

人类的天性决定,感到愤怒、针锋相对、制定规则,都会导致理解和亲近的程度降低。"我怎么才能理解他这些被宠坏了的习惯?"一位母亲迷惑地问。答案是:制定严格的规则,同时也要理解学到新的教训多么困难。父母可以理解和同情孩子不能看电视或一周不能吃甜点的失望,告诉孩子,他们也不希望发生这种事。

"但也许下次,你就能及时完成作业了。"父母可以补充说。

如果孩子预先了解奖励和惩罚,也知道父母会坚持这些规则,父母就可以既同情孩子的不幸处境,同时也建立起规矩严格的氛围。这一步的目标是,在制定和执行规则时要坚定严格,也要感受和理解孩子不得不付出代价的苦恼。你的孩子会感受到你的决心和理解——无论是通过言语还是一种温暖的感觉表现出来。你们可以在解决问题时间中商议好规则。这里没什么诀窍。你帮助孩子预测可能的状况，帮助他不要让自己陷入困境。但如果他还是违反了规则，那就好像把车停在禁止停车的区域被警察抓住，他必须为此接受惩罚。不过，你毕竟不同于警察，你可以随即帮助孩子预测第二天的情况，使他不至于再次陷入困境。经过事先讨论制定规则，可以使你容易站在理解、同情、帮助的立场上。

乔伊几乎总是会受到惩罚，比如他经常因为打架被罚，好几周都要做四五个小时的家务，乔安娜可以在施加惩罚的同时，对乔伊表示同情，并帮助他找到更好的应对策略。你的同情不应该是勉强的、不自然的。如果你非常生气，先等一等，让自己冷静下来，然后再试着为孩子提供帮助。

即使平时很听话的孩子，也可能在某些地方遇到麻烦，需要制定一些规则。每个孩子都能获益于针对实际状况制定的规则。比如梅拉尼，她基本上是个很有责任感的孩子，但她的父母注意到，她一直打断大人手头的事情，这是个很大的问题。所以，如果梅拉尼坚持要打扰父母或老师，就会受到惩罚。即使有些孩子基本不需要专门制定规则，他们最好也趁现在体会一下，在生活中与权威人物发生摩擦的感受，而不要等到上大学或工作后。

有些父母很难制定规则，主要原因是担心孩子会感到不适或生气。（父母双方需要互相讨论一下这些感受。）在这种情况下，不要削弱惩罚，父母需要做的是一件更困难的事情：处理自己内心的痛苦和负疚感，增加更多的地板时间——对孩子来说，地板时间多少都不会嫌多。

不能仅仅只有规则的限制，而没有地板时间、解决问题时间和其他步骤，不要让你和孩子之间的关系变得针锋相对，强迫施加惩罚。你和孩子越是感到生气，就需要越多的地板时间。这并不容易做到：我们都会深陷于自己的愤怒中，趋向于远离令我们感到生气的人或事。所以，你必须抑制住这种天性。要记住,孩子要比父母更容易逐渐改变行为方式。如果他们有机会积极乐观、带着信任地成长起来,他们能比成年人更快地原谅。

如果和孩子针锋相对,你会感到非常生气,只记得不要让自己丢面子。你可能气过了头,强迫孩子按你说的做——也可以说是让他认输。但威胁和羞辱你的孩子会使他觉得,规则只会损害他的自尊。你应该帮助孩子在遵守规则的同时,能够保全面子、拥有自尊,从而把规则与积极自信的感觉联系起来。

从某种意义上来说,所有这些步骤(尤其是制定规则这一步)都是应用了胡萝卜和大棒的方法——很多的胡萝卜和一点点大棒,软硬兼施。父母尝试制定规则后,与孩子相处的时间往往会减少。也有些父母更希望自己显得幽默、有同情心,他们会觉得很难制定任何规则。但孩子们既需要充满爱的关注,也需要规则,尤其是面对困难的挑战时。很难在制定规则的同时,也增强亲子之间的联系。人们总是付出越多,期待越多。面临的挑战越是困难,坚持多陪伴、高期待的基本原则就越是重要。

我的建议是,这五项步骤并不是死板的条款,而是每个孩子都需要的基本原则。我希望父母们能把这些步骤视为养育孩子的整体原则。久而久之,这些步骤会变成家庭生活中的一部分,你已经不需要有意识地专门留出时间或定下目标。比如,你会发现自己每天会自动花半小时以上的时间与孩子一对一相处。渐渐地,你开始与孩子商议面临的挑战、需要做出的努力,感受和理解他的想法,而非只是灌输你的观点。你学会了把目标化整为零,让孩子可以逐渐克服每一项障碍。最后,要制定严格的规则,并坚持贯彻实施,同时也要继续已经形成习惯的温暖沟通。所有这些步骤融合在一起,作为养育孩子的基本原则,能够为你的孩子,以及你自己,带来难以衡量的益处。

后 记

学龄儿童心理成长三阶段对应的情感发育里程碑

弗洛伊德和其他早期心理研究者认为，从四五岁到青春期的孩子，在这个时期中会压抑自己早期的本能，尤其是恋母情结，建立起全新的、更加成熟的防御和应对策略，扩展各种人际关系模式，包括同龄群体、老师和其他人。重点并不在于获得新的感受，而在于这段"潜伏期"中发展出的防御机制，也就是说，在这个时期，早期的追求和感受会隐藏到表面之下。

甚至很多近期的儿童心理研究者，也强调孩子会努力克服早期的追求，以及相关的愿望、焦虑和冲突。基于这样的观点，人们认为儿童表现出的很多个性特征实质上是一种防御机制，是对早期的情感和经历做出的反应。例如，随着孩子从单纯的害怕惩罚、拒绝、指责，转变为内心的是非感和自我批判的感觉，就会逐步发展出内疚的感觉。人们也认为，孩子们表现出某些与同龄人相处的模式，是为了抵制早期的兴趣（男孩拒绝和女孩一起玩，反过来也一样，是因为这会提醒他们想起早期对父母中异性那一方的渴望）。顽固的态度，比如"我什么时候都要

后记　学龄儿童心理成长三阶段对应的情感发育里程碑

赢"或者"我们必须不折不扣地按照游戏规则玩，只有我可以改变游戏规则"，往往被解释为在仍然保持自我中心的同时，严格抵制早期的贪婪和无所不能的感受。

但抵制和压抑并不是全部。安娜·弗洛伊德描述了防御机制中抵制和适应两个方面，进一步扩展了她父亲创立的观点。她也阐述了情感发展的特定特征，以及童年不同年龄段中出现的特定防御机制。爱利克·埃里克森、皮雅杰和他的同事们（修订了他的一些观点），虽然没有直接研究儿童的情感发展，但他们针对儿童智力的发展建立了一些理论。孩子怎样应用每个阶段中智力方面的特点，帮助自己体会情感世界中的感受。

在之前的著作中，我曾经尝试基于这些先驱者和很多其他研究者的观察结果，描绘出孩子们个性发展的模式，包括身体、情感、认知和社交上的里程碑。

在这本书中，我描述了学龄儿童怎样成长为好奇的、体贴的、聪明的、注重内心的、合作的、令人愉快的、满腔热情的人，准备好进入艰苦的成年时代。小学期间，在情感、社会和智力方面，新发展出的关键能力是什么？个性发展的路线可分为四个阶段。

如果父母们能认识到并预测这些里程碑的存在，就可以帮助孩子发展出关键的能力。正如我们在本书前面章节中看到的，他们可以有计划地安排孩子在家里、同龄人群体中、学校里、邻里环境中的经历，从而使孩子可以逐渐成长起来，树立自尊，找到符合年龄的应对愤怒的方式，逐渐建立自我社会形象和性别形象，对现实世界形成越来越准确的认识，制定规则，学会学习。

除了认知技能逐渐增强之外，家庭模式（比如父亲帮助孩子不要太依赖母亲、更加独立，学会新的技能，父母双方都是孩子的榜样）和同龄人的模式也会帮助学龄儿童发展出这些新的能力。

正如我们之前看到的,当同龄群体成为孩子生活中除家庭之外的情感关注焦点时,他面前展开了一个包含了复杂人际关系和感受的新世界。早期的同龄人关系会显著影响孩子参与群体(也即社交)、处理竞争和挫折、享受亲密友情、直觉地理解人际关系的能力,在学校里、街坊四邻中,以及之后在工作场所中、自己建立家庭后,都会用到这些能力。

5 岁之前

为了能在学校里适应良好,孩子们进入幼儿园之前应该掌握以下能力:

里程碑	目标
自律	• 冷静、有规矩 • 控制冲动 • 集中注意力、保持专注
人际关系	• 与父母之间有着亲切愉快的关系 • 与同龄个人和群体之间的关系 • 与新认识的成年人,比如老师之间的关系
现实和幻想	• 能够参与和享受虚构(幻想)的游戏及相关讨论 • 能够正确认识现实,区分虚构和现实
沟通	• 能够通过姿势(比如面部表情和动作模式)表达出需要、愿望、喜欢和不喜欢、一般的目的(例如指向某个地方) • 能够做出姿势、直觉地回应别人的姿势(例如,区分严肃和嬉戏的表情) • 能够把词语和想法组织起来,能够沟通和理解,有逻辑地一次沟通两种或以上的想法,包括情感感受(例如"我不喜欢这个,因为……""我高兴是因为……生气是因为……")

● 5 到 7 岁（我的世界我主宰）

里程碑	目标
自律和独立	• 不需要太多的帮助就能照料自己、自律，包括保持冷静、集中注意力、处理信息（包括短时间独立）、穿衣、洗漱、刷牙等
人际关系	• 与父母之间的关系令人感到快乐和安全 • 能够同时关注与父母、同龄人和"自身"之间的关系 • 能够试着在父母（包括兄弟姐妹）之间"挑拨"，使些小计策达到自己的目的 • 能够与同龄人形成人际关系并享受其中的乐趣，在自己家里或其他孩子家里不依赖父母自己玩 • 在同龄人中能够坚持自我 • 与父母和同龄人在一起时，能够避免一意孤行
现实和幻想	• 努力达成远大目标的同时，也不得已逐渐学会处理现实中的挫折和失望
情感思考	• 让恐惧、羞怯、担忧和冲突，与远大的、全能的目标共存 • 开始更好地理解现实限制的"原因"

● 8 到 10 岁（世界由其他孩子组成）

里程碑	目标
自律和独立	• 能够较长时间集中注意力（半个小时以上），即使面对的是家庭作业之类比较困难的任务，也能自己制订计划、做出安排 • 在更多方面不靠大人帮忙自己照料自己

人际关系	• 完全参与到同龄人群体中 • 从男孩或女孩的角度意识到并开始关心自己在群体中的角色,"谁最喜欢我,谁最讨厌我",谁"擅长这个或那个"(比如运动、学习、演戏等等) • 关心朋友,并与朋友密切交往,包括最好的朋友和一般的朋友 • 处理同龄人关系中的复杂情况时,让父母起到指导作用,而不会完全代替同龄人际关系 • 与父母之间保持有教养的关系 • 能够与父母分享兴趣爱好、从父母那里学到新的技能,而不会感到被控制,或者对父母缺乏尊重 • 与兄弟姐妹之间既竞争又亲密,同时互相支持 • 开始处理与父母之间正常的紧张关系(例如"挑剔、倔强的孩子"与控制欲强的父母),学着根据环境安排任务
现实和幻想	• 仍然能够享受幻想 • 能够遵循规则(可以严格遵循,也可以打破规则来符合个人需要)
沟通和情感思考	• 把想法组织起来,包括涉及情感的想法,形成有条理、有逻辑的沟通(比如"我弟弟打扰我了,他一直……",后面给出五个例子) • 能够把情感或群体区分优先次序并分组(例如"我有点讨厌妹妹,但更讨厌弟弟。虽然我对弟弟很生气,但我仍然爱着全家人") • 参与竞争,不要逃避竞争,也不要变得攻击性太强、过于混乱、过于顺从 • 能够承受失望,而不至于退缩或者变得攻击性太强、过于混乱

● 11 到 12 岁（我内在的世界）

里程碑	目标
新的内心衡量标准	• 能够通过自己一贯的个性特征，而非仅仅依靠同龄群体的看法，来定义自我（例如友好、聪明、强壮、体贴） • 内心的是非感越来越强，即使与同龄人群体的意见不同
自律和独立	• 具有足够的集中力和组织性，自己完成学校日常安排，需要的时候寻求帮助 • 自己照料自己
人际关系	• 能够享受独处或几个亲密朋友相处的时间，不再那么依赖于自己在群体中的位置，但仍然可以参与同龄人群体并从中获得乐趣 • 将父母、老师或其他成年人视为榜样 • 偷偷享受与自己最依赖的父母之间的斗争，通过这种方法变得更加独立
沟通和情感思考	• 能够观察并在一定程度上评估自己的沟通（"听上去很自私""我想那听起来确实很卑鄙"） • 能够更好地理解和融入其他人的感受 • 能够更好地记住并交流两种互相冲突的感受（这意味着和别人竞争的同时，仍然喜欢他们或尊重他们，而不会觉得"如果我们互相竞争，那我们肯定是敌人"）
现实和幻想	• 享受做白日梦的时间，甚至针对白日梦深入思考 • 能够在理解背景环境的前提下灵活运用规则（例如"可以发三次球，因为我们只是在练习网球"）
准备进入青春期	• 对于异性的吸引力产生兴趣（虽然经常否认） • 意识到自己身体的隐私性 • 关注自己与青春期相关的身体和个性变化，包括担忧、害怕，也包括积极的期待

格林斯潘系列

享誉世界的儿童发展心理学家斯坦利·格林斯潘经典作品
作者获得儿童精神医学研究最高荣誉

推荐阅读人群：幼儿及学龄期儿童家长、教育工作者、社会工作者、心理学相关人士、关注个人成长、内在儿童发展与疗愈的心理学爱好者

《培养孩子的安全感》
The Secure Child

国际儿童情绪发展权威 **格林斯潘博士**
详解 0-18 岁不同年龄段孩子所需的安全感

安全感是陪伴孩子一生的关键能力

有了安全感
孩子就有足够的心力去面对未来生活的种种不确定性

了解小学阶段孩子的最佳读本

《0~5 岁关键心智养成》

{ 作者用 5 年时间，追踪 5 个家庭，
记录 5 个典型孩子
心智成长的点滴历程 }

25 年调研，
发现 0-5 岁孩子的六大心智阶段，
点破每个阶段的关键心理需要。

《小学生的心思 5~12 岁关键心智养成》

六个性格迥异的
学龄儿童的真实成长故事

爱与接纳比智力开发更重要

与孩子建立温暖互信的关系，
为青春期打下坚实的基础

**《特殊需要儿童的地板时光：
　　如何促进儿童的智力和情绪发展》**

孤独症、广泛性发育障碍、语言发育迟缓、唐氏综合征、脑瘫、注意力缺陷障碍……

透过特殊需要儿童身上的这些诊断"标签"，分析每个儿童的个体差异，在认识这些差异的基础上，在享受一对一的地板时光中，帮助儿童攀登六个发展里程碑，掌握之前认为特殊需要儿童无法实现的创造性和抽象性思维。

"地板时光"创始人、国际知名儿童发展专家
　斯坦利·格林斯潘为各类特殊需要儿童奉上的一部科学的教养宝典

**《地板时光：
　　如何帮助孤独症及相关障碍儿童沟通与思考》**

格林斯潘博士通过多年的临床研究及实践，以"通过儿童与生俱来的兴趣教授基本能力"的理念为基础，提出了基于发展、个体差异和人际关系（developmental,individual-difference,relationship-based）的模式，简称 DIR 模式，也经常被称为"地板时光"。

《地板时光》详细介绍了何为 DIR/ 地板时光方法以及如何运用地板时光进入孤独症孩子的世界并把他们带入"俗世"中，学会不断成长。

继《特殊需要儿童的地板时光》之后，
格林斯潘专门针对孤独症的又一经典力作，
内容更具针对性，涵盖了青年人、成人